生涯彩虹

全人生涯開展

林一真　鍾思嘉　吳慎慎　錢玉芬　陳彰儀　著

全人生涯開展

生活彩虹

目錄

作者簡介

林一眞（第一至四章、八章、十一至十四章、十六章）

學歷　美國紐約州立大學教育心理與統計博士

現職　馬偕醫學院全人教育中心專任教授

　　　國立陽明大學人文與社會教育中心兼任教授

鍾思嘉（第十五至十六章）

學歷　美國奧勒岡大學教育心理學博士

曾任　國立政治大學心理學系教授

吳愼愼（第七、十六章）

學歷　國立台灣師範大學教育學博士

現職　國立臺北藝術大學文化資源學院名譽教授

錢玉芬（第五、六、十六章）

學歷　國立政治大學新聞研究所博士

現職　台灣神學研究學院基督教研究所靈性諮商組專技教授

陳彰儀（第九、十、十六章）

學歷　美國田納西大學工業與組織心理學博士

曾任　國立政治大學心理學系教授

林序

　　自 2002 年秋起，政大、北藝大及陽明大學合開了「全人生涯開展」的課程。如遊唱詩人一樣，我們每學期在三校巡迴。

　　這本書記錄了課堂上在不同生命狀態中的我們與學生談、問、答、演、想、回顧及夢生涯的私語。它沒有立意要涵蓋所有生涯的理論，文風也不求統一。許多現場的精采更是無法呈現——尤其年輕學子為學生命而灼燒的眼神，一心要破蟲前的困頓，以及我們每季特邀的講座所掀起的生命撼動。它卻是從古至今一代與一代之間，年長的人如春蠶吐絲殷殷要傳遞給入室弟子的魂魄精髓，而年輕人或狂或狷或濡慕的赤忱心腸！

　　這本冊子娓娓敘說上下課鐘聲間 100 分鐘底層的理路，以及寧願把時間割愛給學生發聲，而把「夫子說」留成延伸閱讀的心意。我們的學生一點也不能只坐著聽課，他們發聲，說出生命沒有包袱的振振心聲！所附「虹語錄」串收的語話有許多是年輕學生所發出，他們走動，他們記錄，他們與我們一起唱和。

　　我們的性情真是紅橙黃綠藍靛紫。與學生的互動也容各自發揮。在信仰上，我們有許多基督徒，也有佛學法師，以及尚無任何皈依的人。相同的是：我們都凜然珍惜與學生一起開展生命的這份恩寵！

　　呈在你眼前，是能訴諸與不能訴諸言語的盟誓。

　　生命的彩虹，讓我們一起活出來！

一真

2007.2.4

鍾序

　　三個學校的老師會在一起開課，是一種美妙的機緣。雖然我們早就很熟識，但是從來沒有像過去6年多的如此的感情緊密，如此的合作愉快。我們從北藝大的義大利餐廳、木柵貓空的茶藝館，到烏來的溫泉旅館、陽明山的養生餐廳、永康街的風味小館……，留下教學檢討和計畫的足跡。無論是誰做東或分擔費用，好友們聚會，一面享受美食，一面開創一件有意義的事，人生幾何！

　　「全人生涯開展」是一門大學通識教育課程，之所以使用這課程名稱，當初是一真的巧思，也是她溫柔的堅持，立刻獲得其他老師的讚賞和接受。比起一般習慣聽到的「生涯規劃」名稱，我們更強調的是年輕學子的身心靈統整，更關注的是未來的開闊願景和行動。

　　這門課最初是在教育部的提升大學基礎教育的計畫下，由政大申請的「優質世界公民通識教育計畫」其中的一項子計畫，因此這課程能有最初3年的部分經費，並且得到三校校際合作支援教師的鐘點費和講義費，得以奠定良好的基礎。校際合作課程有很多，但三個學校老師一起設計和開設同一門課則很少，尤其課程能持續至今6年，而且仍士氣高昂地檢討改進課程者更是微乎其微。這種合作開課的方式不敢說是絕後，然而我們可以很自豪地宣稱如此親愛精誠和和諧交流的精神是空前的。

　　整個課程的教學，一真老師的份量最多，既要擔綱近半數的課，又要做課程的起頭和收尾重任，但她樂此不疲地奔走其他兩

校，學生們非常喜歡這位嬌小老師親切笑容和精彩的授課。當然，在大家不約而同地想寫這本書時，她負責的部分自然吃重，尤其訂下期限內未完稿的人要在大庭廣眾前裸奔的驚人之舉，壓力真不小。不過，也因為這種丟不起人的威脅，大家都乖乖地如期交稿。其實，一真最初的文稿仍有缺漏，之後又花了一段時間修飾和增補，但是我們不忍看她成了媒體的頭條新聞，雖然她是始作俑者，不過這也夠我們談論起來回味無窮了。

在計畫寫書之初，我們就約定好不求文體和格式的一致，因此本書的內容呈現了自由的個人寫作風格，有揮灑自如的體驗，有情感豐富的抒發，有嚴謹架構的論述。在我看所有稿件時常已分不清誰屬哪種風格，只覺得這種撰寫倒是一種獨特創造，不也正是象徵著每個人生涯發展的繽紛和生命故事的精彩嗎？讀者在品味這本書時，不妨也抱持著這種心情欣賞吧！

我們無法預知這課程會繼續開多久，但是我們仍然樂觀地一學期一學期地開下去，有如我們鼓勵上課的學生一樣，生涯中有許多的不確定，那正是讓我們興奮期待、積極整裝、迎向挑戰的生命彩虹。

無論未來如何，我們珍惜這一段人生旅途相偕同行的學習，這是永生難忘的經驗，也是我們在聚會時說笑是講給子孫講故事的美麗回憶。紀念我們的友情，紀念我們的一點成就，相約在這本書出版後的再修訂，相約再出第二本書。感恩為此序，真誠謝謝你們，慎慎、彰儀、玉芬、一真姊妹。

思嘉

於 2007 年春暖花開的政大校園

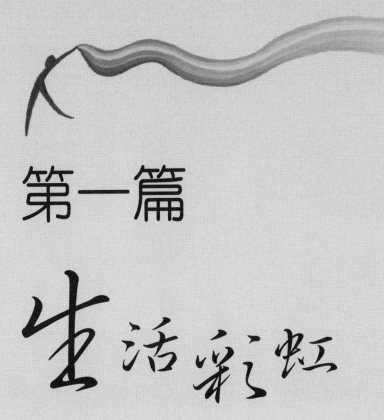

第一篇

生活彩虹

全人生涯開展

第一章

何謂生涯

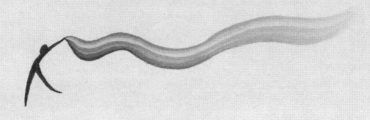

全人生涯開展

生活彩虹

噓，請不要先說那麼多話，老師！

學生的內心本來就有許多對生涯的體會和智慧。

這堂課，我們先以音樂引動學生自由聯想，邀學生以繪畫來記錄所浮上來的思緒，再展開一對一的彼此述說，並藉由傳畫互畫的衝擊，來激發學生連結不可完全主控的生涯，進而回顧自己如何面對生命的變動。

這之後，我們以拉奏音樂琴絃的照程和雅雯的生命故事來述說天使心家族如何從生涯的破碎長出來。

是的，這一堂課我們運用經驗學習法，留住大量的時間，捍衛學生未受老師影響前的主體性，藉由不斷產生憾動、疑惑，再讓學生親身體會、述說並萃取自己的生涯觀。這樣，當滿心靈感時，師生再針對生涯的定義作一層層的理性對話！

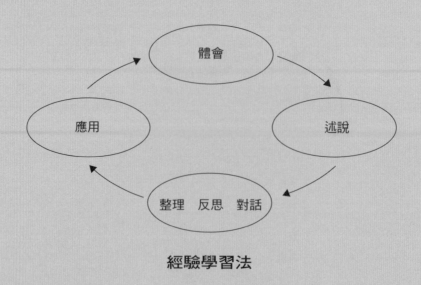

經驗學習法

一　生活彩虹畫與話

先安靜下來好嗎？

來聽一段音樂，心思想飛就飛，想停就停，睡了就讓他去，看心和身體走到哪裡。

趁著新鮮，好不好把剛才聽音樂時，我們的心所去的地方記錄下來？

你願意的話，我們搖身一變，成為 3 歲孩子，用蠟筆畫，不要美術比賽，就是簡簡單單地畫。

好，請把你的畫往右邊傳三個人，看到這張畫了嗎？

請拿起你的筆繼續畫，沒關係，可以畫。

再請你把這張畫向左傳五個人，拿到新的畫了嗎？繼續畫。

最後，請傳給右邊第三個人。當你看到自己的畫時，請抓住這一刹那的感覺。

好，繼續畫！

只剩下一分鐘。

停、停、停……不要再畫了。

看一下自己這張畫，這裡面有什麼？

這和自己的生活像不像？

裡面有自己最愛的東西嗎？

這裡面所畫的是自己想要的全部嗎？如果隨心所欲，可能會要

加什麼？

當看到自己的畫被畫的樣子，覺得怎樣？

這樣的經驗會讓自己想到生活或生活中的哪一部分？

接下來，我們可以怎麼做？

　　我們坐在這裡，想學習關於生涯的事。

　　到底生涯是什麼？專家學者有想法。但更重要的是：來聽聽我們當中的一位老師怎麼說。他對我們最瞭解，也會陪我們一直往前去，看看我們以後會怎麼過日子。對，那就是我們自己。在還沒有聽所謂的學理定義之前，我們已經用我們的方式在面對生涯了。

傾聽你的心。它瞭解所有的事，因為它源自天地之心，而且它總有一天將會回歸天地之心。　　　　　　　　　　Coelho, 2001:135

修正孤單

在我的畫中，我看到了一個寂寞的鳥，很希望能夠有一個大樹可以棲息，這像我的生活或許就是一片孤單吧？即使現在的生活看起來好像很不錯。

這是我想過日子的全部嗎？當然不是囉，我希望加上另外一隻鳥，也是隻簡單的鳥，不喜歡五顏六色的鳥，還有，可以加上一片綠油油的森林。

我的生涯課題？修正孤單！

河與鳳凰　立

聽著大提琴和鋼琴奏出的優美音樂，我拿起蠟筆開始塗鴉。自認繪畫技巧一直停留在幼稚園的我，感受到音樂流露出的寧靜平和氣氛，便順著直覺畫出兩條曲線，想畫成一條感覺平靜的時間河流，就像是我所嚮往的、穩定的生活和性情。

當我正開始將河流填上讓我覺得沉靜的藍、綠色系時，老師宣布要互相交換畫圖，這讓我覺得有點像是生活上我們會遭遇到的一些波折、意外。等到再度拿回自己的圖畫，我發現上面多了許多五顏六色的色彩，不但本來平靜的河流有了冷暖交錯的色系，旁邊也增添了其他的線條色彩。一開始，我心中的第一個感受難免會有點排斥、不是很滿意，就像是生涯中出現了變數，沒有按照我自己的規劃進行了。不過後來經過短暫的調適，我索性就著紙上的彩色，也拿起各種顏色的蠟筆添上了更多的點綴，讓圖畫繽紛生動了不少，而最初構想中的那條寧靜的時光之河，也搖身一變，彷彿成為一隻羽翼漸豐、欲展翅高飛的五彩鳳凰呢！

在我的畫中，我想我大概無意間畫出了我所嚮往的事物，我希望擁有一條時間之河，能穩定、順遂的流過我所規劃好的生涯、生活。不過，後來我也發現，如果生命多一點變數、點綴，有時候不一定是不好，反而還可以帶來更多元、更繽紛的收穫，也可以讓自己擁有穩定、平靜之外，不同的成長。除此之外，我也會希望我可以在我的畫布中——不論是圖畫紙上的，還是真實生涯的——放入更多留白的空間，象徵我生命中有更多可以讓自己反省、反芻的時間，也象徵有

更多沒有成見的空間可以包容更多元的事物，接受生涯中會遇到的可知與不可知。

對我而言，生涯應該是一輩子所要努力、伴隨的目標與志業。我願自己能用更開闊的心去接納更廣的世界，也願自己能堅持所立下的志向，完成我的生涯規劃，讓我的生命不但可以是一條穩健不息的河流，也可以是一隻羽毛豐沛的鳳凰。

破壞與轉機的進行式 欣

畫是記錄。

我一直在想可以走往哪裡，要去什麼地方？於是看見自己的兩隻腳丫，是進行式。在行動的過程中我想起來上課前看見的一張熟睡的臉，於是將他畫下，在此之前都是具象圖案。在經過別人的畫時，我以自己暴烈的手段替其他人的畫，塗上我的視野和官感，濃烈的色塊、線條。於是，我發現我愛這種「破壞」。於是，我再次見到我的畫，一個多人創作，我以最後之姿，企圖破壞原有的、單一的意圖，而多了氛圍及可能性。

再退一點，我看見「想念」，圖裡我掛念著某一個人。我預視自己必須「離開」的必然性。「反叛」。我想逃離，逃離應該要面對的，而且期待一種打斷，可以出現新的可能性及轉機。而破壞反成為一個開始。

畫裡面我真愛的東西，是那張安然、熟睡的臉。

這是一個生活的態度，而且他只是過程、過渡狀態。我期許自

己可以轉向平穩的生活。我不喜歡自己的畫被他人任意更改，那對我而言沒有意義。我有我要說的、我要畫的、我要講的，而且不喜歡他人的詮釋。我看生涯：生涯是一趟飛翔的旅行，有方向，或快或慢，或停暫。自定。

　　每個人身上都帶著我們可學習的生涯智慧。我們要不要先想一下：我們所認為的生涯到底是什麼？

　　以下是年輕學子對生涯的看法，然而精彩無法盡列，請參閱本書末的附錄「年輕人的精彩」見其一二。

矯正與欣賞　書

與課堂上其他同伴的畫相比，自己的這一幅線條顯得複雜、焦點也比較細小及多。我想這是因為原本的理想狀態被「破壞」後再度重組的關係。

我發現幾乎每一位同學的畫作中都有太陽，而當自己希望走的方向被強迫偏離時，大部分人會選擇「矯正」。

無關技巧，我發現的是：每一個對於自己在乎的事物的呈現與保護。假如此種狀況於現實生活中出現，我想我也會強烈希望每個人都有欣賞意外收穫的眼睛，以及意欲實現理想的決心！

二　天使心家族的生命故事

感動──大提琴的獨白

Part I　我等你好久了

「大提琴的獨白」，訴說一對年輕音樂家的生涯智慧。

春假時，雲帆買了這片「感動──大提琴的獨白」CD，拿到陽明來與我分享。打開內頁，整個人被懾住了，大提琴手林照程這樣開場：

師大畢業的年輕夫婦照程和雅雯正準備到加拿大深造時，卻發現懷孕了。大女兒詠晶生出來是極重度發展遲緩。二女兒逸華好一些，在殘障手冊上是重度發展遲緩。從此他們展開到處遍訪名醫、試偏方、求神問卜的日子。這當中，照程夫婦仍然為許多音樂家籌設演奏會，也曾向青輔會申請創業貸款，所獲得的收入拿來支付黑洞式的開銷，其中有位靈媒還說這是冤債要花錢消災。

直到有一天，他進了一間教會。在一首簡單的音樂「主是平安」中，他聽到微小的聲音對他說：「孩子，我等你好久了。」他就當眾放聲大哭。從此他和他的妻子、女兒的生命有很大的改變。

這片 CD 的第一首就是「主是平安」，它的旋律蘊藏這移山倒海的安慰能量。他們後來又生了三女兒，是健康活潑的孩子。這些年，照程夫婦創了聚藝公司，推動彩色木笛的教學。這片 CD 是在保母請假，自己要照顧三個孩子的忙碌中完成的。其

實，這些生命破口流出來的質樸、疲憊、安祥都在音樂中流露了。

本來在 2000 年時，我們為青輔會舉辦大專院校教師生涯輔導「生活彩虹」研習的主題曲是「Secret Garden」。我愛 Lovland 和 Fionnuala 如絲滑順的北歐音樂。它陪伴我們與大姊如一在病中噙淚享受許多美景，也引發許多朋友在面對不可測的人生還堅持要開拓花園的共鳴（請見第三章附錄 「祕密花園之歌」）。但我卻更愛這「感動」裡面那沙沙的，粗粗的感覺，甚至愛那未必很穩，更貼近真實人生的拍子。因此我今年決定大膽改用「主是平安」，冒著被批評宣傳信仰及推銷 CD 的可能。

一真，2001

Part II　無法圍成一個圓時

在作畫時讓彼此畫別人畫的「介入」，是 1989 年在台北市立師範學院向陸雅青老師學藝術治療所領受的。但去年我因生命體驗更了悟到：「意外」的人生才是常態，決定在生涯知能研習課程中加入這段，以激發出大家面對「不可控制」人生中的因應。

正式為大專院校教師舉辦「生活彩虹」工作坊，每場大約會有 100 人參加，而且時間很短，所用的場地不太可能讓大家坐成圓圈傳畫。是否要放棄傳畫？若放棄又不達目的，好難取捨。6 月 29 日 leaders 會議時，大夥兒因已先體驗過其中況味，表決要用「感動」取代「秘密花園」音樂，而且盡量突破場地限制，保留「畫畫中遭逢變動」的設計。

當晚我因與北區工作坊場地「水都」的合約生變（感覺被放鴿子），加上人力物力窮困而難眠，讀床頭書《當醫生遇見SiKi》，賴其萬醫生寫神經科學家周炳明生重病後不能拉小提琴而改用左手拉大提琴。

夜半我霍然直坐起來，立刻決定讓「生活彩虹」的朋友就坐在原位上試著用非慣用手作畫。太好了，這樣會減少許多的紊亂，可省時間，但也可小小體驗一下「受困及超越」。

—真，2001

Part Ⅲ 向苦難感恩

我們把照程請來藏在音控室。當來「生活彩虹」研習的大學老師聽我說了照程的故事之後，照程現身了，許多人哭得一塌糊塗。照程說：「我不知道要說些什麼？我來拉琴好了。」他的白琴好漂亮。

我以為他要再拉讓他改變一生的「主是平安」。但是他說：「各位，你們曾經向生命中的苦難獻上感恩嗎？我們把第三位女兒，叫做美恩，感謝我們家裡有詠晶和逸華這兩位女兒，改變了全家的一生。」

他開始拉琴，是「獻上感恩」。我坐在台邊的地上仰頭看他。直到這次開場前，我與照程相認，才知道原來他也是台南市人，他的父親還在永福國小教過我弟弟。在他30多歲，我近50時，我們在台北唭里岸相擁相認。他坐在台上拉琴，我坐在台邊陪著。我突然知道這是千古命定的事，我們要同台服事這台下一群又一群的靈魂。

有一陣子我去林口啓智學校陪弱智孩子作「生活彩虹探索」團

體工作坊，學校要為家長辦一場活動，問我怎麼安排？我說：
「請照程來吧！」

那天照程來了，帶著雅雯和大女兒，外傭正好不在。我們一樣
請家長聽音樂，畫畫，聽照程的故事，雅雯說著家裡的近況，
照程也調絃準備拉琴。本來我是要在台下家長席陪詠晶的，但
是她有點不安，搖頭尋找什麼，快要站起來。我徵得大家同意
陪詠晶上台，就這樣四個人很奇特但又安祥的排列著。台下家
長邊聽琴聲邊哭，他們比我們更懂得照程和雅雯的心。

一真，2002

Part IV 天使心

青輔會整修了嶄新的生涯資訊中心，主辦的科長打電話來問我
要怎麼開幕。我說：「請照程來吧！」

他來了，這次遞給我一張名片：「一真姊，我們參加愛鄰協會
成立了『天使心家族』，想為弱智或特別有需要的孩子們的父
母親做點事。」

我衷心高興。

這之後，照程的感動 CD 又出現了第三張、第四張。半年前
吧？我收到一張白色鍍銀卡片，右下角有微笑的天使衝上雲
端！呵，真可愛！

「我們的大女兒詠晶回天家了，微笑著！」照程說。

一真，2005

Part V 天使心基金會

「當初為了孩子我們到處求神問卜，也向名醫求診，而林照程也因經濟狀況去做直銷，被騙了很多錢。」雅雯表示：照程一度想自殺。如今，照程及雅雯服事遲緩兒和他們的父母，每位遲緩兒都是上天的寶貝、天使。在台灣每一百個家庭就會有一個身心障礙兒，目前至少有十萬個孩子在 6 歲前是發展遲緩兒，每五個遲緩而僅有一個在 3 歲前得到早期療育。父母為遲緩兒所付出的心，就是天使心。天使心基金會並於 2007 年 1 月 13 日成立。

天使心的目標是藉著家長間的經驗交流及社會大眾大家的協助幫助其他正在受苦的家長找回屬於自己的自信與喜樂。天使心家族的每一個人都可以得到生命的成長，遲緩兒的家長近乎冰冷絕望的心再度堅強地活起來！

你可以上網去看，早在 2007 年初天使心家族已經排了半年的成長課程，有藝術創作、心靈SPA、親職講座、醫療、提供資訊教育音樂會、家庭探索、分別諮商、交遊。「父母先走出來，孩子才有希望。學會樂觀看待不完美的生命將等畫社區家園，讓孩子長大後與父母同住（摘自網址生命力記者／劉）。

「走過傷心，走過淚水，讓每顆心再次飛起來。讓你的心，伸出你手，讓每個靈魂再次飛起來。」

一真，2007

三　生涯是什麼？

在 1981 年左右，國內漸漸有人講 career。有人翻譯成事業、生涯或生計。與 career 這個字相近的拉丁字 carrus 是戰車的意思。career 有瘋狂競賽的精神，當成動詞用，如「駕駛賽馬」。生涯隱含有未知冒險的精神（金樹人，1997）。

當今，把 career 這個字當形容詞用，是指特定的就業狀態。例如：英文裡說一個女性是個 career woman 時，是指她長時間就業；而 career soldier 是指職業軍人，具有穩定的意涵。生涯也可以是指在某個職業從開始不斷變化的歷程。有些生涯是循序發展向上流動的歷程，如教書生涯，有人可能由師範專科學生發展成小學老師，又到師範學院進修，再回校當主任，而後當校長。有些生涯雖不一定有明顯向上或向前的階梯，卻也是有變化的軌跡，例如：畫家可能經過不同時期的畫風，一再顛覆與整合，直到涵化出最能反映自己的風格。career 的兩種用法包含了生涯「持續性」和「變動性」的本質。

我們來看看下面與 career 有關的概念，哪一個與我們想的最相近？

（一）生涯就是生計

生計是要尋找一個讓我們得以糊口的方法。可以用英文字 job 來表示。

> 有個大家熟悉的故事是三個人在疊磚頭，有個人問：「你在做什麼？」
>
> 「你沒看見嗎？我正在疊磚頭，一塊兩毛錢。」

是呀！孩子的溫飽、學費、妻子的醫藥費，這是賴以生存之計！

在台灣還有人需要考量生計嗎？有出獄想重新出發的更生人、身心障礙的人、弱勢（包含變性的人）的人、原住民、中年的媽媽、精神病人、學冷門科目的人、產業外移的人、中年被解雇的人，還有大學生、研究生（你知道有許多大學生畢了業不去找工作嗎？他們或者一直考試往上念，或者閒閒著在家當「美黛子」，總之不去面對工作的世界）。我們真的可以好好想想怎麼幫這些人找到一個生計，一個工作，可以讓我們做事來賺取酬勞。

> 生涯是一隻牛頭犬，因為我就像一隻忠實的狗，但是必須像牛一樣，做很多很多事，不做不行。

有些人表面上有穩定工作，但是主要都在維持基本的生存。例如：有些科系的大學畢業生為了生計，這裡打工那裡打工（有位美術碩士剛踏入職場，在美術館設計活動方案，在大學推廣部教美術創作，又在國際研討會當即時翻譯）。不止是學生，有些大學教師為了要爭取經費作研究，並且支持研究生的生活津貼，一個人接了許多題目的研究規劃。打工不擔保穩定性，我親眼看到得知國科會或其他經費來源中止後，這些老師因研究室立刻面

臨斷炊斷人之窘境,而倉惶無語。

(二)生涯就是從事職業

　　相較而言,職業比生計較為穩定,是指在不同機構或行業中的相同職務,通常會伴隨著社會期待,並且符合社會善良的風俗。例如,在電腦公司中的會計和在旅館的會計也許所做的事不盡相同,但我們聽到「會計」大概就會知道是和錢有關的工作。我們對從事不同職業的人會有些想法,有些期待。比如,想到鋼琴老師或卡車司機,我們腦中就會有些圖像,每個人所想的雖然不同,但會有些共同性。

> 第二個疊磚頭的人說:「我是建築工人,我們在蓋房子。」

　　職業通常有某些性質的工作內容和明顯結果。建築工人也許可以一個月休兩次大禮拜。今天來疊磚,明天也來疊磚,要請假的話可以按公司規定。職業也可以說是「卡位」(occupation)。我在某一領域裡有個位置、地位,可以有某種程度的預期;做這個位置的事,也占用了我的青春和能力。

　　至於,什麼是符合社會善良風氣或合乎社會規範呢?檳榔西施、色情行業的人和黑道大哥算不算是一種職業?檳榔西施應該算吧!後面兩種身分的人是否算是有生計而沒職業?

(三)生涯就是生活

　　這個觀念被Super詮釋得很精彩。假如生計是零散的「點」,職業是可貫穿各領域的「線」,那麼Super就是把career看成一道

彩虹、一座階梯，把生涯的寬度和長度都拉出來了。

　　Super 說：career 是生活裡各種事態的連續演進方向，綜合了一生依序發展的各種職業和生活的角色；由個人對工作的獻身而流露出獨特的自我發展形式。Super 還提出了生涯彩虹發展階段及任務，但以工作為主軸（金樹人，1997）。

　　在圖 1-1 的「生涯階梯」裡，Super 認為我們這一生從出生到老死都與職業有關。這階梯左邊有年齡，右邊可以看到 Super 把生涯分成「成長、探索、建立、維持、退離」五大階段。Super 看的

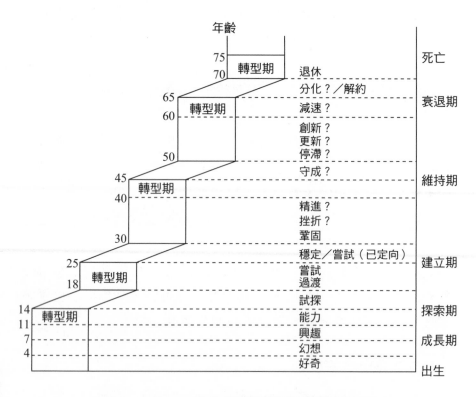

圖 1-1　Super 的生涯發展階段與發展任務
資料來源：金樹人（1988）。

世界是有條有理又有彈性的，他認為我們循著五大週期的階梯一步步成長，在每個階梯上的我們都有不同的特色和挑戰。我們可以回頭看，向前瞻，並關照當下的我，可有隨年齡增長更上一層樓？

小的時候，我們最想做什麼呢？有個小女孩想當公路局的車掌。為什麼？好神氣！連兇巴巴的司機都要聽她輕輕地吹那一秒鐘的哨子決定開不開車。稍長大一點，女孩從幻想自己要當軍人或水手，到在生活上把朋友和弟妹召來集訓（向右看齊！可能就想把亂紛紛的世界裡出個頭緒？）。接下來，我們可能會對大人的職業產生好奇。當有人喜歡拆鐘、有人喜歡玩醫生病人遊戲，或者拿爸爸的公事包走來走去，她滿懷熱血，閱讀和揣想當個花木蘭或記者，並且經常在各團體中被選為領袖（這個例子暫時要打住，本來想為國家拋頭顱灑熱血的女孩，因身高不夠不能考軍校，更因為害怕成功，後來就乖乖地留在一所學校裡，從事著安全而許多人羨慕的教授工作）。

我深願天下的父母和老師們有雙善於傾聽的耳朵和敏察的眼，用心去發現孩子在遊戲學習和生活中彰顯的所能及所愛，把這些事放在心上，並提供一個足夠空間去探索。是的，假如這個世界對我們夠友善，可以讓我們去打點小工、做點志工或指導我們去接觸、瞭解和反思各種職業在做什麼？從所得到的掌聲或跌倒的傷痕裡看我們合不合適？如同作家莫非一面觀看女兒跑馬拉松，一面在心中拼排上帝給她的未來藍圖！

接著我們可能會初步作一些決定，然後去預備，進入一個工作以後我們會經過建立期，到更穩定的時候可能會面對「守成」、「停滯」或是「更新」的挑戰，這之後有人減慢進步的速度，這

時有些人有可能退休或換跑道。

　　在每個大階段裡，又有「成長、探索、建立、維持、退離」的小循環在進行著。對於這些，我們應不陌生，每新到一環境，我們戒慎恐懼像菜鳥摸索，等熟了，我們探出頭來，踏出腳來，後來連走路都有風，接著是換跑道，又是從頭開始。

　　各位看，生涯階梯真是很了不起。Super讓我們知道一個人從事職業，不是一朝一夕的事，而是經過許多歲月的蛻變歷程。生涯的發展就是人的發展，自我的發展，把自己長出來的歷程，是人和環境不斷交互作用的一道軌跡。

　　再看一眼這階梯，覺得怎樣？

　　首先，我們一路成長到現在，真的經歷過這些階段嗎？很可惜。這樣藍圖深受有理想的學者專家贊同，但升學的風氣、社會的規範，還有我們自己的眼光、膽怯或懶惰卻硬是把我們綻放的好奇、幻想、興趣甚至能力都扼殺掉了；我們也被培養了一些能力，但未必經過試探，或嘗試，反正先去考試再說。

　　其次，這階梯到65歲就要「分化、解約、退休」了。在亞洲文化裡，許多65歲以上的人在政壇和工作舞台上還是趴趴走，忙得不可開交。我們要注意文化和個人的差異，不必死記幾歲幾歲該如何如何。台灣目前也是以65歲為公教人員的退休年齡，但是美國許多大學現在反倒不以65歲為退休分水嶺。如果我們不被年齡綁住，Super的生涯發展階梯是很可以讓我們借鏡的。

白鶴經理

麗芳說她的公寓經理任職已經 25 年了，看了無數的人，說話一語中的，也曾給麗芳一些在溫哥華生活的建議。

我暫住十多天後，克服時差，才看到這位鶴髮纖瘦的年長婦人，彎著腰拿著狗食要出門。麗芳輕聲說：「這是我們的經理。」我由衷的感動。停車場裡停了兩部超酷的舊車。都是她的。舊車有刮痕、鏽痕，她吆喝大狗上車時，還是鏗鏘有力，好似「天空之城」的女海盜。在街上，可能會當她是退休安度天年的長者。眼前卻是堅守崗位，有自己的 pride，深知自己可如何助人的資深管理前輩。我沒有開口問她貴庚，直覺應逼 70。

其實，今年母親節是在三芝的雙連養老院過的。有個土風舞節目，跳了將近 40 分鐘，演出的舞者每個都在 80 歲以上！Super 的生涯彩虹理論階梯，說 65 歲後人生走向分化、退休、衰退、死亡，也該改一改囉！

一真，2004

其實，我更欣賞 Super 把我們一生的發展以工作為主軸拉出一道彩虹。在生涯彩虹的圖（圖 1-2）中，我們在每一個時刻都扮演許多角色。比方說孩童，在 12 歲以前還是我們主要的角色，但這孩子不一定會消失，她時隱時現。在 20 幾歲，我們談戀愛的時候，40 幾歲我們揹著包包去旅行，或 50 幾歲以後把「時間表」丟開時，我們的童心又出現了。Super 就用粗細不同的筆觸描繪出生命中每個人在各階段所扮演的學生、公民、父母、工作者和休閒

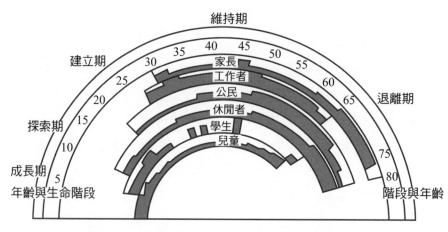

圖 1-2　生涯彩虹──生活空間的六種空色
資料來源：Super（1984）；金樹人（1988）。

者等角色的輕重。

　　Super 讓我們看到：我們扮演工作者的同時也扮演著其他角色。這些角色之間，有時相輔相成，有時相互拔河。當得成好藝術家，可能當不成好女兒、好父親。所以我們在選擇工作時，可能要去注意工作的人在怎麼過日子，不要只看他的亮麗面。我認為，把 Super 的觀點換句話說，生涯就是以工作為軸線，做人過生活。

　　以前我常會讓想要探索生涯的人畫這道彩虹，想想自己最看重什麼；如果可以掌握的話，幾歲要加強發展哪一種角色。年過50 歲，尤其經過大姊的喪禮之後，我不再這樣做了，因為畫出來的彩虹跟真實人生很不同。但它還是有意義，可以讓我們知道：假如天從人願，自己內心渴慕的是什麼，也可以對自己要怎麼發展有個初步藍圖。

　　到剛才為止，我們說了一些英文名詞，以為生涯是舶來品。其實陸游有一首我好喜歡的詩（《秋興》）。他說的生涯，就是

生活。你喜歡每天過這種日子嗎？

世事何曾掛齒牙　祇將放浪作生涯
有時掬水引馴鹿　到處入林求野花
鄰父築場收早稼　溪姑負籠賣秋茶
等閒一日還過卻　又倚柴門數暮鴉

這不是工作而已，我就是喜歡這種生活！

平日我頗哀怨，先生在實驗室至半夜三點鐘。他到底怎麼了？

我鄙視沒生活品質的先生！認識他的人也忍不住說他勞碌命。

但是他做「生活彩虹探索」時，竟然說最重視生活品質。

昏倒！

細問之下，原來，他享受這種生活。

初認識他時，我會去他實驗室，再同搭最初一班凌晨校車回宿

舍。結婚後，兵馬倥傯的日子一晃近 30 年，孩子各自求學去

了，最近我又開始會自己在晚上去他實驗室。

已經是 11 點多了，他的實驗室燈火通明，研究生默默地做著

實驗，包含從基隆幾乎天天（喔，不，是夜夜）都來的醫生。

他在二坪不到的研究室中，以「一指神功」敲打著電腦鍵盤，

修改學生的報告，審核國內外的論文，過濾每天約四、五十封

e-mail，擇要回信；最重要的是：撰寫研究成果向世界發聲。

突然間，我懂了。

喔！這就是他要的生活！

他在這堆滿機器（我看起來亂而小髒）的實驗室如魚得水，快樂像國王。他不想應邀去選校長，對親身從事生技產業也沒大興趣。這是他的生活。

在喪禮上講實驗

陳淑真教授是我們敬愛的學姊，尤其我們剛剛回國時陽明沒空間，她還讓我先生用她的實驗室長達一年。

在她的追思禮拜上，放映著許多美麗的照片，除了成長的足跡、與夫婿、親人及教友的留影，就是實驗、研究、教學。許多科學家上台訴說她以聰慧、毅力不斷地研究，在病榻上也不停歇。從黃麴毒素、真菌素、水稻儲藏蛋白穀蛋白到葉綠體基因之調控及葉片老化，我深深為這一個為追求真理真相的靈魂所感動，上天把她賜給我們！我環視在真理堂這偌大的教堂中，頓時感受到與會中有許許多多的靈魂也是這樣單純而熱切地在作實驗、找答案、追尋生命的奧祕。

他們瞭解淑真學姊的生命。在喪禮上簡單的三兩句介紹或推崇，其實是多少日夜的辛苦結晶。但是更重要的是：要「找答案」！假如能在這桎梏的環境中暢意與相同氣息的人一同努力、分享、思辯，何其幸福！

我就想起自己的恩師路君約教授，在 90 歲高齡還請女兒路平從美國買最新版的心理測驗教科書來讀，每次見面還殷殷提醒我要編製領導人格測驗。

這是「書生」本色，是研究者的騎士精神！

（四）生涯就是活出生命的意義

> 「你在做什麼？」
> 「我在蓋神的殿。」第三個人說。

1 活出生命的意義

　　這是生涯的深度。這種眼光是有信仰的人從一堆磚頭看到神殿；是農夫從荒草看到金色的禾田；是老師從孩子的喧鬧、眼淚及傷口看到下一代新領袖的歡顏；是垂死的人在病榻簽字捐獻大體，看到一群醫學生趴在自己身上專注解剖學習的眼神。

2 沒有薪水的生涯

　　「生涯就是生計、職業和生活」的三種概念，都是與我們做事賺錢謀生，在社會上有個位置、在生活中活出風格有關。但是對於那些從來沒領過薪水的媽媽，或是被禁錮在一座牢獄，或特殊的心神困境，看起來什麼也沒有（或是長年久病在床）的人有沒有生涯呢？被宣判還有一天可活的臨終病人還有沒有生涯呢？

　　《潛水鐘與蝴蝶》一書作者 Bauby 讓我們知道困在金鐘罩軀殼裡面有一隻蝴蝶要飛出來。即使作者離開人世，也繼續飛翔在我們心中。

　　在監牢裡的人有生涯嗎？意義治療大師 Frankle 在他 37 歲還沒有進集中營以前，就已經是一位優秀的心理醫師，並且長年主持精神病院，他提倡的意義治療法受到世人矚目。當他與父母、兄弟、妻兒被送進集中營時，長長的隊伍前面有人看著每位「犯

人」，用手比向左向右。被分到其中一邊的人被送去洗澡，另一邊的人從門出去直接送往煤氣室，一把火燒成黑煙，衝向 Ausch Witz 灰色的天空。這樣的生命有得選擇嗎？有很長一段日子，他被安排的工作是獨力要挖敲出一段路，稍不如人意就挨揍。在骯髒、飢餓、不公義、冷漠、殘暴、互相爭奪食物與皮鞋的荒謬中，他選擇想念愛妻，以渴慕她作為活著出去的理由。當在最嚴冷的風中苦役時，他看見自己將在溫暖的教室中對著一群年輕男女學子講說：「人在苦難中如何正向活著。」

當他出來時，父母妻兒都已過世。來自全世界的人想聽 Frankle 要說什麼？Frankle 堅信，人類的本質在於尋求意義和目的，經由愛或工作體驗價值感以及痛苦的經歷，都可以讓我們發現意義。

生涯就是安身立命的「立命」，是要聆聽那微聲的呼召，完成《牧羊少年奇幻之旅》中撒冷王說的「天命」。天命，就是志業（vocation），是投入一生心血也要完成的委身（commitment）。

> 一個牧羊人可以熱愛旅行，但絕不能忘了他的羊群。
>
> Coelho, 2001: 35

3 「沒有工作」的生涯

或者我們說，反正媽媽、Bauby 和 Frankle 都作了些積極的事嘛！所以生涯勢必就是和工作有關？！

(1)當我們生命破碎時

有些人面對生命的破碎、病痛和黑暗，所展現的沉穩、盼望

和力量，成為我們的安慰和典範。旅美神經科學家周斌明醫師得了巴金森症以後，由拉小提琴改用左手拿弓練大提琴，他並開始研究「腦老化的機制」，而周師母吳秀惠醫師開始研究「早期巴金森症病人如何適應以及家屬如何幫助病人」，他們成立「台美人巴金森症協會」。有人因為所懷的胎兒未出生就過世，而發起支持團體，去幫助有相同遭遇的家庭。

　　有一次，我們教會一個 70 多歲的媽媽跌斷了手，乍聽之時為她很心疼。不久她手好了，告訴我們：「手好以後，我就開始學電腦，今天這份週報就是我打的。」我就為她的存在而感恩，向她學習怎麼面對病痛。如今她 80 多歲，天天打太極拳養生，我仍然向她學習怎麼老去。

⑵當我什麼也不能時

　　這些人還是作了點什麼事的，對於什麼事似乎都作不太來的人呢？

　　荷蘭神父盧雲放棄耶魯和哈佛的教職，到「黎明之家」和「方舟之家」去服事身心障礙的人。他讚歎海倫的笑容是天使的笑容。他尊敬湯姆如師，是在湯姆身上，他看到生命的榮耀，而與他們的 IQ 無關。這些令人鼓舞的力量並不是來自海倫和湯姆能做什麼，而是來自他們的存在本身，這是天賦，是恩賜，是禮物（盧雲，1999）。

當我們想到給予的時候，最先浮現在腦海的是我們獨特的才華，那些把特別的事情做得特別好的能力。可是當我們把注意力放在才華上時，我們就會忘記真正的恩賜不全是我們能做什麼，而是我們本人。

真正的問題不是：「我們能為對方做些什麼？」而是「我們彼此能成為對方怎麼樣的人？」……比一切更大的禮物，是我們的生命藉著我們的作為所發出的光輝……我當問自己：「誰幫我最多時？」我的答案肯定是：「那位願意和我分享生命的人。」我年紀愈大就愈發覺我所能提供最好的禮物就是我本身對生活的喜樂、我內心的平安、寧靜和獨處，並對自己幸福的感受。

分辨才華和恩賜是有必要的，我們的恩賜比我們的才華更重要，也許我們只有一些才華，但是可以有許多恩賜。我們的恩賜就是我們表達人性的方式，是我們的一部分：友情、仁慈、忍耐、喜樂、寬容、溫和、愛心、盼望、信任等等，都是我們可以互相贈送的禮物。

我住在「方舟之家」愈久就愈認識到，在我們這些看似沒有殘缺的人身上，真正的恩賜常常被埋沒在我們的才華底下，很奇妙的是，殘障人士的明顯殘障讓他們自由地、毫無阻礙地將他們的恩賜貢獻出來。

盧雲，1999

海倫剛來「黎明之家」時，我覺得和她很疏遠，甚至有點怕她，她活在自己的小世界，只發生一些令人困惑的聲音，也不與人來往。但當我們相信她也有獨特之處時，她就慢慢地從她的孤立中走出來，開始對我們微笑，後來為整個團體帶來很大的喜樂。我現在領悟到，必須把握自己的可取之處，以發掘海倫的獨特優點，她向我展示她的美麗。　　　盧雲，1999

因此，我們固然要珍惜自己才華，更要發現自己在什麼景況下成為人間的禮物。我們的恩賜可以透過話語和行動，向人類宣告好消息，溫柔而堅定。

⑶死亡的禮物

但如果有些人已經連呼吸再也不能了呢？

荷蘭的神父盧雲曾說：「有些人的生是這世界的禮物，有些人的死卻是這世界的禮物。他的死亡讓活著的人看到死並不可怕，並不歡疚，他的死讓活著的人有盼望。」這樣的人不是做（doing）什麼，而是他的存在（being）就對我們有意義。

（五）那麼，生涯到底是什麼？

在 1995 年為大專院校學生辦理生涯輔導主題週時，我曾經整理出一個小本子「生涯彩虹」，說：「生涯就是生命，在一生各種行止中，我們所綻放的力量，所追尋的意義。」而在 2000 年時，我把生涯想成「生活彩虹」（Living Rainbow）：

在生活中善用自己、環境及信仰的能量，朝向大目標，展現
生命的意義！

就我來說，這兩個定義有點不同，是我這些年來進出醫院體會
到的。「涯」字似有「邊緣」、「遠看」的意涵，「活」字更看重
當下。Living 這字，是以動名詞當形容詞，不是靜止的狀態，是
Bauby 那隻蝴蝶飛出來的拍翅，是那牧羊少年踏過沙漠尋找寶藏移
動著的每一腳步。而當有一天我們都不能再作什麼事時，我們自己
沒有力量，但仍然可以藉別人或天地的力，活或死得有意義！

在我們課堂上，我們同意狹義的生涯是指「以工作為主軸的
自我發展歷程」，但更廣或更實際的生涯應該是包含生計、職業、
生活及生命。

你說呢？可以用你的話，簡單樸實地說生涯是什麼嗎？或用
譬喻、一幅畫、一串音符、一些姿勢和行動，來訴說你所活出的
生涯嗎？

生涯對我來說，應該是找到對於自己很重要的意義以及很重要
的人，然後可以加以保護。

第二章

生涯可以規劃嗎？

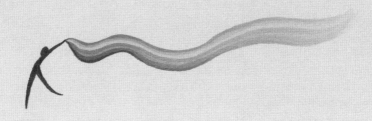

全 人 生 涯 開 展

生活彩虹

先拋出一個問號：生涯可以規劃嗎？其實問的是：自己到底如何看待明天。

在這堂課，我們重新看待大家耳熟能詳，甚至習以為常，take for granted，自大的「生涯規劃」。

今天，老師說明「生涯發展」如何從尋找「頭路」到尋找「適合自己的環境」，到如何用一生在或立或臥，或生或死，或出力或借力，成就「工作」中所詮釋自己的生命意義找「道路」。

我們以詩歌、經節和文本，呈現一種謙虛俯首，正視無常、變天和人生四季風景，以終為始，以「承天命」為主軸的生涯觀。

一真，2007

是美麗的錯誤，還是因緣際會？

　　曾經有好幾十年，我們都教導孩子：生涯是可以規劃的。漸漸地，人類又低頭思想：生涯真的可以規劃嗎？在歷史上，我們讀到許多英雄人物（甚至包含了漫畫裡作壽司的將太）服從意志、執著奮鬥、自我完成及實現夢想的故事。這些，都成了激勵我們的典範。但是，我們在規劃及努力之後就可以心想事成嗎？愚公一定可以移山嗎？移成以後又怎麼樣？生命的吊詭和有趣不就在於他並非乖乖死死地讓我們畫直線的嗎？

　　嗐！你們有話說，今天、明天我們要往某城裡去，在那裡住一年，作買賣得利。其實明天如何，你們還不知道。你們的生命是什麼呢？你們原來是一片雲霧，出現少時就不見了。你們只當說：「主若願意，我們就可以活著，也可以作這事，或作那事。」
　　　　　　　　　　　　　　　　　　　　　雅各 4：13-15

　　以前我老覺得自己很分裂。在課堂上，我鼓勵學生探索自己所能做、所喜歡、所重視的事，並探索將要踏入的世界，然後作抉擇、規劃，開步走！好像生涯徑路經過我精打細算加上努力之後，就直條條任我選，任我行。在生活中，我看到的生涯的確有人是坐直達車到了他要去的目的地。然而，卻有更多人的生涯是峰迴路轉。其中，有些人是不主動刻意規劃。作家張曉風就是不喜歡講究生涯規劃，擺明：一步一步走著瞧，用探險的心踏出一條屬於自己的路。

而有些人是相信人外有天，自己是「天將降大任於斯人」的受器，一聽到呼召，就立刻回應。以色列人的先祖亞伯蘭聽到神要他離開本族本家往迦南地，他就整裝帶隊出發。

那麼，我們到底規劃與不規劃？心理學者一個又一個接力費心要幫助我們思考怎麼與自己的生涯共處，我們就得以站在他們的肩膀上瞰生命。

一　由「找頭路」到「找道路」

（一）生涯化妝師

許多人想到「職業發展」，就認為是找到一份好工作，除了好好讀書充實自己，很重要的是把自己推銷出去。在早期的職業輔導工作中，專家顧問提供許多好方法，透過化妝包裝、教我們寫履歷、自傳、學習面談、找求才資訊，赴招才會。這樣的觀念是把生涯放在「生計」的思維上，很實際。

（二）適配

但是，我們不止需要一個位置。我們需要一個適合我們的位置。所謂適才適所，水幫魚，魚幫水。為了要如此，「職業輔導之父」Frank Parsons 提醒我們，在選擇工作以前：

1. 要清清楚楚的瞭解自己，包括瞭解自己的性向、能力、興趣、企圖心、資源及限制，以及這些特質的成因。
2. 要明明白白的知道各種工作成功所必須具備的條件和要求、

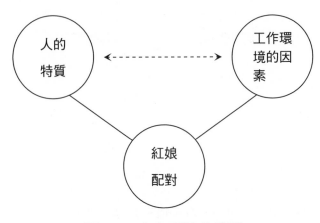

圖 2-1　人與環境的適配

優點與缺點、待遇、就業機會與發展前途。

3.要實實在在推論這兩組事實之間的相關情形。（金樹人，
1999：18；Parsons, 1909：5）

　　另一位心理學家Holland把大多數的人區分成「實用」、「研
究」、「藝術」、「社會」、「企業」及「事務」等六大類型，
也把一般工作環境也分成這六型（請見第四章附錄）。他主張：
職業的選擇是人格的表彰，我們的行為會受人格及環境特徵的互
動影響，人格與環境適配性愈高，通常愈能促進個人達成更好的
職業成就。本質上，Holland 也是以「人和環境適配」的角度看一
個人的發展。他編製的「自我探索量表」（Self-Directed Search,
SDS）被許多國家的人用來探尋自己和環境的歸類，想要以最佳紅
娘的眼光為自己和環境找到最適合的配對，以卡到一個如魚得水
的好位置。在我們課上所作的「*生活彩虹探索*」中有一部分就是
在為自己初步作這種歸位。

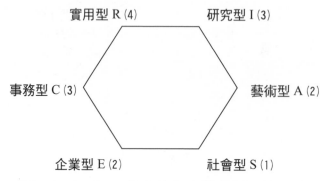

圖 2-2　Holland 的人格和環境類型及諧和度

（三）生涯發展

　　1950 年代初葉，Ginzberg、Roe 和 Super 這些學者受到所生存時代的「存在主義」、「人類發展」以及「人本」思潮的薰陶，紛紛提出職業選擇理論和生涯發展等理論；將我們的生涯從個人求職的「點」，和人與事適配的「交會點」，延伸主張要從一生的角度去關切我們在職業發展中尋覓和發展自己。因此，我們被鼓勵要及早思想關於生涯的事、澄清價值觀、學習抉擇、規劃和準備，以使我們在職業中適應得好。

　　在 1960 至 1970 年代，這樣的思潮促動了生涯教育的發展，將生涯的概念整合由幼稚園一直到成人教育中。當生涯發展論及職業選擇理論的概念甚至後來社會認知觀點、訊息處理理論勃蓬發展之際，專家學者運用許多測量人格、價值觀和抉擇風格的方法，並教我們蒐集和管理資訊並作出最合宜決定的方法（如平衡單）。我也很贊同生涯的學習本應融入生活，所以在台南天才學前教育所也請 2 歲半到 6 歲的幼兒家長及老師用活潑有趣的遊戲

和身教引導孩子認識工作、休閒、生活、生涯和生命！

二　生涯可以規劃嗎？──生活彩虹的觀點

　　在二十世紀的尾聲，愈來愈多人開始發現（或重新想到）生涯未必可以規劃。

（一）無常是常

　　我們購買保險，因為知道人生有意外、災變、疾病和人禍。當「計畫比不上變化」時，這才記得古人本來就耳提面命，生命的本質十之八九是不如意。

（二）加速變天的時代

　　時代的更替使過去世代所認為穩妥的生涯徑路，到如今卻是河西河東。有人的一生從基層或黑手一路勤勞苦幹、一路白髮斑斑做到公司副手，「戲棚下蹲久了，總是我的」？

　　不，或因為總統換了、或跟錯老闆；或現在流行把位置留給「青年才俊」或口才便給、懂得行銷自己的新一代，在裁員不眨眼的風潮中，第一個被 fire 的人，竟是在角落默默賣命不打屁的資深技術人員，公司說相同的薪水可以請好多位新手！

　　而政治經濟的局變，使為台灣退出聯合國而悲壯流淚的反共遊行領袖率先到大陸去設廠！而現在大學亦趨為高中化，全球化、國際化和高學歷的風潮，更讓埋首苦幹的人不得不探出頭來。

（三）人生風景

其實少年、中年及老年人生本來就有不同風景。

1　少年人生

當我們年輕時，我們是 nobody。但我們也是初生之犢，壯志如虹，心比天高，而似乎真的也心想事成！

> 「而當你真心渴望某樣東西，整個宇宙都會聯合起來幫助你完成。」撒冷王說，「當你第一次玩牌，總是會贏。新手的好運道，因為有一股強大的力量希望你去完成。」
>
> Coehlo, 2001

有些人在少年期就追究生命的真理，探討如何實踐理想，如質疑及顛覆兒童時代所信服的權威和金科玉律，他們不惜赴湯蹈火為追求至情、至真、至善、至美。黃花崗 72 烈士中有許多黑髮才情少年為國家拋頭顱灑熱血，我們當中也有不少人在年輕時願為世界大同、為環保、為母親台灣，或為長城外的故鄉付出一切。

這當中更有少數人會去推溯生命的根源，尋找靈魂來去的歸納，「當趁年少紀念造你的主」。

2　青年人生

當我讀大學時，曾經有位媽媽告訴我：男人一生中會有 10 年卯足了勁在拼事業，作妻兒的要有心理準備。對於這句話的正確性，我還不能確定，因為我認識的有些台灣男性數十年如一日都

卯足了勁在拼事業。也有另一些男性終日閒閒在家，東晃西晃，反倒是他們的妻兒在辛苦掙錢。

　　我認識更多年輕的男性和女性，大約從 20 歲到 35 歲之間，其實都在歷經學業和事業的爬坡期，在這段期間，他們談感情，也是結交終生伴侶、成家，甚至生子的階段，加上國際化及全球化的經濟發展，許多人要出差、出國、遊學和留學。甚至一個人在三地有三個家。許多的變動需要許多的適應。

3　中年人生

　　當我們進了中年，成了身邊每個人的重要關係人，everybody's somebody。我是仍在供應兒女的父母，我也是要彩衣娛親帶父母去看醫生的子女，我更自以為是職場中的棟樑以及社交圈中的「老」字號。終於鐵杵磨成繡花針，媳婦熬成婆，我們心情卻如洗三溫暖，見山不是山，如同卡通的「埃及王子」摩西，在異族的王宮竟意氣風發耀武揚威。直到鬧了人命逃之，才在曠野發現自己竟要離開而且要帶領一個民族出走！

⑴我以前努力爭取的，得到以後，卻覺得「就是那麼一回事」

　　日日夜夜拼命寫論文，計算影響因素（impact factor）及科學引述指標（Science Citation Index, SCI），開雙 B 好車，得到之後卻只能高興一陣子，再來就覺得不過爾爾。

⑵我以前覺得不會做的（壞、傻）事，我卻做了

　　我以前覺得不會變的感情，就是出軌了。現在看人山盟海誓，只能微笑祝福，對於情變的人不再咄咄指摘。

我以前當乖乖的模範生，現在卻離家出走了。

(3) 我以前信奉或不信奉的真理，卻一再顛覆

你對人好、不一定得到好報。

(4) 我們的價值觀變了

蔣勳（2000）在《情不自禁》中曾說，人從少年大愛一路長大到中年私情。黃花崗 72 烈士中有許多黑髮才情少年為國家拋頭顱灑熱血，我們當中也有不少人在年輕時願為世界大同、為環保、為母親台灣，或為長城外的故鄉付出一切。但是到了中年，每天回家所渴望的是一頓溫飽的餐或就是一杯熱茶、窗畔亮著的一盞燈、電話、e-mail 及信箱中不要再傳來壞消息。

(5) 人入中年，以前的矜持放開了

從上班的領帶、套裝和訓練中解放，從看重收入的幾位數，到渴求每週可以休幾日。

(6) 我們的興趣改了

我們喜歡的風景更多了。除了新綻的蓓蕾、燦爛的花海，我們也可以欣賞芒草和枯葉。以前害羞的慘綠少年變成口才流利的演說家，火爆剛烈的烈士變成溫柔慈祥愛抱小小孩的新爺爺，而一直委曲求全沒有聲音的乖乖女，卻開始大展鴻圖成為企業一方英雌。

⑺時不我予，當下實踐

有人在住了六個月的醫院以後，發現身體不能再撐了，「我一直想做的事，不想再等了」，就毅然出去學中文。

4　老年人生

> 那美好的仗我已經打過了，當跑的路我已經跑盡了，所信的道我已經守住了。
>
> 　　　　　　　　　　　　　　　　　　　提摩太後書 4：7

⑴圓融或怨歎的人生

虛空的虛空，只問什麼才不是捕風？

我們所孜孜矻矻經營的人生，假使如同詩詞一闋，重新來過會如何？

臨江仙

滾滾長江東逝水　　浪花淘盡英雄
是非成敗轉頭空　　青山依舊在
幾度夕陽紅　　　　白髮魚樵江渚上
慣看秋月春風　　　一壺濁酒喜相逢
古今多少事　　　　都付笑談中

楊慎

心理學者 Erikson 曾經分辨兩種人的老年歲月，一種人將生命

中的成敗悲喜整合成一幅具有意義的圖像；有一種人徒呼負負，喪志頹廢，整個人生只是碎成片片的破鏡。在《牧羊少年奇幻之旅》中，煉金士向牧羊男孩說（Coehlo, 2001）：

> 每一次的追尋在一開始都會有好運道，而最後能成功微笑的人，一定是通過了最嚴厲的考驗。

⑵天心我心合一

到生命最高（後）的境界時，少年人的禱告不再是尋求啟示、平安和愛情；而是遇見天地之心──神的心也是自己的心──的合一。

生活彩虹的老師愛說「以終為始」。薛岳也唱「假如還有明天」，我們或也可以學習跳脫現在，從未來回頭看現在，或許對許多事的執著及拼命都會釋然。

⑶也許不必那麼急

當我們為理想流汗流淚流血時，老年人也許會告訴我們「船到橋頭自然直」、「天公疼憨人」、「急事緩辦」、「一枝草，一點露」，或許可以讓我們停止憂慮。

三　生涯需要那麼早規劃嗎？

　　二十世紀所強調的科學和理性（或天真），成就了許多人類文明，但也造成許多恐慌，以致於我們被期待在起跑線上就要成龍成鳳；規劃的工夫可能從孩子出生以前就開始紮了。相對的，如果到青少年還沒有明確方向或畢了業還在摸索，似乎就成了失根的萍，眾人明的擔心、暗地不屑或質疑的對象。於是，父母師長操心，連我們自己都不確定自己該不該這樣活？

　　曾經編製第一個正式興趣量表的 Strong 從小喜歡玩、交朋友、戶外運動和打橋牌。他先是隨父母住在山中，後來到 Berkeley 念森林，畢業後當了一年伐木工人，又沉澱了許多年。他深愛他的妻子、孩子、朋友和生活。後來他在哥倫比亞大學念心理學博士。他把豐富的生活都融入到所編的興趣量表裡。對於許多父母或孩子，因為「他還在晃、還在尋找」而心慌。Strong（1955）在 *Vocational Interest: 18 Years After College* 中提到（見林一真，1992）：

> 　　我也曾經是這種孩子。在我從大學畢業後 4 年，上研究所二年級之前，仍然不能確定自己到底要不要成為心理學家。然而，當一旦發現這是在所有的事情中自己最感興趣（不可抗拒地感興趣）的事，就開始投注前所未有的精力。

　　因此，我們鼓勵、祝福也支持很早就「定向」的人，但也要對還在探索的朋友說，把今天過好，根基紮實，守住對自己的關

懷和期望。正像美國國務卿 Lite 的父母向她說：「你做什麼都可以，別忘了我們對你有高的期許！」

四 信仰，你在哪裡？

沙特說我們是我們自己的選擇。這說法讓我們免於悲觀，因為我們畢竟可以有選擇。許多人終生選擇相信：「鐵杵磨成繡花針，人定勝天，有志者事竟成。」但當夜闌人靜，我們不得不說，我們果然都能規劃、有選擇嗎？

我的好朋友盼了多年得到的愛女，在 2005 年台灣時間 8 月 1 日我寫這篇章時出生前過世了（Still born, born still）。同一天，台灣小琉球火燒船死了許多人。這一年，南亞起了海嘯、紐奧良颶風中暴民暴露人性……這類消息太多，我們不得不停下來看，在人自己的努力規劃以外，生涯不受他力的影響嗎？

在我們還沒出生時，我們的畫布已經被畫了，這上面有父母的 DNA，有文化的烙印、地理環境、家庭經濟、膚色；出生以後，我們不斷讓別人在我們的畫布上繼續畫，我們也畫別人。

除了他人的影響，我們對整個人類「生涯」的來龍去脈怎麼看待？通常要到遭遇意外，我們才會對老祖宗說的：「人算不如天算」點頭。「我們對天／命／緣／運／氣」的看法都深深影響怎麼開展自己。

在二十世紀中，我們怕被說迷信，我們也很少被教導除了演化論以外的思考方式，我們不敢說自己有宗教信仰。學校教我們不要迷信，走出校門，畢業生看到真實生活中有許多人祈禱拜拜、

看風水、算命、改名點痣以改運、在小姆指戴尾戒、尋找四瓣酢醬草、占卜、解讀預兆或玩碟仙……。這些行動果然都是迷信偷懶嗎？表面上，我們好似透過這些動作趨樂避苦，其中是否有些值得我們停看聽的千年渴求和徬徨？？其實我們是否試著在吊詭難測的生命理出個脈絡？比這個更深的孺慕，是我們在尋找未來的寶藏，我們更是在為心尋找一條回家的道路？！

　　由二十世紀進入二十一世紀之際，台灣漸漸有心理學的教授願意去看到底生涯發展與天命、運氣究竟有什麼關係（金樹人，1997；柯永河，1993）。柯老師主張我們與生俱有的生辰八字、性格、外貌、父母、體質是「註定之命」，是不能改變的，而社會地位、名譽、性格、常職、專長、技能及各種習慣是「自定之命」，人要有與環境的命相配合的意願。金老師主張「自定之命」可以克服「註定之命」。

> 智者明瞭這個自然世界不過是個幻象，不過是天堂的一個模擬罷了。這個世界的存在不過是要向人保證，極樂世界真的存在。神創造出這個世界，並透過可以視覺的萬物，讓人們能夠理解祂的啟示真妙的智慧。　　　　　　　Coehlo, 2001: 134

　　然而，我們進一步想問的是：有註定之命嗎？有所謂註定之命是要被「克服」的嗎？如有，我們是要「承天命」或是「正向地和命運之神互動，譜出天命的樂曲」？我們可不可以更真實的把信仰融入生涯的開展？

　　不是我們在生命汪洋要抓的浮木，信仰是我們看世界、看自己的眼光。信仰是探索天命，用一生把它完成。有信仰的人也殷

勤工作，認真過日子，但對於自己在宇宙的角色、對於如何作決定和如何激發力量未必同於主流，每天是根據信仰作定位。如同陽明大學校友連加恩到西非去服事兒童，是回應來自所信的神的召喚。

世界衛生組織（World Health Organization, WHO）特設有「宗教與健康」與「生活品質」（Quality of life, QOL）的組織，強調宗教信仰對人的健康及生活品質有正向的幫助。

> 「最重要的是因為你已經發現了你的天命——那就是你一直想去做的事，在那時候，每件事都有可能。他們不會害怕作夢，也不是畏懼去渴望生命中任何會發生的事物。然而，隨著歲月流逝，一股神祕的力量將會說服人們，讓他們相信，根本就不可能完成自己的天命。」撒冷王說。「這股力量看似負面，實則引導你去完成你的天命，它能淬鍊你的精神，砥礪你的願力，因為這是這個星期最偉大的真理……只要你真心渴望一樣東西，就放手去做……因為那就是你來到這世間的任務。完成自己的天命，是每一個人一生唯一的職責。」
>
> Coehlo, 2001: 20

五　那麼，我們到底要不要規劃？

沒錯，我們要認真對待生命，還是可以立志，思考大方向，想好近幾年如果一切順利要怎麼預備；也可以規劃每天的光陰要

怎麼運用，但是可以加上謙虛及開放的心。

1.把「無常是常」的前題放在心上。

2.有信仰的心從所信的道出發，把敬天、愛天、隨緣和惜緣的眼光納進我們的生涯觀。

3.學習應變。Maanen 和 Schein（1977）說「生涯之道，應變之道」。規劃可分短、中、長期，要有風雨計畫，甚至有一切不如意的心理準備。

4.最重要的是要記得：我們永遠可以選擇我們的態度。人生最重要的事不是我們站在何處，而是我們朝向哪一個方向。

5.可以熟慮，不必憂慮。

把憂慮拿掉

所以我告訴你們，

不要為生命憂慮，吃什麼，喝什麼，

為身體憂慮，穿什麼，

生命不勝於飲食麼？

身體不勝於衣裳麼？

你們看那天上的飛鳥，

也不種，也不收，也不積蓄在倉裡，

你們的天父尚且養活他，你們不比飛鳥貴重得多麼？

你們哪一個能用思慮，使得壽數多加一刻呢？

何必為衣裳憂慮呢？

你想野地裡的百合花怎樣長起來？

他不必勞苦，也不紡線，

然而我告訴你們，

就是所羅門極榮華的時候，他所穿戴的，還不如這花一朵呢！

你們這小信的人哪！

野地裡的草，今天還在，明天就會在爐裡，

神還給他這樣的妝飾，何況你們呢？

所以不要憂慮說，吃什麼、喝什麼、穿什麼，

這些都是外邦人所求的，你們的天父是知道的，

你們要先求他的國和他的義，這些東西都要加給你們了，

所以不要為明天憂慮，因為明天自有明天的憂慮，一天的難處

一天當就夠了。　　　　　　　　　　　　　　馬太 6：25-34

第三章

身心靈全人開展
——我們怎麼看生涯？

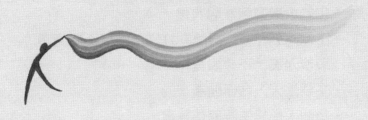

全人生涯開展

生活彩虹

我們課名是什麼？

不要說是「生涯規劃」喔！

它有「生涯規劃」，但比「生涯規劃」更大，也更謙虛。

這一章可以說是我們的開課宣言。因此課堂幾乎是為師的人在殷殷相告：

「身心靈全人生涯開展」的信念——

‧每個人都有生涯

‧容許信仰與生涯結合

‧涵蓋生計生活、職業及生命層次

‧由獨尊理性到正視變化及不確定，裝備應變，不用求全

‧獨一無二的生命故事

‧由結果取向到兼顧過程

‧由單向到跨界，拆除為性別、領域築的高牆

‧涓滴入流，不會浪費

‧生涯是天人合作開展來的

‧每個人都是生涯的智慧者

‧彩虹生活——在生活中善用自己、環境及信仰的能量，朝向大目標，展現生命的意義！

對於生涯，我還在體驗，目前我的領悟是：

一　從零開始──每個人都可以有生涯

生涯不止是能工作、有收入甚至能呼吸的人的專利。當我們可以的時候，我們發出力量，做一些事，不管是有收入的生計或沒收入純為理想的志工，是穩定的職業還是旦夕之間被迫的勞役，不管是否有舞台可發揮力量，或只有臨終一口氣可呼吸。我們固然要珍惜自己的才華，更要察覺自己在什麼景況下善用力量，展現生與死的意義，就成為他人和世界的禮物。

二　從有形到無限──生涯是存在（being）與行動（doing）的結合

我是，故我活。

在一生中，容許並提醒自己思想「我是誰」與「我可以……」都很重要。無論有無宗教信仰，我們都會需要選擇一個關於自己的立場。「我是」，直接關連到我們怎麼去面對生涯──「我活」。我們可以因為知道我是誰，而傾聽發自內心的微聲呼喚，把我所相信的，與這世界所教給我們的互相檢驗印證。我們更要讓所活出的生涯反映我們所相信的「我是」身分和氣味。生涯，就是活出我們的肉身、心理和性靈全人的歷程。

三 三生一業——生涯涵蓋生計、職業、生活及生命層次

關於生涯，我可以學一技之長，保住自己；學作專業人，栽培自己；學生活，在各種工作人、友人、休閒人、健康人、學習人、友愛的人等角色中尋求平衡，長出自己；並且學生命，定位自己，宣告生存的使命，活出生命的意義。

四 規劃一二——正向面對不確定

我們遇到或是想啟動生涯的新變化，就運用可獲得的資源（包含信仰）去活出最精彩的新局。當規劃、努力而心想事成時，我們可以慶賀。更多時候我們的規劃裡其實是夾帶著許願和禱告。我們或許可以說：「假如神願意或一切順心，我希望……。」胸懷「人算不如天算」、「盡人事聽天命」的謙虛，抱持「人生不如意事十常八九」的心理準備。大中小的規劃都要留有應變的彈性。我們不再只獨尊理性（或天真）的規劃、分析及預測生涯，也不再苦苦事事求全，乃是要正視生命的變化及不確定性，裝備自己應變的能力，所謂「機會是為準備好的人」，以積極的態度面對生命的不確定性（positive uncertainty）（Glatt，見金樹人，1998：333）。

五　關照 99 與 1──生涯是獨一無二的生命故事

　　我們願意認識並尊重強勢主流，但也要支持個別化的發展，讓每個人都有權發展獨一的生涯故事（narrative）。我們鼓勵抉擇也同理「不抉擇的抉擇」，更包容多元的價值觀和生活方式。

　　曾經有好幾個世紀，尤其是沒有戰亂的世紀，我們以為鞋匠兒子就是鞋匠，農夫的兒子就是農夫；讀書、嫁王子、娶公主成了可翻身的徑路，但是大夥兒走的士農工商多是條條大路，各不相犯。一度中學、大學用入學考試，生涯學者專家運用標準化測驗，篩選出合適的人員，給予相似的套裝訓練，送他們上相同的生涯路，他們在升遷時，也以年資和能力為根據。

　　但是隨著時代的改變，存在主義和現象學學者都提醒我們，每個人看的世界都不太一樣。心理學家 Ash 說：「與人相處時，我們看重的核心特質（central trait）也未相同；你看重誠實，我看重禮貌。」George Kelly 更是在 1950 年代就提出個人建構（personal construct）理論，主張人人都是一位個人的科學家（each human being as a personal scientist），並且發展「角色建構集成測驗」（Role Construct Repertory Test），想要探察出我們與人相處時各自重視的特質。

　　至於我們要走的生涯徑路也愈來愈個別化。1996 年，我在紐西蘭但尼丁參加一個癌症病人和家屬的支持性團體。在將近十次的聚會中，最受歡迎的一位講師是位悲傷治療師。她之前擔任過公車司機和喪禮的司儀。這麼奇特的生涯徑路，是以參與人的死亡場景為軸線，在她來說都是助人（渡人），都與生死相關。近年蔚為風潮

的敘事法，鼓勵我們傾聽與訴說每個人獨特的生涯故事，這樣的思維雖然不能取替當代人類發展生涯的大趨勢（如要成為生化學者，畢竟是要受過生物、化學的科學訓練，因此有相當清楚的發展徑路），但卻提醒我們不必如重金屬 Pink Floyd 樂團所憂唱的：「人人成為罐頭和香腸。」我們可以更精緻地傾聽每個人的心思，也更開放地容許每個人轉彎、跨界，活出自己的樣態。

我的小妹在 UCLA 完成圖書館學碩士後，就快樂地去圓她的大夢，成為一個全職妻子，後來成為三個孩子的母親，雖然當中曾邀約接了一點事做，但大多把心力放在相夫教子上，這也是一種生涯。

> 世界上有很多職業，要做得非常好，才對社會上有影響。我常想，一個平庸的舞蹈家就搞不出所以然來。可是做母親就不同了，即使一個平凡的母親，一樣可以對社會有非常正面的影響。
>
> 我希望有一根魔棒，一揮之下，天下的母親都是平凡而慈祥的好母親，我相信我們的監獄會因此空了一半。
>
> 　　　　　　　　　　　　　李家同，我的媽媽來看我，1995：13

當我們把第二個兒子——牧心送去天母東路「雍雅坊」向林俊松經理學削馬鈴薯、切洋蔥和切奇異果的時候，許多人都以為牧心的成績不好。我說：「其實還好耶！」我是從他剛滿 1 歲的時候就發現他喜歡把東西分給人，一次在與家人朋友到東勢林場更裡面的一個休憩所旅遊時，穿著連身衣褲的牧心沉著地把一顆顆的橘子分給二十多位家人及朋友。3、4 歲時，有客人，他拿著

小凳子墊腳，踩在上面，竟拿著大菜刀劈出一大盤水果，還擺得有模有樣。他 12 歲時，小小個子，還不到 140 公分（母親總是把孩子看小），新理了頭髮，穿著新的白上衣、黑褲子、白運動鞋，莊嚴肅穆滿心歡喜地去雍雅坊上工。回到家還會安靜且得意地指教爸媽和哥哥姊姊一番：「我們都是這樣削奇異果的。」林經理有時在作桌邊服務時會讓他出來見習，還讓他戴個廚師帽。當他準備聯考，讀書到一半時，他會輕輕放下筆說：「我來煮個湯給你們喝吧。」同樣是用超市買來的蔥油餅皮，我煎的就是坑坑谷谷焦白不均，他的則是又漂亮又香且軟硬適中，有如法國薄餅。國二升國三暑假，他到高雄向名師陳寬定先生學作南瓜湯，到如今我們還記得那齒頰的留香。16 歲時他被選入台北市高中職參訪北歐資訊的代表團，一步步走入電機工領域，也算得心應手。但他仍保留將來，一有機會就要學習餐飲！

六　由時間的起初到無限──從當下，回溯根源，開創未來

　　生涯的成功並不只看終點所達成的結果，也看重一路走來我們的成長與收穫。

> **天地之心**
>
> 「在什麼情況他們會失敗？」
>
> 「當他們只想著要提煉出金子的時候。」他的同伴回答：「當他們只想追求他們天命所帶來的寶藏，而不是想去完成天命時。」
> Coehlo, 2001: 133

　　從過去只看重「只要我長大」的未來取向，我們轉而重視「過去、當下及未來」的全程開展。我們不僅只是預備當大企業家、外交官、藝術家或醫生、護士、科學家的人。我們是人，是有根有基，此時此刻正在生活、學習、成長並邁向死亡的人。而且，結果不一定是如願才美，面對破碎、失敗、逆阻也可以是另一種美。

　　明迭的作品讓我更能直視身心內外的不圓滿。靜歎線條與形體破碎後的淒美與新喜！

　　楊明迭任教於台南藝術大學，他的創作是美與科學的實驗結晶。立心與我去訪問明迭工作室時，正值我陪大姊如一多次進行化療之際。一進門，就被這一屋空靈的小宇宙安慰了。

一真

楊明迭 YANG MING-DYE

我的破碎告訴你我的獨特

你的痛，和我的苦是各自深沉的體驗，其實我寧願別人認同我在痛苦中是孤單的，勝於對我說很多人得承受同樣或更大的痛苦。

> 我們要如何回應這破碎？
>
> 我有兩個建議：第一，與它友好；第二，把它放在祝福裡，我
> 希望你能在自己的生命中實驗這兩個方法。
>
> 我們對痛苦的直覺反應是迴避它、遠離它、不理它、躲開它或
> 否定它。是的，我們要有勇氣接納我們自己的破碎，使我們最
> 恐懼的敵人成為朋友，承認它是個親密的夥伴。
>
> 碎形之美：你我生命中的不解之謎，我從來沒發現破碎的玻璃
> 可以如此閃亮耀眼。
>
> 　　　　　　　　　　　　　　　　　　　　　　　盧雲，1999

七　讓高牆倒下──兼容「純種」與「跨界」

　　以前，工作、家庭、休閒和社區彼此之間是有高牆圍起來的。
工作與休閒常常是對立的；有家庭和有工作是彼此拉扯的；學校
和家庭是不同的兩個世界。但是，現在 SOHO 族把辦公室與家庭
結合了；居家教育（home schooling）把學校與家結合了；而遠距
教學使我們不一定要負笈他鄉。路，靈活多了。我們要做的是找
出自己對生命的看法（即使「過一天算一天」也是一種看法），
自負其責，知道自己想過的生活方式，培養自己作決定的應變能
力，保持與環境對話的開放性，把每天過得紮實。

雲門跳起外國舞

也許以前我們有小小的自卑感，我們「不屑」跳外國舞。紐約

> 之行帶來一流舞評家的好評，這顆一定要與人爭長短的心，也就比較平靜一點，而有了「有容乃大」的可能性。雲門的工作，就有了一些改變：第一個改變，就是致力於舞蹈以及其他藝術的普遍化；第二個改變是，雲門開始跳起外國舞。
>
> 林懷民，1991：219-221

　　「性別」這道高牆最近已有所鬆動。以往的粉領工作（如家務管理、總機接待員）現在也可由男性來做。世界上傳統「男性」的工作（如飛機駕駛員、工程師、機師）也可由女性來擔綱。

> 有個星期三吧？！我在捷運忠孝復興站要轉乘木柵線時，突然聽到一個清亮的聲音：「爸嗶，好高好高喔！」往前一看，一個3、4歲的孩子牽她爸爸的手呼喚著。他們都揹著水壺站在電扶梯，可能就要去動物園。
>
> 我聽不見爸爸的回答，卻忍不住望著他們的背影笑。
>
> 想到我在紐約懷女兒時，同班有個大男孩跑到測驗圖書館來看我。
>
> 「Jenny! We are pregnant!」
>
> 我愣愣地看著他，想著「We-are-pregnant」文法對，但……是什麼意思？
>
> 「I mean, my wife and I are pregnant!」
>
> 沒錯，他是身在其中的一個主角，當然是他們懷孕了！
>
> 我的美國男同學也有休育嬰假的，休幾年我已經忘記了，但是我喜歡這樣的自由。印象最深的是 Kathy 和 Greg 這對夫婦。

Kathy 是北歐高大型的金髮漂亮女孩,她來讀教育心理統計所博士班時,同時還在高中當數學老師。聰明、主動、美麗的她,常常烤蛋糕來給我們吃。整個所裡的師生幾乎都被她風靡了。她邀我們去她家吃飯,她先生個子不高,有點壯,在作建築工人,對太陽能有興趣。這一天他下廚,烤了美味的蟹肉 Ketch(鹹派,至今我還記得那個香!)。解下圍裙,他和我們教育學院院長靠在籬笆邊閒聊,從容自在。

　　生涯更可以跨越傳統學科的高牆,比方從事音樂治療,就可以是音樂加心理治療的結晶;從事人格的研究,當然也可以請生化、生理、遺傳、人類學和心理學者全員到齊!

　　最能領略跨界況味的音樂家,巴哈算是一位吧。他總是把一個樂器把玩再把玩,直到音樂穿透樂器原有的軀殼,活出新的性靈。馬友友邀了一群好朋友(和陌生人),由景觀、建築、電影、舞蹈、日本劇、水上芭蕾展現巴哈的靈感──「突破限制」(見本章附錄「馬友友的巴哈靈感」)。

八　生涯長河涓滴入流,不會浪費

　　生涯是生活累積的路線,可以是朝預定方向,也可以是轉折後的軌跡。我們可以從小立志當飛行員,然後就受訓,而且當了飛行員。這樣的人生可佩可羨。但是我們也看到有人「少也賤」,長大也不確定會變成什麼;他賣炸蚵仔、刻印章、學製墨,後來

開書店辦大學，在這樣的生涯中，前面的生活一點也不浪費；他的書店兼賣筆墨印，他在忙碌工作閒暇下廚烹魚給家人享用。因此把各樣的生涯順境和逆勢中所得到的（包含「多能鄙事」）都珍存起來，蘊發出往前開展的能量！

九　天人合約、天人合作、天人合一
——生涯是開展來的

　　生涯是我們要用心用力回應生命的邀約。生涯是我們的抉擇與環境交互作用的結晶。開展生涯會需要採取行動和作選擇，即使只選擇態度。生涯如同一份禮物，我們需要決定伸手接受與否。正如在有個故事中的女主角需要外出，她將烤好的餅掛在先生脖子上，他只管咬就好，數天後回家，發現先生已斷氣而餅只有近嘴巴處被咬食。我們有時會說「人在江湖，身不由己」，好像環境是阻撓我們開展生涯的障礙，其實或許換個角度或姿態就脫困而海闊天空，或可蓄勢待發了。在逆境中，我們或迎面承接挑戰或屈身躲過浪頭。在順境中，如果茶來我不伸手，飯來我不張口。但是有些時候，我們已經在可以大展身手的舞台了，我們還是會因為「懶惰」、過分講「風骨」、「沿襲承傳」而故步自封，硬是箝制迎面而來的契機，甚而繼續自卑自憐。我們要敏察自我設限的生涯開展障礙，平實而開放的拓展生涯的可能性！生涯如花，原蘊有生命的奧祕，按預定的程式發展。我們用「開展」，是因為「開」的動作似乎更強調人與天的合作。許多生涯的重要抉擇都是因為生命本身下了請帖，而我們迎面赴宴才可以有一場又一場的歡聚和戰鬥。愛、工作、遊戲、戰爭和信仰，不都如此？！容許信仰與生涯相融。

十　每個人都是生涯的智慧者

我們相信每個人都是自己生涯開展的哲學家，所謂老師和諍友扮演的是國策顧問的角色。在這之前，我們不是一張白紙，彼此肯定在變幻的世界，開展每一個當下集合的生涯。在這門課上，我們找回自己的主體性，彼此展示和敘說自己對生涯的想望、疑惑、困頓以及一路活下來的策略。在眾說紛紜、百家之言當中，我不啞然旁觀。就在每一次的交會裡，我們彼此映照挪去盲點、調整和期待激發出更清晰的眼光，長出更堅定的力量去追尋最愛，活出天命，走出一條回家的路！

生活彩虹

彩虹是天上彎彎的圓橋	娃娃說
彩虹是娃娃哭了後的一笑	媽媽說
彩虹是紅橙黃綠藍靛紫	老師說
彩虹是我願為你拉彎的弓腰	情人說
彩虹是我百年疲倦再追日出的呼召	夸父說
彩虹是舞台上從小到老的生旦淨末丑	Super 說
彩虹是上天與人在洪水後和好的宣告	阿公說

我們說啊

彩虹是

你和我　牽手走出今天的光耀！

一真，2000

附錄 一

馬友友的巴哈靈感

Part I　巴哈六次元

　　第一次接觸巴哈靈感是 3 年前吧？我去旁聽一門課「環境與人」。那天的講者是環境衛生研究所的黃嵩立老師。他淡淡地說：「馬友友拍這片時是41 歲，放這部片子給你們看的人也是41 歲。」

● 音樂花園

　　話說馬友友在成功的巔峰時，決定要用不同的方式讓人領會巴哈的無伴奏大提琴組曲。馬友友找來景觀設計師好朋友 Judy Moir Messervy 為他畫出一個花園，好讓大家一走到花園裡，自然有巴哈的音樂流動。畫出來的花園好美，Boston 的文人雅士官員都喜歡。

　　影片中，我們可以看到他們選在 Boston 市政府外面，馬友友和他的朋友跳著舞，用電鑽把水泥地鑽開，種下花。馬友友在花園中拉琴，眼神微笑如春，還有蝴蝶來，停在他的琴上。

　　可惜這花園叫好不叫座，經費停了。一度，馬友友和 Judy 對話，友友想放棄行動。Judy 大喊：「Jo Jo, don't leave me here!」馬友友被打敗了嗎？沒有，他們往北走。聽說加拿大的多倫多把這個夢想買下來，正在建造中。那一陣子，凡是從加拿大回來的人，都會被問一聲：你聽過 Music Garden 嗎？不久，唐莉回來陪媽媽開刀，

我也這樣問她。她說回多倫多再去找找。過年的時候在她寫的卡片裡，挾了一小段話，大大地激勵了我：「對了，我找到馬友友公園了，是在湖濱一個小小的公園，每個 weekend 有音樂表演，等您下次來我再帶您去。」

● 建築的聲音

史懷哲曾說，巴哈是一位在音樂中放入繪畫的作曲者。

馬友友也找了 Nike 廣告導演 Francois Girard 將十八世紀超現實建築大師 Giovanni Battista Piranesi 設計的城堡一片片拼成巨大版畫，將動感化成虛擬建築，探索饒富神祕的第二號組曲。

● 跳躍舞台

美國現代舞者 Mark Morris 從來不知道巴哈的音樂是可以這樣舞蹈的，直到遇見馬友友，才迸發出無比能量，跳踊出多次元又和諧的靈音舞影。

● 薩拉邦德舞曲

導演 Atom Egoyan 藉由巴哈引發的靈感拍了一部劇情片，音樂家與愛樂者之間親密而複雜微妙的捨與得。

● 追尋希望

日本歌舞伎大師東玉三郎與馬友友超越言語的藩籬，憑著直覺的感動，完美結合了歌舞伎與大提琴，將第五號組曲的悲情徹底呈現。

● 六個姿態

導演 Patricia Rozema 用六個姿態讓「仰望」、「內省」、「手舞足蹈」、「手搓揉臉」、「有意識、禮貌的動作」及「飛行重

生」，由冰上芭蕾舞者 Jayne Torvill 及 Christopher Dean 舞出巴哈創作大提琴組曲中「擴展了限制」的意涵。

巴哈創作這套組曲正是在科登，工作順利，與愛妻也生了四個孩子。可是生命有了變奏，不久，他的愛妻在他離家時忽然病故，同時兩個兄弟也離世，他與奧雷普王子的友誼也惡化，認為非自己莫屬的工作落入他人手中，想與著名作曲家接觸都被拒絕。但是巴哈人謙卑認真的堅持，如同導演Rozema所言：「儘管我本身對上帝的存在始終懷疑，我卻依然禁不住要把巴哈描寫成一個將自己的信仰和靈魂全部依託給永不背棄他的上帝。」

巴哈喜歡用一些較少獲得人注意的樂器來大量創作，直到他突破了這項樂器以往的限制為止。

「突破限制」是「巴哈靈感」所要我們無限拉大的視界。他融合了時空與各種藝術，是「巴哈靈感」要我們如海般包容。

Part II　由音樂花園到絲綢之路

你大概已經知道台北也有音樂花園了，是馬友友遇上馬英九敲定的，高雄好像也要有？

最近馬友友在忙著製作絲路。光是名字就給我很大的歡喜，我們內心的音樂花園果然是一種呼喚，但我們也要由「絲路」與別人搭起交通的一條蜿蜒細路。走出去，再走出去，馬友友跨越他自己，愈來愈開闊了！

Part III　用音樂治療苦難

我們本身也是樂器。巴哈更是，承裝了苦難中的歎息所昇華的禱告。

170多年前，菲力‧孟德爾遜和妻子賽西兒看到即將離去的一位家庭主婦手中的牛排，是用樂譜包著。他瞄了幾眼，把這張滿是血污的樂譜搶了下來，樂譜上寫著：「吾主馬太受難曲，作者約翰‧賽柏斯汀‧巴哈」，這就是失傳已久的「音樂之父」巴哈的「馬太受難曲」。

　　巴哈晚年任職聖湯瑪斯大教堂合唱團指揮。在他第一次眼睛手術失敗後，世人對這個雙眼看不見的老樂師非常的冷酷無情，只有他第二任的妻子安娜寸步不離陪著他。當巴哈內心極度痛苦的時候，會要求到聖湯瑪斯教堂內用風琴彈「馬太受難曲」的旋律，做內心深處的祈禱。

　　巴哈接受第二次手術的情景，簡直是殘酷、血腥和粗糙到令人不可思議。巴哈幾乎把全部的積蓄都給了從英國來的泰勒醫師騙子。他和助手們把巴哈手腳細綁固定，然後灌以烈酒，然後用長針戳入巴哈的眼睛。他不停的呻吟、尖叫，安娜在旁邊不停的擦拭他眼睛和嘴巴流下來的血水。醫生的助手們卻毫不在意的談笑，最後他們說：「病人已經麻痺，毫無希望了。」就幫他綁上繃帶揚長離去。可憐的巴哈掙扎地對他的愛妻說：「原諒我……」就再也沒有醒過來了。

　　巴哈許多音樂的失傳，還有另外一個原因，就是他個人的完美主義，必須把音樂一而再，再而三的修改才出版。就「受難曲」來說，根據暸解，他可能就不同版本的《新約聖經》寫了四、五種「受難曲」，可是只有三種流傳下來。巴哈這麼熱衷寫耶穌受難曲，可能是因為在他痛苦的時候，用這些音樂來做內心深處的祈禱。聯想耶穌的苦難和犧牲，給自己生命中許多的啟示和寬慰，也是對他身體病痛的一種精神治療。

　　靜靜傾聽巴哈，這種感動會滿滿地充塞在心靈：人類的脆弱需要神的扶持。也許就如巴哈一首通俗的樂曲所題：「耶穌，吾民仰望的喜悅」，他的音樂能夠治療人們的苦難（Part III 內文一真摘寫自《四季饗宴：江漢聲的音樂處方箋2》，時報文化，2002年）。

附 錄 二

潛水鐘與蝴蝶

1995 年 12 月 8 日，44 歲的 Jean-Dominique Bauby 從女伴烏黑的髮浪中醒來，像所有幽靈般的人一樣，眼神空洞、面容疲憊，準備去過鐵定又是雜亂、混亂、胡亂的一天。

這一天下午，他要去接兒子回來度週末，也要去試 BMW 新車，還有免費司機供他差遣一天，Bauby 是法國 *ELLE* 雜誌的總編輯，意氣風發的美食旅遊生活家。

但是接了兒子，上了新車之後，他突然腦幹中風。一個多月後醒來，全身癱瘓、不能言語，他的右眼被縫死，只有左眼拉動眼簾的肌肉還能作用；右耳聾了、左耳卻超敏銳；偏偏他意識清醒，而只要稍微一動，就痛苦不堪。醫生說這是 Locked-in Syndrome。

半年之後，出版社找人拿來法文字母的牌子來，如果是 A，就眨眼；如果不是，就略過。他一個字母、一個字母地眨出這本書，並在出書的兩天後，3 月 9 日去世。

● 獻給生命纏綿之書

南方朔說，這是本獻給生命纏綿之書。如生命在最絕望的繭蛹中所飛出的自由；是由六樓摔下的鋼琴，黑白鍵灑落一地，卻譜出最令人動容之歌。

Bauby 親自命名這本書為 *Le Scaphandre et le Papillon*。為什麼叫潛水鐘？我查了字典，又四處打電話問了教法文的呂神父和蒙古妹夫郎樸。他們說，Scaphandre 就是潛水衣。Bauby 的意思是在密不透風的金鐘罩裡，有一隻蝴蝶要飛出來，在空間、時間裡翱翔，去探望所愛的女人，去實現童年的夢想，在第一方程式賽車中聘駛領先群雄。這隻蝴蝶的舞踊不曼妙，滿載著令人掬淚的沉重，卻安慰了世上所有被囚禁的靈魂。

請不要以為這是一本擺明要我們珍惜生命的書。Bauby 用平淡，甚至嘻笑的口吻訴說他的苦痛、孤獨和哀傷。薄薄的一百多頁，是花了他兩個多月的時間眨出來。他的文字精煉如刀，每個句子都先在腦子中攪拌十多次，增減每一個字，每一個詞，背記下來後才眨出來的。

● 感官之書

就像 Frankle 在納粹集中營裡，與其他被困的人一起幻想食物和烹調，插了胃管的 Bauby 也不斷從感官記憶庫中，隨興開餐廳，細水慢燉腦海中的美食。「凍汁牛肉帶點透明、杏桃蛋塔……酸得恰到好處，想念舌尖含一片小紅腸，沒有嚼碎，沒有一次就品嘗它完全的滋味。」

在被人洗身、包尿布時，他領會到隱約的快樂，而後憂傷難抑。每週洗一次的泡澡，讓他同時沉浸在痛苦折磨與幸福快樂中，鄉愁「急急划游而來」。復健時，他堅持要穿自己的老背心，把老衣服當作生命的延續，為的是想成為自己。

● 絕望之書

南方朔說這是一本絕望之書，傾訴著 Bauby 在炸傷的人生中，

形體坐困的牢獄，在絕望中的脆弱與卑微。從來不過父親節的他
與兒子一起玩「吊死鬼」（法國七年級孩子的遊戲），聽女兒唱
歌，突然間他意識到自己的畸型殘酷、淒慘恐怖，頓時精疲力盡，
潸然淚下，喉嚨痙攣。

● 孤獨之書

　　這是一本孤獨之書，護士突然關掉 Bauby 正在看的電視，正
如我們以不在意的舉止和冷漠關掉別人的世界。許多人都是如蠶
活著。為了求醫，重回巴黎，看到上班 10 年卻從沒和他們說過一
句話的人，看到偶爾去吃特餐的小店。「一切都和以前一樣，除
了我自己。我在他方。」

● 纏綿之書

　　但是南方朔說這也是本纏綿之書。Bauby 在身為父親的無助
中，仍知道在遠方的 8 歲女兒，每天晚上睡前都會為他獻上小小
的禱告。他就靠著這股最窩心的力量，在夢土靠岸歇息。他感受
到關愛，臥看歡笑和遺憾。他珍讀所有的來信，有一天要把他們
串起來，綿延幾公里，趕走死亡的禿鷹。

● 問天之書

　　我說這也是一本問天之書，是人類在困頓中抬頭吶喊：「我
為何要受這苦？！」Bauby 幾度戲稱自己「犯了罪」，如：曾想改
寫《基度山恩仇記》，把主角改成女性；或者犯下 *ELLE* 雜誌的
「罪行」。宛如我們在受苦中不免自問是否不義而遭天譴。他自
比大仲馬《基度山恩仇記》的諾爾帝亞：「像一具屍體，卻有一
雙炯炯的目光。」

● 警我之書

在 Bauby 的夢裡，他「多麼希望想逃走」。他擔心其他朋友也會掉進同樣的陷阱裡，他試著用各種方法來警告他們，但是，他一句話也說不出來。

這書，我們即將學醫的孩子需要看，好讓他們走入病人幽囚的內心宇宙，好讓他們聽到病人的心聲：「當我困頓如繭的處境，比較不會壓迫我喘不過氣來，我的心就能夠像蝴蝶一樣，四處飄飛。我有好多事要做，我可以在空間、時間裡翱翔。好讓他知道——植物人不是蔬菜」。而 Bauby 用左眼眨出來的公開函：「正是因為我只能靠我自己來證明，我的智力要比我這些另一種形式的蔬菜來得高。」

我也要看，我也要回答 Bauby 的問話：在宇宙中，是否有一把鑰匙可以解開我的潛水鐘？有沒有一列沒有終點的地下鐵？哪一種強勢貨幣可以讓我買回自由？

讀這本書，無法不心碎，無法不心悸，無法不再度愛上生命。

附 錄 三

祕密花園之歌

　　人稱 Rolf Rovland 是挪威最具世界觀的作曲家，他也是挪威唯一贏得歐洲音樂大賽的人。多年來，Rolf 一直想用最直覺的方式，最直接的過程，創造出和諧、平衡、有生命力的優美旋律。直到遇見來自愛爾蘭的小提琴手 Fionnuala Sherry，他們才攜手帶領我們走入祕密花園的夢土。在美妙簡單的旋律中，流動著古典曲風，輕訴民族千年吟傳的心聲。

　　第一次聽到這首曲子是 2000 年的 1 月。大姊剛從榮總開刀出來，醫生說手術很成功，只要維持正常的飲食，定時回來檢查就好。其實，姊姊是七個兄弟姊妹中最注重健康的。這次在 12 月 3 日，從 51 歲的生日當天作了一個小小的體檢，到發現胰臟癌，開刀都在一個月內發生。大家都回來了，從國外各地，多年未見的。

Part I　Where have all the Flowers Gone?

　　我們決定到台東去看花。這是經過妥善規劃的。最先是我和在台東當過兩年醫生的啟杉以及立心在聖誕前先去體驗。那時，我們問當地人：

　　「油菜花什麼時候開啊？」

　　「元旦前後。」

　　不但是我們，大哥也去場勘一次。什麼時候開花？坐什麼車？

走什麼路線？活動、住宿……都打聽清楚，都安排好了。一大家族從美國及台灣各地集合，清早從墾丁坐了遊覽車。我們兩次勘察都是天藍水藍，一路平順。但是這一天，什麼都是灰的，而且在修路，一路上顛跛。到了關山，風很大，我們一面吃黑輪，一面決定騎腳踏車。大姊一馬當先騎在前頭，我這提議要來看花的人氣喘發作，遠遠掉在最後面，逆風騎不動。很戲劇化地，二弟騎車在我左邊拉我肩膀，三弟在右邊後面推我，耀揮在背後守護。一路悲壯地向前慢行。

問題是：一路都看不到油菜花，只看到收割後灰色的泥土。遠遠看到大姊和眾人的車隊停下來在等我。喔，好不容易有一片油菜花田！我們在強風中拍了一些照片，不久就上車回台南。

就在回台南的路上，不斷接到一個女孩的電話，原來她知道姊姊的事，想來看大姊。到了台南，已經天黑，有人按電鈴，是位很美麗的女孩。她帶來這片 Secret Garden 的 CD。我們正在吃飯，馬上播放來聽。我一聽，就下了決定：一旦我們辦「生活彩虹」，這一定是主題曲！

Part II 生活的彩虹

果然，2000 年的三場「生活彩虹」工作坊裡，近 300 位朋友在未被告知曲名的情況下，先閉眼聽這音樂，再提起畫筆，所畫的許多都是花、樹、流水、青山、藍天和家人。原來我們安靜下來以後，心上所浮現的圖像常常是一片美麗的花園。

這片花園裡有我們珍愛的追求、渴慕、為它辛苦為它忙、曾經擁有或魂牽夢縈要返回的美麗世界。

意義治療大師 Frankle 在集中營裡靠著對妻子的記憶，和要活

著出去見妻子的意念撐著不衝過鐵絲網自盡而守到出獄。在幾乎
要放棄的時候，腦中出現一幅圖畫：自己在大學的殿堂中向一群
衣服整齊的大學生講說「集中營的心理學」。今日所受的苦到來
日要成為幫助人理解生命的素材。他活著出來了！

　　Adler 早就這樣說：我們的原生家庭、我們的排行、身體及容
貌對我們影響很大，但是我們的心是被前頭的一個目標 Fictional
Finalism 帶著往前的。就是前面的目標和夢想，讓我們超越了自
卑，成為我們一心想成為的人。

　　電影 *The Mighty* 裡的孩子在每次遇到困難時，總有圓桌武士
騎馬而來在腦中浮現，他就可以突破自己不良於行的雙腳，坐在
好友的肩膀上，成了所向無敵的生命英雄。

　　「生活彩虹工作坊」活動前，我們曾經在陽明大學先試作看
看這首 The Song From Secret Garden 所能喚起的心像，那時候只要
我們認識的人來到山腰上的家，總是會被問一聲：「來聽一首音
樂好嗎？」他們總是有點困惑地閉眼聽。但是接下來我們說：「把
你想的畫下來吧！」

　　令人驚喜是的是，這些平日形色匆匆的大禹（超忙的陽明老
師、校友、醫生、學生們）竟都坐下來拿起畫筆，還有畫了半小
時的（在花蓮高中舉辦的「生活彩虹」，有位老師還由上午畫到
下午）。

　　「老師，我可以畫幾張？」有位男孩問。

　　我一楞，說：「你想畫幾張？」

　　「三張。不過先畫一張好了。」

　　我被他畫的這張畫震懾住了。這一張幾乎全是深藍，群山上
有樹，中間蜿蜒一小棧道，有位女孩彎身伸手撈月，而這月是整

幅畫中唯一的明亮。請他說畫，他說這是一直在尋尋覓覓的自己。
他很愛植物，但是身邊的人不太認同。曾有長輩說：「你這人就
去種種花吧！」口氣不怎麼樣。進了大學以後，試過許多方式想
瞭解自己，和自己要作什麼。好像有點方向，又不確定。

　　「假如你畫第二張，你會畫什麼？」

　　「我會畫比較明亮的山和水。其實。最近比較安定下來了，
雖然前面不一定走什麼路，但有個大致的方向，先把眼前的生活
過好，學業完成，課後種種花吧！」

　　幸好我問了第二張，否則會掉到陷阱，以為男孩的心中仍是
一片深藍。突然他說：「其實我畫這畫的時候，想到的是另一首
歌 Rose。」他寫著歌詞，才寫一句，我們就低聲唱起來。

Rose

Artist: Bette Midler　　　　　　　　Lyrics by: Amanda McBroom

Some say love, it is a river that drowns the tender reed.

Some say love, it is a razor that leaves your soul to bleed.

Some say love, it is a hunger, an endless aching need.

I say love, it is a flower, and you it's only seed.

It's the heart afraid of breaking that never learns to dance.

It's the dream afraid of waking that never takes the chance.

It's the one who won't be taken, who cannot seem to give.

And the soul afraid of dying, that never learns to live.

When the night has been too lonely, and the road has been too long,

And you think that love is only for the lucky and strong,

Just remember in the winter far beneath the bitter snow,

Lies a seed that with the sun's love, in the spring becomes

the rose.

「其實，有些事想了好久、好幾次了，卻沒去作……心裡已經明白該往哪裡走了，但是，就是停著不動……會的，會的，等我準備好了，就會上路。」

第三幅畫呢？

我不再擔心，也不必再問了。

PartIII　暗語

半年後，我才知道送我們 Secret Garden 的美麗女孩關節痛，必須服用大量的類固醇。但是見面時，她總是優雅，總是聰慧，總是安慰人。陪姊姊看山看海、進出醫院的這九個月，我們都是靠她送的第一及第二卷 Secret Garden 過日子。

本來總是馬不停蹄的大哥和弟弟們握著大姊的手，在音樂中以時速 10 公里開車上安平的緩坡，靜看運河上的夕陽；或是赴墾丁，在海邊的枕木平台，一家族大大小小舉杯淺酌低吟。

2000 年的「生活彩虹」朋友也會透過 e-mail 傳送音樂給我們，「祕密花園」成了我們的暗語：別忘了心的呼喚，有人在默默為你打氣！

第四章

生命交響曲的十大樂章

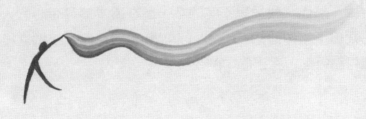

全 人 生 涯 開 展

生活彩虹

這一回，我們一口氣飆了十個樂章，也拉出「生活彩虹──全人生涯開展」課程的軸線。

先請同學靜思自己當前的生涯課題，先想自己現有（或許尚未成熟）的因應構思，分享，並書寫下來。下課鐘響起前，同學再低頭靜思自己的課題。主要是在哪一樂章，並與諍友相約要如何彼此回應對此課題的答題計畫。

我再以馬友友「巴哈的靈感」、Frankle 的「意義治療」、《將太的壽司》及瑪莎‧葛蘭姆的生命故事一一展開各樂章。盧雲《活出有愛的生命》及 Coehlo 的《牧羊少年奇幻之旅》在課堂上因時間的限制未能盡說，卻像音樂中的雙旋律，更像地底的兩股清澈暗流交織，與文本同步，問與答生命的軌跡。

「新鮮人的自盡良藥」，Still Born 的化蝶再生……都想對學生說。然而，我把說不完的話，留在這本書等有心的人翻閱。把時間省下來同聲唱「Rose」，提醒我們在作了抉擇之後，要有勇氣付諸行動，長出心中的玫瑰！

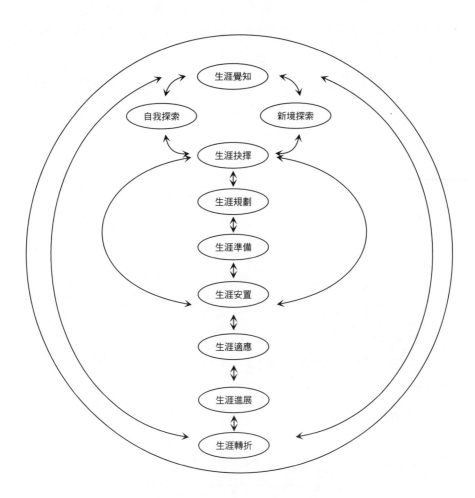

圖 4-1　循環的生涯發展

在生涯開展的每一個循環裡，我們若能把生涯發展的十個步驟按部就班走過一遍，腳步就會更踏實，日子也會更清朗，前途更見柳暗花明。

但是在真實的人生裡，各個步驟之間有時是連環激發；有時一等要 10 年；有些雖未必可逆卻常常要來來回回。可喜的是：每一點都可以重新出發！

一　生涯覺知──渴慕變化／面對變化

就在這一天，我們動了念頭，心想自己：

※我要怎麼活下去？

※活著是為了什麼？

※我想要成為什麼樣的人？

※我為什麼還在這裡？

※看別人工作、讀書、生活的風朵，心嚮往之。

※看到別人起高樓，或樓塌了，略有所悟。

※要怎麼回答別人提出或情境所反映的人生大哉問？

這念頭一動，就是生涯意識的覺醒，心中那葉扁舟悄悄地離岸了。

覺知是一個警醒的機制，使我們注意內在和環境的線索。我們傾聽身體、內心甚至性靈所發滿足的歎息，或呼吸到氣和動作的不順、疲倦、煩躁與疼痛。我們看見自己被日常的時間表拖著

走，對著孩子大叫，知道自己有點不對勁。

　　於是，對自己和環境有了想改變的念頭，想用新的方式活下去。新學習、新感情、新角色、新投資、新工作、走進或走出婚姻、面對傷痛、醫療、移民、失落、新的自己。

> 「你喜歡你的工作嗎？」
> 「如果你不喜歡，為什麼你還做？」
> 在我看來，他幾乎要放棄他的夢想了。他就像被困鎖在社會監牢內的囚犯，被強逼做自己不相信的事。看著他，我有說不出的同情，是出自於對這年輕人的愛。在尖酸刻薄背後，我看到一顆願意給予、創造、過一個有意義的生活的心，非常美的心靈。……
> 他靈活的思想，開放的生命，對我簡單的信任，使我覺得我們的會面不是偶然的。發生在我們之間的，對我來說，就像是耶穌在遇到那富有的年輕人時一樣，「心中對他充滿了愛」。我很直覺地感到有一股強烈的意念，要我把他從困鎖中釋放出來，幫助他尋找完成心底願意的途徑。　　　　盧雲，1999

　　所以，不要忽略一再出現的心念——也許是一種對人、事、物的好奇、羨慕、幻想或濃烈的興趣；或是朦朧的渴慕變化；或是驚蟄般蠢蠢欲動的不安；或必須面對迎臉而來的變化。或只是問：「自己怎麼把日子過成這副德性？」我們未必會立刻付諸行動。但請不要消滅心中的感動，觀照它，可以知道自己心、身體甚至性靈的需要和想望。

　　當我們接納自己重新調整方向、重新充實力量的想望，整個

情勢就會開始改變。我們就會開始在這一動念中奏出改變的第一個音符。

在我們的課上，政大、北藝大和陽明大學的年輕學子靜心想自己開展生涯的課題，初擬解題策略，諍友也懇切提出回饋。

脫下好好先生的包袱　淵

最近跟人溝通變得困難，彷彿跟每個人都有代溝，因為想存錢買機車，跟父母講話很衝，跟同輩間講話都愛理不理的，變得比以前不愛講話，不管是念書，做事情，都沒什麼動力，家教賺了不少錢，很拼命，但是，我並不缺那些錢，我不知道為什麼要這麼拼命，總覺得自己活在外人的眼光中，很想脫下好好先生的包袱，很想清楚表達出有喜怒哀樂的自己，也可以很清楚地，且很有能力去拒絕別人。

電腦白痴變天才　璐

有一個電腦白痴，除了會用一些不得不會的文書處理、上網閒晃、用 MSN 哈拉、收信……以外，對進階的動作一概不知，更別提電腦繪圖了……那個人就坐在你面前。在這個資訊發達的時代，這種人真的活得挺辛苦的，何況我對設計、插畫工作是如此地有興趣，接觸繪圖軟體是早晚的事。所以，「早死早超生」。我做了一個決定……就是現在，我要蛻變，我要成為一個名副其實的「電腦天才」！

解題策略：

1.向親戚、好友詢問推薦的電腦學習中心。

2.上網尋找電腦學習中心聯絡方式及住址。

3.到各個電腦學習中心作諮詢。

4.弄清楚所有繪圖相關軟體。

5.選擇最合適的學習地點、軟體及課程。

6.開始接受訓練（本學期目標：會使用 photoshop、illustrator
　及弄懂電腦基本常識）。

7.定期練習。

8.期末展出繪圖成果。

無意 無必 無固 無我　

修了不少臨床課程，真的是念書為主。每天有處理不完的資料，念不完的書，還修了一門心理課程，也就是我為何寫了這篇作業。但其實我在這個時候進步最多，我之前所作所為似乎都是為了此在作準備。一開始真的只是覺得這些話離我很遙遠，很沒用，為何要認真聽呢，但是後來自己一個人靜下來的時候，發現其實這堂課提供了我很多方向，很多學習的材料，值得去好好想想，而且在靜下來的時候尤其很有用，透過不同的觀點瞭解自己，也學會了更寬容的心。我想這是沒有一堂課會教的。其實想想到目前為止，以前的生活好像都在作夢一樣，自己都不太能好好的把握住，而絕大部分是由社會價值所決定，跟隨著潮流走，很少想到自己真的要什麼樣的生活，但是現在已經四年級了，一般人在這時候應該是要出社會了吧！自己也應該有所作為了。

大四以後，希望自己能夠認真的做好每件事，認真的學習，以無意，無必，無固，無我的心情，去看待不同的人、事、物，能夠多一點包容心，寬懷的心胸，以便將來能夠成為一位成功的行醫者。

給我自己笑一下　諍友　璐

在跟你交談後，發現其實你懂的東西不少也滿廣的，只要選擇適當的時機加入談話並且清晰不冗長的表達，你應該是一個不怕沒話題的人吧！要知道，同樣一件事情，用不同的方式去說，會有不同的效果，以下是給你的一點意見：

1. 多看點相關書籍，偶爾學習一下電視或電影中的人講話的思維、口氣、態度等等……。

2. 不要急著想一股腦地把所有的觀點或想法一次講完，要稍微觀察一下聽話者的反應，發現話題接不下去時，就換一個，把話題轉到自己或對方比較熟悉的領域，也可以聊一些最近的事實或自己最近發生的事：另外，除了要避免對方不願意談的話題外，最重要的是你必須專心的聽別人發表，要把注意力放在談話者身上，不是死盯著，而是要傳達「你有專心的聽他說話」，並且適時發表自己的觀點或作出回應，例如是喔……嗯嗯，後來咧，我覺得……為什麼會這樣……等等。

3. 每次反覆思考自己跟別人說過的話，是訓練本身口才滿不錯的一個方式，有時候，講壞了一句話，事後我也會因此懊惱

不已，總會想……當時要是用Ａ方式講一定會比用Ｂ方式講更生動，雖然事情過了就無法重新發生，但是難保哪天會有相類似的場景又發生呀，那麼，當初想好的Ａ方式就可以套用在後來發生的情境裡囉！重點是，你要訓練自己不斷的思考，同樣一件事情也可以有全然不同的詮釋，在什麼樣的情境裡要用什麼樣的詞語來表達最是恰到好處，當然要有好的劇本來對應囉，要怎麼臨場就能寫出一本好劇本？就只有多看、多聽再加上多想。

4. 不要插入一些你懂而大家不懂的笑話或是知識之類的，因為只有你懂而大家不懂，其他人反而覺得不好笑而說你冷場。如果真的有機會可以說笑話的話，可以找一些電視上或是比較常見的文字來說，這樣不僅易懂，也很容易跟大家混在一起。如果不幸搞冷時，千萬不要覺得尷尬，因為你自己都尷尬了，其他人一定更尷尬，如果你說了一句很冷的話，大家突然安靜……你可以自我解嘲啊！可以說：「不好笑嗎？那我自己給我自己笑一下」（最好是說台語）。

只要掌握以上原則，多多練習、感受，說話時不要緊張，思考後再慢慢說出來；或者，像我一樣大刺刺地想說啥就說啥，冷了反而很搞笑，總之，不用太嚴肅就是了！加油……

二 探索自我——認識自己的本質和成長脈絡

> 知道我是誰，比知道我去哪裡還重要。　　　　　金玉梅，1998

生涯探索的基本工夫就是「照我本相」，知道自己的身體、心理、靈性以及本身所處的環境，留心這些如何影響我看世界及自己的眼光和行動。

（一）探索什麼？

探索自我包含了認識自己的身體、心理、靈性以及環境。

1 身體探索

⑴健康狀態，含疾病、體力和過敏。

⑵生活風格，含飲食、運動習慣。

⑶身體意象，對自己身體的概念和態度。

2 心理探索

⑴自己的身世、家庭和遺傳。

⑵自己的認定——對自己的生命腳本生活中的重要角色、能力和限制、好惡的看法和實際表現。

⑶自己對生活、生命、工作、學習、休閒、愛、給予和接受的體驗和領悟。

「你真正要做甚麼？」我問他。

「我要寫一本小說……不過我永遠無法做到。」

「那是你真正要做的嗎？」我問他。

他驚訝地看著我，然後微笑地回答：「是啊……不過我也害怕，因為我從來沒寫過小說，或許，我並不是個小說家的材料。」

「你又怎麼知道呢？」我問他。

「或許我永遠沒辦法知道，當小說家需要時間、金錢，更重要的是才華，而我什麼也沒有。」

這時我對他、對社會，甚至對自己有些生氣……我感到強烈的衝動要打破這恐懼的牆、傳統社會的期待、自我不滿，我衝口而出：「為什麼你不辭職去寫你的小說？」

他回答我說：「……不能。」

我繼續鼓勵他：「如果你真的想，你就可以，不必再作時間和金錢的犧牲品。」

這時，我發現已參與了一場我一定要取勝的戰爭。

他說：「我只不過是一個小記者，或許我也該就此滿足了。」

我說：「不，你不能，我應該去爭取你最深的心願。作你真正想作的，時間和金錢都不該是關鍵。」

盧雲，1999

3　靈性探索

　　對宇宙和自我之間關係的認知，對自己生命任務的認定及委身，對靈性的需求及滿足。

「最重要的是因為你已經發現了你的天命——那就是你一直想去做的事，在那時候，每件事都有可能。他們不會害怕作夢，也不是畏懼去渴望生命中任何會發生的事物。然而，隨著歲月流逝，一股神祕的力量將會說服人們，讓他們相信，根本就不可能完成自己的天命。」撒冷王說。「這股力量看似負面，實則引導你去完成你的天命，它能淬鍊你的精神，砥礪你的願力，因為這是這個星球最偉大的真理……只要你真心渴望一樣東西，就放手去做……因為那就是你來到這世間的任務。完成自己的天命，是每一個人一生唯一的職責。」 Coelho, 2001: 20

4 過往及目前環境探索

生涯的決定似乎總是在展望將來。其實，形塑我們過去生命史的環境常常不斷地被複製。在我們還沒有往前看之際，可先觀照過去及當下的環境，回顧自己成長的原生家庭、家族、社區、國家、世界及世代：

⑴它們的特性是什麼？在其中人與人怎麼彼此互動？

⑵這當中有沒有深刻影響自己的人（所謂的生涯貴人）？

有誰是我渴慕心儀想要像他的人？

有誰是我很不希望像他的人？

他們教了我什麼？

我想要留住或改變他們在我身上的什麼烙印或影響？

⑶我身處的環境如何影響我對自己、他人、大自然、生命、環境、文化的看法和互動？

⑷向來我和環境互動的方式會影響我作生涯的抉擇嗎（請參考
　第十一章「人生棋盤──生涯抉擇」？
　新到一個環境時我是傾向融入環境還是與環境對抗？
　我經常扮演珍惜當下環境並真實與它互動的「歸人」，或是
　「懷念過去，展望將來環境」以致於很少在當下的環境中作
　真實的接觸，總是想逃，游移在邊緣的「過客」？

宇宙阻止不了我　璐

1.從小到大，我對未來有哪些夢想？可以找出他們一致性或相
　異的脈絡嗎？

　小時候想當美術老師，但當了這麼久的學生，覺得老師好像
　都會被欺負；現在比較想出國深造，當個一流的設計師或藝
　術家。也許是不同的行業，但相同的是我對藝術的熱忱。

2.從小到大，我擔任過哪些重要角色？

　姊妹們的心事垃圾桶、爸媽的窩心小寶貝、男朋友甜蜜的負
　擔，還有老師們的小幫手

3.我景仰孺慕的人是？因為？我希望像他的哪一部分？我最不
　像他的是？

　媽媽，她總是把家裡的大大小小都照顧的無微不至，還能兼
　顧事業，簡直就是超人嘛！我希望自己將來有家庭與事業
　後，也能像媽媽一樣完善規劃好，並照進度一一完成。最不
　像她的應該是自己比較有主見、堅持，不是任勞任怨型的
　吧！

4.求學時，我最得心應手的是？其原因可能是？

　考試，因為考運很好……哈！

5.要成為一個快樂成功人，我最缺乏的是？

　行動力，除非是真的很想做的事，不然都會猶豫很久。

6.我的「生活彩虹探索」綜合代碼是 AS ER I。

7.從以上各題所敘述的「我」（加上星星知我心），我發現……

　我發現我是一個天真的小孩，會把事情單純化，但也許它不

　如我預期的順利。只要是我真心想做的事，整個宇宙都阻止

　不了我的。

（二）如何探索？

　　認識自我是一個澄清再澄清的歷程，需要勇氣和智慧，也是
我們可以很值得投注一輩子心血的事業。

　　1.觀看自己在什麼事上愛花心力、時間和金錢？在什麼事上最
快樂與挫折，回想自己從小到大成績單最突出和最抱歉的學科，
最深刻、最憧憬的夢想，在人群中扮演的角色，對自己最常說的
內言、成功與失敗。

　　2.找信任的人聊聊，可以是知心好友、父母、師長，也可以找
專業的諮詢。

　　3.必要時，可以運用好的測量工具——心理測量、敘說生涯故
事、請他人評定、作抉擇遊戲等。

　　4.或許，最可行的是：就是安靜。安靜下來。再凝視：是什麼
一再上心頭？

> 「我為什麼還要去聽我的心在說什麼？」
> 「……即使你假裝沒聽見它在說什麼，它還是會存在於你的靈魂當中，不斷地述說你對生活和世界的看法。」
>
> Coelho, 2001: 135

（三）要留心

關於自我探索，至少有二點可以注意：

1　兼顧從自己內心所發出的智慧，並借鏡專家學者、哲人前輩的經驗

各文化中已有許多人根據生命經驗，對自我提出理論，例如 Holland 將人和工作環境各分成「實用」、「研究」、「藝術」、「社會」、「企業」及「事務」等六大類型，我們可以參考這樣的分類來看自己（請見本章附錄「噉有速配──Holland 的生涯六卦」），但是，我們也可以用自己的架構和方式來看自己（例如：「我是白色，可以讓所有人接近我，彰顯他們的能力」或是「我是橋，幫助人通過我想去的地方」）。更別忘了：生涯不止是尋求適配，更是可以配合我們的信仰（或信念）積極開創！

2　要在現實和真實當中求平衡

瞭解自己時要清醒，從各方面蒐集訊息。但這些訊息如同一方魔鏡，反映了人與我所看見的現實面卻未必是真實（例如：「我比較適合做單挑的工作」、「以我的資質和條件，我比較勝任幕僚輔佐人，不適合當頭或領袖」、「到目前為止，我都滿順利的，

就這樣繼續下去吧」、「我已經試過了，不要再讓自己氣餒了，放棄吧！」、「我不可能成功！」）。

留心這世界是否用掌聲慣壞或弄瞎了我們？注意自己是不是被世界和內心巨大卻不真實的噓聲所淹沒？

這世界的聲音是：「你不行，你醜陋，你毫無價值，你卑鄙，你是無名小卒──除非你能顯示你並非如此。」

這些負面的聲音，是如此響亮，如此連續不斷，很容易叫人相信。這是一個大陷阱，是個叫人自暴自棄的陷阱。過去多年來，我發現生命中最大的陷阱不是成功、知名度、權勢，而是自暴自棄。成功、知名度和權勢固然是個大誘惑，但是這個引誘往往是來自一個因自暴自棄所產生的更大誘惑，當我們相信那叫人感到自己毫無價值，不可愛的聲音時，成功、知名度和權勢就會是一個很吸引人的解決方法。

自暴自棄才是真正的陷阱，我常驚奇自己如此容易受此誘惑，只要有人指責我、批評我，只要我被拒絕，被置之不顧，我就會想：「好吧，再一次證實我是無名小卒。」我沒有嚴厲地去檢討當時的處境，或嘗試瞭解自己和別人的侷限，反而埋怨自己所做的，而是去埋怨我這個人。我黑暗的一面說：「我是不好的……」或許，你以為你受自大的誘惑多於自棄，難道自大不是自棄的另一面嗎？自棄和自大都把我們從相同的存在現實中抽出來，……我很清楚在我自大的骨子裡，潛伏著很多的自我懷疑，就像在自棄中也隱藏了許多的驕傲。無論我是被降低或是被提高，我還是不能面對現實，不敢面對真我。

盧雲，1999

因此，發現並拿掉那些巨響但不真實的魔音。別讓昨日的障礙成了今日前進的絆腳石！在《讓高牆倒下吧》書中，學電機的李家同寫出的故事是愛的謳歌，卻是驚心動魄，篇篇抓住胸口，直搗肺腑，催問我們如何看待生命。其中〈我的盲人恩師〉一文，裸曝在台灣的我們對身心障礙同胞看似關愛，實卻歧視的發展剝奪（林一真，2000）。

燙過、痛過，才知道爐子在哪裡

電影「在黑暗中漫舞」裡，幾乎全盲的單親媽媽，隱藏弱視的事實，在鐵工廠做鐵板壓模。每當機器幾乎要壓到她時，戲院裡總是充滿倒吸好幾口氣的緊張氣氛。

為那一份工作而將自己置於險境，對有工作、身體健康的人來說似乎是難以想像的愚昧。但對於負擔生計，就業困難重重的身心障礙者，冒險，或許只是衝撞出多一份的工作機會。

全盲的餐飲學員說：「燙過、痛過，才會知道爐子在哪裡。」視障者餐飲成果發表，也披露政府在黑洞餐房，要求前來用餐的客人矇上眼睛，沒有掉菜的客人可以免費用餐，體驗視障者的辛苦（看倌們，我們真應該去試試！）。

（一真改寫自王維菁，自由，2001.6.18）

蒐集星星　心

從這個作業裡，我對我自己有了更大的認識與肯定。「這真是太神奇了～」我忍不住想吶喊，簡單的幾個問題，讓我認識了自己：原本沉蓋在矇矓迷霧中的東西漸漸浮起清晰了。給人填寫時，心情是「既期待又怕受傷害」。每次 拿回來鼓勵我的角度上，那種感覺真的很令人安心，非常的溫暖。和填寫過的人之間，距離也變近了許多。

五位觀星者當中有兩位表示「很難填」、「要想很久」，一位還中途夭折、填不出來……，這個小插曲讓我認清我和對方的距離，後來我便滿注意選擇觀星者的。這回的五人多半都是和我比較好的人：兩位我很喜歡的朋友，一個不太熟、但感覺還不錯的朋友，以及與我互動較多的兩位家人。最特殊的人是我姊姊，因為我們很容易吵架、互相指責，問卷也是在跟她吵完架後賭氣叫她填的（那時的想法是：「讓我看看你對我有多不滿！」……）。

大致上，大家都很清楚地看到我的優缺點，同時指出了不少我自己不曉得的特質。「原來這個是我的長處……」、「原來對別人而言，這個算是我的長處……」，滿訝異的。但對我都是很好的觸發，讓我對未來的可能性有了更實在的看法。不但可以彌補欠缺的：還可以繼續發揮特長。甚至對整個未來規劃都有了全新的詮釋。我真的很感激這個作業，感激所有填寫的人們，忽然之間有了感恩的心，覺得世界是很美好的……。（笑）

我喜歡笑，希望能讓周圍的人和我在一起都不會有壓力、能夠很輕鬆、很溫暖（其實是因為我想這樣被對待）；因此只要我

可以接受、我不會太堅持什麼……。反過來看，是我怕堅持己見的強硬態度會引起爭吵、糾紛、不愉快；我害怕不被認同、害怕被討厭。調和兩者的方法當然有，只是我沒有去深思，不夠有彈性，選擇了非黑即白的方式……。或許這就是一個要我重新調整步伐的契機：首先，我想我要對造成我想法與作法的家庭相處模式經驗做一次消毒，然後慢慢走出傷害的陰影，做個會轉彎有思想的人。

我想我會繼續蒐集許多星星的意見。這次，除了我喜歡的星星外，我還要找一些不熟識、有摩擦或不順眼的觀星人，應該會得到許多有趣的看法吧（當然，我已經準備好受傷了）。

我缺乏心　芬

大部分的人認為我缺乏自信以及會猶豫不決、盲從，這一點我十分認同，因為我也覺得自己很沒有主見，喜歡和大家一樣，如果不一樣的話就會害怕，似乎不太敢有自己的意見，我很希望能夠改掉這個缺點，因為人生來就是不一樣的，如果什麼都要學別人就會向邯鄲學步一樣，會完全抹煞掉自己獨特的優點。

世界上的每一個人都有一個寶藏正在等待著他。

Coelho, 2001: 138

> 告訴你的心，害怕比起傷害本身更糟，而且沒有一顆心會因為
> 追求夢想而受傷。
> Coelho, 2001

三 新境探索——運用資訊瞭解對當下及未來的重要可能抉擇

> 我走遍市區，穿越大街小巷，我尋找我的愛人，我尋找，卻找
> 不到他。
> 雅歌，3：2

新境探索可分為：

1 生涯資源探索——學習蒐集、辨識及有效運用職業、教育及生活資訊的方法。

2 新境探索

(1)明確說出所要作決定的內容。

(2)若選擇並獲得機會，需要有能力、健康、經濟條件。

(3)優秀的前輩通常會具備什麼個性、興趣、價值觀。

(4)前輩典型的生活方式是什麼，包含：幾點起床、穿著儀容、
在什麼氣氛下和什麼人一起度過晨昏、花錢的方式（含婚喪
紅白包的數量）、每天最關心的事、居住的社區、和家人相
處的品質、度假的長短遠近、健康。
（本章附錄中的「工作訪問表」及「認識學習環境」，可作
為認識工作世界和進修世界的參考向度）

四　生涯抉擇

> 我相信人可以有選擇，選擇他們自己最渴望的。我也相信人很少作這樣的選擇。他們寧願為了自己的「命運」埋怨世界、社會和其他的人，浪費他們的生命去訴苦。　　　盧雲，1999

　　把自己對生涯的看法和感受與學習、工作、感情婚姻和生活變遷的資訊作整合，把信仰、重要關係人（如家人、好友、雇主、信仰前輩）的意見、人力物力和時間考慮進來，作取捨。或暫緩決定，且戰且走。

　　踏實，卻不要自我設限，關照自己是不是設立了像監牢一樣的籬笆、不必要的限制，成了發展自我的障礙，把幔子伸出去，延伸我的疆域！

> 對你，什麼是值得的？
>
> 為選擇負責。隨著年齡增長，似乎你的選擇權會愈來愈多（或是愈來愈少？），其實比選擇多少更重要的是：你是有正確的判斷？你能否在 10 年後，對之前的選擇說：「這是值得的？」這意思是，當你站在「永恒價值者」面前來看今日時，會有完全客觀的心境；因為今日所選擇的，以後也要為此負責。但要負責。　　　李鴻志，2005

對於生涯抉擇，我們可以：

1.說出作決定的理由。

2.看出對自己作決定的影響。

3.看出影響作抉擇的因素。

4.注意自己的狹隘和虛幻。

5.發現自己作抉擇的風格，接納它；必要時，調整它。

6.鼓勵自己對重要的事盡力作抉擇，承諾自己以行動支持所作的抉擇

7.尊重自己在必要時不行動，急事緩辦，但保持蓄勢待發。

搬屍體的校長

我們的心被一堵高高厚厚的牆封閉著，我們舒適而安逸地住在裡面，假裝那裡就是天堂，然後告訴自己：這個世界沒有悲劇。而李家同卻偏偏要將這堵牆推倒，……以一個大學校長之尊「屈就」一個搬屍體的工人，握著垂死之人的手，為的是在對方在臨死之前感受到一點人間的溫暖。 劉俠，2000

五 生涯規劃

根據所作的生涯抉擇，在準備會有變化的前提下，訂遠程及近程計畫，分優先和其次，作最好及最壞的打算。

規劃生涯，我們可以注意：

1.生涯規劃的內容通常包含目標：人、事、時程、金錢和資源。

2.規劃一段時間內的某一角色（如：進修）該作的事時，將本身其他的角色考慮進來。

3.預備風雨計畫，作彈性調整。

4.定期檢核計畫的執行狀況。

六　生涯準備

平日關照自己的身、心、靈，充實生活、學習及工作能力，並針對所作的新決定，充實基本和專精的才能，培養氣質、態度和倫理。

「媽媽——I am the Star of the Week!」4 歲半的樂樂跑進廚房，大聲喊說，拉著媽媽去牆壁上看。

原來這張獎狀上寫的豐功偉業是「Play Well in the Playground」。

爸爸說，他去接樂樂的時候，她把獎狀拿在手上，像國旗一樣在空中飄揚，讓每個走過去的孩子都羨慕得流口水，一面叫著她的英文名字「Joy! Joy!」樂樂就更驕傲了。

媽媽幫她梳頭時問她：「昨天怎麼玩啊？」

「我教 Mezifa、Ornela 他們唱一、二。」一面單腳、雙腳在地上表演。「他們不會這麼難的，我教他們另一種容易的。」她又跳給媽媽看，雙腳著地的跳著。

賈紅鶯，家在倫敦，http://blog.webs-tv.net/estherjoywchy/

「我在十幾歲時，就知道不管幹哪一行，都要出類拔萃，作最好的那一個。要下決心。我決定跳舞，努力成為很好、更好的那個舞者。……這種非跳不可，非跳好不可的慾望是這個行業的規範，而工作正是這份規範的唯一語言。」 巴里辛尼柯夫

林懷民，1991: 120-121

生涯準備可分成基本準備及特殊準備：

（一）基本準備

包含培養適當的生涯態度、增進自己與他人溝通的能力，以及培養健康與休閒風格、培養快樂的能力、學習協調各種生涯角色的能力、提升適應能力、加強解決問題能力，以及關心信仰。其中很重要的是要培養快樂的能力，讓自己喜歡生命，欣賞美好的人、事、物，表達珍惜和讚美。

因為相信生涯是一輩子的成長歷程，在台南天才學前教育所，我們讓孩子童年的快樂以及珍惜生命的喜悅，鼓勵父母親和老師從小滋養孩子，樂於工作、遊戲和愛的態度。

（二）特殊準備

是指針對特定的生涯抉擇，澄清倫理觀，並加強所需要的特殊能力和人際互動能力。

以工作為例，說明如下：

1 澄清專業工作倫理

(1)要以最好的能力、熱忱的心來工作或扮演生涯角色。

⑵遵守本行的工作規範。如：公道、守法、守密、不傷害所服務的人、無逾矩的關係、尊重智慧財產、善盡溝通的責任、尊重多元觀點。

⑶建立好的做事方法和習慣（workmanship）。例如：工作設備及儀器的使用及維護、職場道德。

⑷培養適當的工作態度。

⑸培養行動的勇氣和毅力、運用資源以學習獨立作業和與人合作。 就獨立作業部分，可包含：啟動能力、操作、建構、偵錯、提升；就與人合作部分，可包含：說明、遵從、諮商、緩和、領導、教導、督導。

⑹學習面對變化的沉著及自我調適。

2　充實專業能力

⑴紮根專業工作能力。

⑵具備基本工作能力：包含語文、電腦、溝通、表達及資訊蒐集和運用等能力。

⑶培養特殊才能：如果能造就自己具備一項有特色的能力，更為自己的生涯加值。

推薦三部日劇

1.「大飯店」——敘述一家五星級飯店中的董事長、櫃台接待員，到客房服務員，在團隊工作真實地面對自己，體驗「為人服役」的真諦。

2.「愛的森林」——故事的主角是一群為法律正義奮鬥、為弱勢爭取權益的律師，他們的行止，在這宛如水泥城堡的都會

中，形成了一片「愛的森林」。

3.「今生今世」──留長髮、穿黑色勁裝、騎重型機車的女外科醫師，儘管有著異於一般人對醫師刻板印象的舉止，但在臨床工作上，她是一位以人性化的方式面對病人和醫院管理制度的醫師。當身處於前夫的癌症和前夫之妻的生產過程中，雖不免情感的掙扎，仍能不改醫者初衷。

一真，2001

七　安置──尋找、開展並獲得機會

為了為自己找到生涯的位置，我們可以：

1.擁有「爭取」「貧困」的機會，產生「是的，我要！」的主動心。

2.學習尋找機會並注意各式陷阱。

3.學習敲一扇門：表達需要和意願，採取行動寫求職、求學、求愛、求婚、申請移民、退休或住宿的信函，配合所寫的自傳、履歷，在面試及筆試中展現自己，並認識對方。

由於坊間這方面的資訊相當多，在此不贅言，請參閱第八章「芝麻開門──尋找安身立命的位置」。

八　生涯適應

　　讓自己在生涯中可以安身立命地適應起來，為自己的決定負責，真實地瞭解並融入環境，記得適度保留自己的理想。

　　進新環境，有的如新婚，蜜月再現實，又有的如穿新鞋，是先打腳而後舒適。無論如何，先求適應，再求發展，擴充向上。

（一）抱持雙贏的決心

　　愛自己的選擇，讓我與環境都蒙福。我們和我們選擇的工作進修和生活環境之間，應該是可以雙勝的。在選擇的環境中，我們獲得自尊，展現實力，增長智慧。我們的環境也因我們存在而更有生機，結更多善果。

　　林懷民（1991）在《擦肩而過》一書中寫「永遠的瑪莎‧葛蘭姆」，提到她如何展現自己的能量並彰顯生命的意義。

　　　1916 年夏天，瑪莎敲響了聖‧母尼斯‧鐵雄夫婦合辦的丹尼雄舞蹈學校的大門。22 歲，不漂亮，沒有舞蹈基礎，除了決心，簡直一無可取。但是，鐵雄從一支西班牙舞的練習，發現這位沉默寡言的女孩有獨特而強烈的個性，而細心教導。決心加上努力，瑪莎很快成為助教、教師、丹尼雄舞團的舞者。（林懷民，1991：47）

（二）摸熟該懂的事

　　猶如打太極拳要練站樁，使打拳者的跟在腳，才能發於腿，主宰於腰，行於手指。生涯中的角色任務要如練武術或書法般紮實地一再不厭其煩地熟習，才能從基礎工作摸出路徑而發揚光大。

學經驗不學捷徑，讓自己成為熟手

「我還什麼都不是，不成氣候。」

65 年次的劉哲佑是傳產第二代，也是企業研發工程師，他努力直追，每天八點到班，跟著師傅在轟隆隆的工廠邊學邊看，也出去跑業務，現在已能做簡單的模具評估。

老師傅常丟一句「你不懂啦」就帶過，懶得解釋，也不想教。「沒辦法，不懂就要問，慢慢就會好一點了。」劉哲佑很沉得住氣，在工廠雖是新鮮人，但是他也以擅長的電腦技術替公司帶進 e 化。

施君蘭，2005

（三）學習生涯適應策略

　　操練在實際的生涯情境中，一面扮演生涯角色，一面學習從容自處，以及與人合作分享互動，和解決衝突的平衡。這當中，覺察挫折、模糊以及變化等壓力源，並調整自己和環境正向因應是重要的功課，請參閱本書第十章「職場中展翅上騰」，扮演生涯新角色時，預留分享、從容、自在及愉快。

現在就愛

來

走進更深的樹林

爬上更高的岩階

細看更小的花蕊

眺望更遠的觀音和海

別說

眼前風景誤了春天

啊別說

離去方是大愛

我們歡喜腳踩紅塵的實在

來

再愛生命一次

再愛一次

我愛

一真

（四）避免新鮮人盲點

　　不少新婚夫婦經歷蜜月「玫瑰戰爭」的衝擊。對新手來說，生涯的適應特別要核對自己的信念（或幻想）與現實的契合程度，即使相交多年的伴侶在角色轉換後，常會發現幾年來朝夕相見，但一直都沒有發現的事實，包含對方的生活「怪癖」，用錢和待

人方式，或是自己必須調整與人共同生活的態度。

　　滿懷理想的大學生進入工作的世界，往往跌得頭破血流，或者把職場的人搞得雞飛狗跳，大家都痛苦，其實這不是一句「社會是險惡的、現實的」可以推諉。下表列了「工作新鮮人的六毒大餐」，有點反諷，卻是我們避免壯烈成仁的借鏡！

表 4-1　七毒大餐——工作新鮮人的自盡靈藥

自盡靈藥	常說	其實
學生派	▶「我會努力學習」 「抱歉，我忘了」 「我願意改進」	▶ 與工作者不同 校園文化與事業文化不同 撒嬌與負責不同
學院派	▶「根據……學派」	▶ 學院與真實世界不同
天才派	▶「其實，我們可以……呀！」 「難道你沒想到……？」	▶ 動口與動耳、動手不同
現實派	▶「我的未來不是夢」 「自我實現」	▶「自我實現」與「自私」不同 「自我實現」與「事業認同」應兼顧
甜甜圈	▶「那種人……」	▶「搞小團體」與「顧全大局」不同
機器人	▶「啊，你又沒有叫我做」	▶ 不止交差，要在「聽指令」與「主動發現需要，請教熟手」、「肯做多學」求平衡
虎頭蛇尾湯	▶「只要我喜歡，有什麼不可以」	▶「觀前不顧後」與「薪傳」不同 好聚好散，別斷學弟妹後路，善哉！

資料來源：林一真（2008）。

初入社會的工作新鮮人，須瞭解：

1　工作者要負責任

雖然在好的工作環境中，每人應都有犯小錯，改過的空間，但是先要避免犯錯，犯了錯也不可只在口頭上說「抱歉，我忘了」、「我願意改」或撒嬌，兩手一攤！要用真正的改進行動來彰顯歉意，而不是說說而已。

2　學院與真實世界有別

不宜一味拿學理或清談來要求同事或上司。

3　多聽、多看

在瞭解工作文化之前，還是多學點，再好的妙方創意，等弄清楚誰是誰，以後再慢慢獻寶！

4　工作者要發揮功效

領了薪水就要發揮自己存在的功效。自我實現雖重要，但心中即使只想把這份工作當跳板、「補習班」、鍍金爐，也應該把手上的工作做好。

5　可以交朋友，但要顧大局

有時候，一進工作崗位就迷迷糊糊進了小圈圈，注意不要掉入口舌的陷阱，說長道短的話聽聽便罷，不必加入戰火。

6 不止交差，是要把事做好

不要只把自己當機器人，一個指令一個動作。對自己有高期許，主動設想如何把事做好，請教熟手或有主導權的人，如果OK，就行動！

7 有始有終

離職要離得漂亮，提早告知主管，交接得清楚，為學弟妹留下後路，離職後回來還有人歡迎。

8 守護自己

傾聽自己的身心訊息，若有性別、種族、年齡等違反平權原則，疑似受到歧視或不平待遇，可以蒐集證據，在保密的原則下，向值得信賴的人請教，敏察自己的疑惑、悲傷及憤怒，在恰當時機用合理的方式去解決問題。另外，要知道：人人皆有軟弱，有些人尤其難過「財色權利地位」關卡，更有人常懷「既生瑜何生亮」的怨。在努力打拼之餘，記得抬頭苦幹，防備人因軟弱而傷害彼此，純良像鴿子，靈巧像蛇！

九 生涯精進

持續更新與成長，豐富生命力，再充實自己能力及熱情，累積和統整經驗，建立團隊，開創風格和品牌。我們可以：

（一）抱持把事情做好的心

　　鼓勵自己在所選擇的生涯路上，不斷學習與成長，精益求精。在小事上忠心。無論是現代舞者瑪莎・葛蘭姆，或是年輕的手機設計師 Majanen，甚至是漫畫中的將太及夏子，都有一個共通的特性——不斷追求精彩的熱情！

> 年輕的瑪莎教課排舞外，天天練習 4 小時，並堅持如果 10 分鐘內沒有作一百四十次小跳，根本不宜登台。
>
> 林懷民，1991：55

兩部日本漫畫

《將太的壽司》
從一位壽司店的學徒立志成為壽司師父開始，述說了他對製作壽司的執著與夢想，每個壽司裡都包含著將太從材料的準備、研究及講求、捏製手法的不斷練習、所投入的熱情以及面對各方挑戰的堅毅，以及對人間情愛的謝恩。

《夏子的酒》
為了造出「日本第一」的酒，夏子與日本一群酒藏中人不斷與人性掙扎和俗世文化搏鬥。想釀的是好酒，最醇美的卻是去了糟粕，晶瑩剔透的性情。

讓手機摸起來像皮膚

Pekka Majanen 出生在芬蘭，7 年前從古皮歐工業與設計學院

畢業就到Nokia總部工作。第一年他跟著資深設計師，熟悉環境與工作流程，「每一個環節都按部就班」。第二年，26歲的Pekka被賦予重任單挑設計Nokia 6650的大樑。2002年他奉命設計8800，1年有三分之一的時間全球出差，蒐集頂級人士品味。他將不鏽鋼處理成「摸起來有皮膚的觸感」，把名錶錶面的強化玻璃運用在手機螢幕，並在反覆研究單指開啟名貴打火機的聲音、觸感與流暢感，以及保時捷的開關車門動作，轉化成Nokia 8800上滑式的開啟方式。輕輕「喀！」一聲，機身往上滑，手機鍵盤進入視線，單手掌握。

在實戰中，放手讓年輕新秀激發設計創意，就是Nokia獨占市場鰲頭的原因。　　　　　　　　　　藍麗娟，2005：130-132

（二）適度持守自己的理念

保留開放及更新，人發展到高處或走入坦途，三個最大忌諱是「隨波逐流」、「固步自封—我執」以及「不肯放手」

1　小心隨波，逐流──在內心謹守扮演套定生涯角色的理想性，把握核心價值。

> **太多的媒體，太少的記者……**
> 如果記者不能有勇氣追究敏感真相，不能創造自信超越黃色八卦，不能警覺正在快速流失的新聞專業……，那麼，有媒體就好，要記者做什麼？　　　　　　　　　　林照真，2005

2　避免故步自封與我執──如果無違良知及倫理，不妨在作法及
　　形式上保留改變的彈性。

小河流的旅程

現在已經不是以前了。為了達成目的，有時我們要忘掉、放棄
現在跟從前的樣子。

有一條河流從遙遠的高山上流下來，經過了很多個村莊與森
林，最後它來到了一個沙漠。

當它決定越過這個沙漠的時候，它發現它的河水漸漸消失在泥
沙當中。它試了一次又一次，總是徒勞無功。於是它灰心了。

「也許這就是我的命運了，我永遠也到不了傳說中那個浩瀚的
大海。」

這時候，四周響起了一陣低沉的聲音：「如果微風可以跨越沙
漠，那麼河流也可以。」原來這是沙漠發出的聲音。

「只要你願意放棄你現在的樣子，讓自己蒸發到微風中。」

「微風可以把水氣包含在它之中，然後飄過沙漠，到了適當的
地點，它就把這些水氣釋放出來，於是就變成了雨水。然後這
些雨水又會形成河流，繼續向前進。」

「那我還是原來的河流嗎？」小河流問。「可以說是，也可以
說不是。」沙漠回答。「不管你是一條河流或是看不見的水蒸
氣，你內在的本質從來沒有改變。你從來不知道自己內在的本
質。」

小河流隱隱約約地想起了自己在變成河流之前，似乎也是由微
風帶著自己，飛到內陸某座高山的半山腰，然後變成雨水墜

落，才變成今日的自己。

於是小河流投入微風張開的雙臂。

你的本質是什麼？

你緊抓不放的是什麼？

你要的究竟是什麼？

親愛的朋友，生命不一定只有一種形式。當環境無法改變的時候，試著改變自己。只要你的本質不變，你依舊是你……

佚名，來源：網際網路

3　提防不肯放手──建立團隊培養新手

愈是蓽路藍縷、白手起家的成功企業家或政治人物，或是藝術、科學一代宗師，甚至是為家庭犧牲很大的一個成員，愈是要注意避免讓自己，陷入被「雕像化」或「神化」，並且要保持清明，檢視本身是否自我膨脹或自我悲憫，妨礙自己和他人進展的空間。容許人出頭（包括那些不太嫻熟的人），聽聽年輕人、資淺的人的意見，容許新進的人有舞台。在婚姻家庭中，這正是有成就的壯年父母面對初出道子女要嗆聲的時刻。在學習及工作領域，這是要忍受青出於藍之前的尷尬與寬容。

由於葛蘭姆始終堅守主角的地位，作品多以自己為中心而編作，有創作、有創造力的團員因無法晉升，紛紛自組舞團。然而歲月不饒人，由於體力衰退，瑪莎無法勝任過去作品中技巧繁重的角色，又不肯讓他人取代，這些傑作便慘遭淘汰。

林懷民，1991：56

我的海洋（風潮唱片，2000）

所有愛海卻不得親水的人，閉上眼吧！傾聽台灣的海洋。這是
我們的浪潮，我們母親般的洋水。

三個逐浪的海洋收音者，和一群精銳的音樂人，把海水在台灣
十三處岸邊的潮聲流到我們的心裡。洗滌了俗思，流瀉滿杯蔚
藍閒情。

戲水、大藍、奔岩、望海、霞光、沙之印、星光、小島、山海
之歌，帶我們像魚一般游回海洋。

用 CD 內頁說明本身值得收藏，詩文圖皆美。我最喜歡卻是 My
ocean 內頁說明第七頁吳金黛的製作人心語：從一意只收海
聲，到接納人聲。藉著收錄洋海，學會包容。

現代舞的家譜代出逆子

三十年代出發的舞蹈家道貌岸然，唯恐社會不把他們的藝術當
回事，動輒大主題、大哲學。……現代舞與芭蕾誓不兩立，舞
者偷偷學習芭蕾有如冒犯天條。

物極必反，葛蘭姆門下的模斯·康寧漢在五十年代自立門戶。
「戲劇滾蛋、哲學滾蛋、形式也滾蛋」，康寧漢認為舞蹈就是
動作、動作而已。　　　　　　　　　　　　　　林懷民，1991：61

藝術可以苛求一個人五體投地，死而後已，卻不一定對你微
笑。可是年輕的無知及誇張畢竟是可愛的吧！

　　　　　　　　　　　　　　　　　　　　　林懷民，1991：237

（三）開創的風格，統整所累積經驗，表述及分享

　　生涯的精進需要時間的淬鍊，可以像大海納百川，寬廣集合各家大成，也可以去繁華外型而留單純質樸。最重要的是反映生命的厚實，這就要靠持之以恆的學習和紮根才能開展獨特的風格。

> 1926 年，32 歲的瑪莎在紐約第一次發表，美國現代舞運動從此開始。對葛蘭姆而言，丹尼雄式的華美服飾、膚淺的情節通通必須拋棄，動作必須強韌獨立地擔任表達責任。
>
> 近 10 年的時光，瑪莎發展出一套以「縮腹」與「伸展」為基礎的技巧，並由個人的抒情述志，轉移到美國民族素材的探討，音樂也由巴哈、德步西、法拉、布拉姆斯改成霍斯特。葛蘭姆後半期的作品經常有一個追憶過往，掙扎於規律之間的女主角。嚴謹的家庭教養和奔放的熱情衝突，是她創作的原動力。
>
> 林懷民，1991：48-54

> **在地情，國際觀**
>
> 「好好生活，做設計不要只著墨技巧，要懂得說故事。」入選 2004 年 IF 國際設計大獎的林俊慧告訴設計學子。
>
> 他把和成臉盆設計成 107 公分。原來，人洗臉是為了展現更好的一面，洗掉過去重新出發。把臉盆放大，讓人就像身在河畔，能夠不受拘束地捧起水，好好洗臉。
>
> 另一個新禪臉盆的設計，來自童年在屏東老家，他拿起水瓢，在陶缸取水洗臉的生活記憶。
>
> 林俊慧以第一名成績畢業於英國皇家藝術學院（RCA）產品設計系。
>
> 吳昭君，2005：119-120

> 「所以要放輕鬆，吸收更多歷史、文化與材料知識，否則架空了只會有立即反應，不會有原創性。」實踐大學設計學院院長安郁茜說。　　　　　　　　　　　　　　　藍麗娟，2005

（四）悅納自己身心靈健康，面對枯竭

1　悅納自己的成果和過程

清楚自己的定位，感謝擁有可以為自己釋放光和熱的舞台。

> 15 年的歷練使我洞悉自己輕如羽毛的力量，我希望能把這點力量放到對的地方。
> 請讓我留在台灣為中國人民服務。　　　　林懷民，1991：245

2　勇敢面對枯竭

承認本身的限制，敏察倦怠（burn out）及停滯的訊號，當發現自己容易疲倦、提不起勁、健忘，經常冷嘲熱諷、發怒、由睡夢中驚醒、悲從中來、不想與人接觸、想躲、想逃、無法幽默和歡笑都可算是枯竭的症狀。

> **蝶翼尼姑**
> 她做的衣裳美如蝶翼。她的先生眷戀她，常坐在門口看著她被一堆付高價求美的女人包圍著，低聲下氣地央求她。
> 她把衣服交去請畫者在袖子上畫畫，請工匠盤盤扣。她到日本

115

為我們選配件，教我們要怎麼穿內衣，也親手縫製我們的婚紗，以及一件件的蜜月裝、後來的孕婦裝及孩子的大衣。她還教我們的先生怎麼記口訣，為我們綁蝴蝶結：「咯，這兩邊的緞帶繞過來，在上面就在上面，在下面的就在下面！」

她性情剛烈。她早年縫的華服分毫精緻。到了中年常在做的衣裙腰際縫著鬆緊帶，輕描淡寫地說：「以後，如果你們身材改變了也可以穿。還有，襯衫就買現成的，我不做了，你們也別花那麼多錢！」

她決意要落髮為尼。眾女驚惶，怎麼可以？！她的每件衣服都是藝術品。但她說：「每做一件衣服就是挖心掏肺。不做了。」

已經失聯 20 多年的英姊，您現在可是一襲布衫，輕鬆自在？

有時候，我們所需要的只是一個什麼都不要管的假期或是一個更常有笑容的假期。但大多時候，這些訊號，如同生命的黃燈，常年提醒我們那伏伺在心中的莽獸，是性格的陷阱、黑暗的勢力。

我的作品不夠好，事實上是人格的不完美。太急，一出手就想把許多話一口氣說完。因為急，有些思考只由喉嚨起落，無法從丹田緩緩揉起。
林懷民，1991：239

我停止了表演，我要想清楚。舞者散去了，我去找醫生，接受心理分析。那是我生命中最黑暗的時期，我必須接受我的失

敗，我必須面對自己。我承認自己以前的舞蹈是象牙塔裡的白日夢，我必須走出來！（「從象牙塔到街頭」──安娜・哈布林的故事）

林懷民，1991：184

堅持──面對創作的產後憂鬱

首度演出之後，兩個月之久我無法工作，有兩次甚至忘了到政大去上課。如今想來，那也是某種形式的崩潰吧！

林懷民，1991：236

工作的價值

情感受了挫折，瑪莎只好寄情工作，而規律與激情衝突所帶來的罪孽感，也只有經過創作的告白才能洗滌。

林懷民，1991：55

3　關照身心健康

　　許多職業涉及特殊的安全及健康課題，因此工作者要在日常關注工作習慣。譬如，從事高噪音的工作，可以帶耳塞或耳罩。工作者要注意自己是否有身體不適的現象，提醒自己定期關照身體和心理，甚至靈性的健康。

　　「人生的路，須得慢慢走才好。」作家芳伶如此提醒。

放慢腳步和所愛的人享受生命在繁榮中的平安幸福
（ PHP-Peace Happiness through Prosperity ）

✝ 生涯轉折／再覺知

迎向生命的變化或挑戰，啟動另一個循環的開始，再出發。

我的一位好朋友盼了多年終於懷孕了。預產期前一週，孩子的心跳停止。消息傳來時，聞者皆心痛。然而，孩子的父母婉婉道出在美國華盛頓州西雅圖的這所醫院對待父母和孩子的溫柔和體恤。他們容許親子繼續同室數天，提供空間和資源讓父母可以辦理溫馨的告別禮拜。我們收到孩子美麗的照片，還有彩蝶飛翔的卡片，印著 Leonard Clark 寫的 Stillborn 詩。接著我們得知在美國已經有專為這樣生命景況的家庭成立的支持團體，並有專設的網站。目前我們的朋友已再懷孕，但由第一位孩子的靜生，我們身處醫護專業為主的陽明大學，再次知道生命的苦難宛如一把鑰匙，引領我們進入一個新世界，也讓我們驚喜地發現：原來可以

用這樣的眼光陪伴人，而臨床醫學中可以這樣跳脫傳統管理的制度，豐富地展顯人道，陪伴一個家庭經歷死亡的蛹而蛻變成彩蝶。

Stillborn

I carried you in hope,

The long nine months of my term,

Remembered that close hour when we made you,

often felt you kick and move as slowly you grew within me,

wondered what you would look like when your wet head

emerged, girl or boy,

and at what glad moment I should hear your birth cry,

and I welcoming you with all you needed of warmth and food;

we had a home waiting for you.

After my strong laboring, sweat cold on my limbs,

my small cries merging with the summer air, you come.

You did not cry.

You did not breathe.

We had not expected this;

it seems your birth had no meaning,

or had you rejected us?

They will say that you did not live,

register you as stillborn.

But you lived for me all that time

in the dark chamber of my womb,

and when I think of you now,

perfect in your little death,

I know that for me you are born still;

I shall carry you with me forever,

my child. You were always mine,

you are mine now.

Death and life are the same mysteries.

-Leonard Clark

靜生

我在希望中懷你

長長的九月守護期

記得我們結合成你時的親密

當你緩緩在我裡面生長

我常感到你又動又踢

幻想你溼髮初現的模樣

女嬰或男嬰

呱呱落地

是多麼快樂的剎那　當我會聽到你

我將以你所需要一切的溫暖和食物歡迎你

我們有個家在等你

當我用力再用力

汗水冷了我的肢體

我微聲的哭叫溶在夏天的空氣裡

你來了

你沒有哭

你沒有呼吸

我們沒有料到會這樣

你的出生似乎沒有意義

或許我們是被你所回拒？

他們會說你沒有活過

死胎　他們如此登記

但是對我來說　你一直活著

在我懷中黑暗的宮殿裡

當我此刻想到你

在你小小死亡中的完美

我知道你對於我仍然已經出生

我會終生懷著你

我的孩子

你永遠是我的

你現在是我的

死亡和生存一樣奧祕

Leonard Clark 著，林一真譯，2005

　　生涯轉折，可以是：自願或非自願的轉業、換跑道或失業、升學、轉學或失學、搬家、退休與復出和再創第二春；也可以是：出國、外派、移民、專任轉兼任或由兼任轉專任、經濟、新投資、結束或開始婚姻、面對傷痛、生病、失落。

　　面對生涯轉折我們可以：

　　1.把轉折當一回事。正視它，關照我們轉折的歷程。

　　2.面對生涯轉折所帶來的情緒和生活變動、興奮、快樂、焦慮、傷痛、失落和矛盾的自己。

　　生涯的變動，即使歡喜如戀愛、結婚、搬新家或晉升，都可能會夾雜期許的焦慮，甚至擔心恐懼，一個角色或一份關係的結束，也會伴隨著複雜的心情。坦然容許自己可以有情緒，分辨和因應它。

　　3.學習好好說再見。與過去這一段生涯中的人告別。不當情侶，至少還是舊識。不作同事，也不必當敵人。最要緊的是與輝煌或失敗的自己告別，這樣才能如鳳凰浴火，見證「昨日死，今日生」。

　　葛蘭姆舞團的票房一落千丈。1972年，78歲的瑪莎在將近60年的舞蹈生涯中被迫退休。30多年歷史的葛蘭姆舞團瀕臨解體。酒瓶與醫院之間，瑪莎掙扎於死亡邊緣。學校裡絕無她的蹤影，然而她無時不在。

葛蘭姆失蹤 2 年。碩果僅存的資深團員招考新團員在學校演出舊作。雖然沒有葛蘭姆親自演出，平日熟習的基本動作，經過葛蘭姆的組織，突然化為原始而精確的語言，一句句如濤如雷地震撼人心……。

1973 年春，79 歲的葛蘭姆召集了記者，宣布兩週長的表演計畫。「一個藝術家必須死而復活，我剛剛通過死亡的歷程，重獲新生。」

1974 年春，葛蘭姆在紐約公演三週。當她出現，全場觀眾喝采，81 歲的瑪莎·葛蘭姆靜立答禮，宛如一尊永遠的神像。

　　　　　　　　　　　　　　　　　　林懷民，1991：56-60

那美好的仗，我已經打過了，當跑的路我已經跑盡了。所信的道我已經守住了。　　　　　　　　　　　　　　　提摩太後 4：7

4.在轉折中看見生機。

在生命的每個缺口，只要肯，都可以流出香膏滋潤人。

　　　　　　　　　　　　　　　　　　洪素卿，自由，2001.6.18

雅文文教基金會創辦人倪安寧

金髮倪安寧（Joanna Nichols）說一口流利的國語和台語，總說自己是正港的台灣人。他們的大女兒雅文被醫師判定是全聾，遍訪名醫，在 2 歲時植入人工電子耳，並配合「聽覺口語教學法」學習聽說。Joanna 和先生為了讓台灣的聽障孩子也

學聽唱語文，於是成立了雅文基金會，並培養「聽覺口語教學法」師資，在台北和高雄兩地設立教學中心，讓聽障兒免費學習語言，已有千名以上聽障兒受惠。

Joanna 和先生不斷投入金錢到基金會，也經常到處演講募款。近 2 年因罹患乳癌，更體會癌症的可怕，又於 2000 年 8 月捐出兩部「小小抹香鯨」子宮頸癌篩檢車給台灣癌症基金會，希望能夠幫助台灣婦女提早發現子宮頸癌。

要是我們能真正相信我們的生命在給予時是倍增的，它將如何不同！只要有人領受我們憑信心所做的每一件小事，每個愛的行動、每一句原諒的話，每一點滴喜樂和平安，它都會一直倍增，而且還有剩餘。你我再也不會害怕死亡，而是朝向它而活，……不出數年我們兩人都將被埋葬或火葬……但我相信，希望你也能相信，我們在世上短暫的旅程將繼續在不同時段，不同地方給人生命……我們的愛心一旦從我們會朽壞的肉體釋放出來，將會隨風飄揚，即使到了沒有人留意它的蹤影時。

盧雲，1999

5.重新開始。

「他必須從頭學起！」俄國舞者巴里辛尼柯夫跳槽紐約芭蕾舞團，團主巴蘭欽說。

「不要再談我放棄什麼，談一談我將有的新收穫吧！」巴里辛尼柯夫。

林懷民，1991：122-125

附　錄

噉有速配──Holland 的生涯六卦

　　Holland 認為大多數的人可以區分成「實用」、「研究」、「藝術」、「社會」、「企業」及「事務」等六大類型，而一般工作環境也可以分成這六型，我們的行為會受人格及環境特徵的互動影響，個性與環境適配性愈高，通常愈能促進個人達成更好的職業成就。

一　人格類型

　　Holland 對人格類型的基本解釋是：

　　實用型（R）：實用型的人喜歡從事客觀及有具體成果，如操弄工具、機械、物品，或養育動物等性質的工作，比較不喜歡抱持主觀、研究性、藝術表現及社會技巧的人生目標、價值及職業。實用類型的人一般比較男性化、情緒穩定、誠實、重實際並且比較傳統。

　　研究型（I）：研究型的人喜歡運用腦力，以概念、語言和文字來思考，以解決環境中的問題，而比較不喜歡運用體力或人際技巧。研究型的人常有分析、理性、獨立、思想前進、抽象、內向、批判及好奇等特性。

　　藝術型（A）：藝術型的人喜歡以自己的感性、情緒、直覺和想像，運用文字、影像、聲音、色彩、形式或動作從事藝術的創作，並且表達自己的風格。在生活中，藝術型的人大多根據主觀

的印象及幻想去解釋及解決問題，通常在外表裝扮上比較與人不同，重視美感、情緒化、獨立判斷、內向及富原創性，一般比較不喜歡文書性事務。

社會型（S）：社會型的人喜歡運用與他人交往的能力，以便教導人、幫助人或改變他人的行為，對人際互動有高的能力和需求。社會型的人通常比較親切、體恤、喜歡參加社交活動、重視社會福利，關愛貧病、殘障、婦孺、老人及未受教育者，一般喜歡憑感性及情緒行事，而非理性去解決問題。

企業型（E）：企業型的人喜歡選擇具有冒險性、支配性及需要熱忱和精力充沛的目標、價值及工作。企業型的人一般喜歡策劃事情、領導他人、具有說服力、口才好、有遠大抱負、充滿幹勁、外向、自我接受、自信、語文能力佳及愛表現等特性，一般對數理科學的興趣較低。

事務型（C）：事務型的人一般會選擇傳統及社會較贊同的價值觀、工作及目標。事務型的人一般樂於處理資料、計算及文書、重視經濟收入、比較要求精確、有條理、愛整潔、有毅力、保守、講求實際、冷靜，但通常比較缺乏彈性、自動自發及原創性。

二　環境類型

Holland 認為較常見的環境類型是：

實用型（R）：實用型環境的工作大多明確（編註：二十世紀時），多在戶外進行，一般需要機械能力、耐力及體力。在此類型的環境生活及工作，並不太需要社交能力，工作的性質也通常是一系列簡單的動作，並且需要明顯而立即地判斷「成功」及「失敗」。這些環境一般包括機械工廠、農場、營造廠、加油站或理

髮店等。

　研究型（I）：研究型環境的工作大多需要抽象思考及創造力完成，而不太需要個人的主觀意見、理解力及敏感度。成就是漸進長期的；但有一套客觀的方法來測量工作成果。在此環境中，工作的難度有相當大的差異，有些只要直接訓練即可，有些則需要耐心及創意才能解決問題。

　藝術型（A）：藝術型環境需要工作者以感性、想像及品味去創作及鑑賞藝術作品。其中最簡單者需要有美感，最複雜者需要有想像力，並對模糊不明確的情境有絕大的容忍力。此類環境需要工作者能將自己的知識、直覺及感情作整體統合以解決環境中的問題。

　社會型（S）：社會型環境中的工作需要有瞭解及改正人類行為的能力，並有關懷他人及與人溝通的興趣。一般而言，此類環境常會增強工作者的自尊心。

　企業型（E）：企業型環境中需要工作者有語文能力，以說服或影響他人。此類環境大多是政治機構如房地產公司、廣告公司、商業機構及貿易公司等。

　事務型（C）：事務型環境中的工作需要工作者有系統、具體及例行的程序去處理語文和數字的訊息。一般而言，工作的成果相當容易在短期內觀察得到。較複雜的工作包括管理他人，或指揮整個生產運作系統，例如：擔任銀行督導，銀行出納及成本估計。這種環境包含的工作多半不需長時間來完成、有一定的規則、內容重複、具體而有組織；工作時一般需要伸手握拿、觸摸及目視等省力的動作。

生活彩虹
全人生涯開展

三 工作訪問表

職　　業：_____

受 訪 者：_____

職　　稱：_____　　機　　構：_____

年　　資：_____　　工作單位：_____

聯絡電話：_____　　訪問時間：_____

聯絡地址：_____　　訪 問 者：_____

（一）職位工作內容

1　本工作的內容包括哪些具體事項？

(1)經常性工作：

☐ _____

☐ _____

☐ _____

☐ _____

☐ _____

(2)偶然性工作：

☐ _____

☐ _____

☐ _____

☐ _____

☐ _____

2 你覺得您的興趣是包含在下列哪些範圍中：（請至多選 **3** 個，並請排序）

藝術	科學	動物植物	保全	機械	工業生產	企業事務	銷售	個人服務	社會福利	領導	體能表演
□	□	□	□	□	□	□	□	□	□	□	□

（二）做好這份工作需要具備哪些能力與技能？（請排序）

□ _____

□ _____

□ _____

□ _____

□ _____

（三）具有哪種性格的人最適合從事這個工作？（請排序）

□ _____

□ _____

□ _____

□ _____

□ _____

（四）做好本工作的人通常最重視什麼？（請排序）

□ _____

□ _____

☐ _____
☐ _____
☐ _____

（五）與其他工作比較之下，這份工作的特色是什麼？

☐ _____
☐ _____

（六）一般從事這份工作的人，需要什麼樣的學歷與經歷？

1 學歷：_____

2 專業教育：內容_____

　　（☐不需要）時間_____

3 工作經驗：內容_____

　　（☐不需要）時間_____

4 職前訓練：內容_____

　　（☐沒☐有）時間_____

5 在職訓練：內容_____

　　（☐沒☐有）時間_____

（七）從事這份工作的人，通常須具有哪些生理條件？

1 年齡：

　　大多數工作者從事工作的平均年齡約_____歲。

　　工作者年齡介於____歲至____歲。

2　性別限制：＿＿＿＿＿＿＿＿＿＿＿＿＿＿＿＿＿

3　特殊要求、障礙限制：

　　工作特殊要求如：

　　□久坐　　　　□聽覺靈敏度

　　□久站　　　　□嗅覺靈敏度

　　□身體平衡　　□手指靈巧度

　　□體力負荷　　□其他＿＿＿＿＿

　　□視覺靈敏度

4　從事這份工作的人比較容易罹患哪些疾病？

　　＿＿＿＿＿＿＿＿＿＿＿＿＿＿＿＿＿＿＿＿＿＿

　　＿＿＿＿＿＿＿＿＿＿＿＿＿＿＿＿＿＿＿＿＿＿

（八）請描述這份工作的工作環境：

1　工作環境：

　　工作場所：一般位於

　　□工業區　　　□商業區

　　□市郊　　　　□郊外

　　□多在室內　　□文教區

　　□多在室外　　□鄉鎮

　　特殊物理因素：

　　照明：＿＿＿＿＿＿＿＿＿＿＿＿＿＿＿

　　室溫：＿＿＿＿＿＿＿＿＿＿＿＿＿＿＿

溼度：＿＿＿＿＿＿＿＿＿＿＿＿＿＿＿＿＿＿＿＿＿

噪音：＿＿＿＿＿＿＿＿＿＿＿＿＿＿＿＿＿＿＿＿＿

安全：＿＿＿＿＿＿＿＿＿＿＿＿＿＿＿＿＿＿＿＿＿

2　工作時間：

每週正式工作時數約＿＿＿＿小時，每週工作天數約＿＿＿＿天。

（每週非正式工作時數約＿＿＿＿小時）

這個工作一般是屬於：

☐經常性　　　　☐季節性

此工作型態：

☐日間上班　　☐日夜輪班

☐夜間上班　　☐自由支配時間

週末、例假值班情形：

☐放假　　　　☐輪班（每月平均輪班時數約＿＿＿小時）

每月出差約＿＿＿＿次，共＿＿＿＿天。

3　所需設備及特殊場所：

設備：＿＿＿＿＿＿＿＿＿＿＿特殊場所：＿＿＿＿＿＿＿＿＿

（九）這一份工作的薪資及福利是如何？

1　薪資：

現新：一般而言，此工作每月平均薪資約＿＿＿＿元。

薪資範圍：約＿＿＿＿元至＿＿＿＿元。

2 獎金津貼：

□固定 　　 金額約_____元

　　（請說明：_____）

□不固定 　 金額約_____元

　　（請說明：_____）

3 保險：

□沒有保險 　　　□公保

□勞保 　　　　　□其他保險（請說明：_____）

4 全年休假時間：

平均一年休假約_____天（扣除星期、例假）

5 退休金額：_____

　給付方式：_____

（十）以您的看法，這種工作在我國 10 年內的發展前景是什麼？（請就升遷、進修、未來市場需求等方向回答）

_____

_____

_____

_____

_____

_____

_____

（十一）從事這種工作的人通常遭遇哪些困難？一般如何解
　　　　決？

_____

_____

_____

_____

（十二）從事這種工作的人，一般最感到滿足之處是什麼？

_____

_____

_____

_____

（十三）從事這種工作的人成立了哪些公會、協會及學會？

_____

_____

_____

_____

（十四）倘若想要進一步瞭解這種工作，有哪些資訊或機構可
　　　　提供參考？

_____

_____

_____

（十五）在職的前輩對有意從事這工作的年輕人有何建議？

_____

_____

_____

資料來源：林一真編（1995）。

四　認識學習環境

讓自己一窺知識殿堂的玄奧！

（一）本科系所的設置沿革

設置目的

沿革及各階段特色

我國設置有此科系所的其他學校及其特色

（二）本科系所的課程

課程的內涵及組織脈絡

教與學方法及一般困難、限制

重要設施

本校其他科系所相關課程及整合的可能

（三）基本能力和個性

為促進學習效能，本科系所學生最好具備哪些能力和個性？

畢業前的學生最好具備哪些能力和個性？

（四）教師

專任教師及專長

兼任教師及專長

（五）人際互動

老師、導師、學長姊、同儕、外校、本科系良師或校友、社會資源人士互動狀況

（六）環境

物理環境

重要設備

學生住宿狀況

（七）生涯進路

本科系所學生及科系所友在校內及畢業後所任專兼任工作；以及此工作所需能力、性格和所能提供的資源福利及發展潛力

（八）重要資源

本科系所有關之獎助學金、出國進修或開會機會；以及國際交流活動、校際聯誼活動及申請、參加辦法

（九）相關專業團體

與本科系所有關之學會、協會、工會概況及入會規定提供資源

資料來源：林一真編（1995）。

第五章

生涯的探索 (一)

——童年經驗對生涯發展的影響

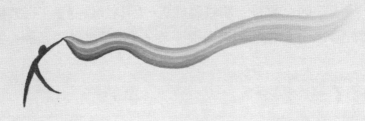

全人生涯開展

生活彩虹

今天的我們要爬樹。不是向上，是要尋根。

明天的我們怎麼發展，各有很大空間，但可確定的是：我們都來自一個原生家庭。玉芬老師本身由家庭樹上的 18 年空白頓生好大的悲傷，才開始一路找答案，孕育了今天這堂課。

展示了「童年經驗影響的層次圖」，老師以一個又一個生命見證，細細訴說我們父母親的工作（還有因工作受的傷或產生的人生態度）、夫妻怎麼彼此相對待以及教養我們，如何影響我們看自己、選工作，甚至在幼年就寫好並照演一生的劇本。

溫柔的言語如鋒利的刀刃，因為切身，因為關己。

這 100 分鐘裡，請輕輕地聽，因為無聲的淚正在輕輕的滑落。說者與聽者的生命因為與根連結，正靜靜地產生新而有力的質變。

一真，2007

細說從頭──探索童年經驗的緣起

從 1995 年起,我開始喜歡探究人的內心深處的世界,那是一個意外卻又令人感動與感恩的起頭,發生在我與一群好友的身上……。

當年我已經是政治大學心理系的講師了,我身邊擁有一些好友。在一般人看來,修讀心理學的心理人,會有一種莫名的魅力,因為人都渴望更瞭解自己,而學心理學的人,「好像」可以滿足人們瞭解自己,探索自己,從而改善生活與人際關係的需要。因此身為心理人的我常常成為好友「覬覦」的對象。

為了稍解周遭好友對心理學的渴望,我與另一也略懂心理學的朋友,為一群女性朋友設計為期八週的同理心課程。同理心的重點在於讓人可以釐清自己的感受,不但可以陪伴別人的感受,也可以明白自己的感受。在這八週課程中,經過釐清自身感受的訓練之後,大家因彼此間深刻的互動成為了無所不談且感情十分親密的好朋友。

經過八週的同理心訓練,大家捨不得就此結束,於是我們決定繼續聚會,並且分享每個人的成長經驗。有一次,大夥兒在分享 18 歲以前的家庭樹以及自己與每個家人的關係,我驚訝的發現:當每個好友談及自己的父母與童年時,不是嚎啕大哭,就是淚眼婆娑。更令我震驚的是輪到我分享的時候,當我看見自己紙上所畫 18 歲以前自己的家庭樹,我與家人的關係一欄上竟然大多是空白,心裡突然湧出一股好大的悲傷,我當時真的不知道該如何去形容自己與家人的關係,真的連一個形容詞都想不起來!

結果,那一次的分享聚會,我哭得比任何人都還要傷心。身

為友人眼中的「心理學家」，在眾目睽睽之下哭的不可自抑，除了覺得不好意思之外，還有更多「不甘心」，到底我為何會哭？我的童年怎麼了？我的原生家庭怎麼了？事情不是都過去了嗎？我已經長大了，不是嗎？帶著一堆疑問與想要「扳回一城」的心情，我開始找答案。

為了找出答案，我開始重新仔細閱讀有關輔導諮商的書籍與童年經驗有關的國內外論文。我發現精神分析學派的觀點在相關論述中占有很基礎的位置。精神分析學派十分重視過去的經驗對人的一生的影響，對人的協助與治療都以過去經驗作為探索的核心。不但如此，精神分析學派也深深的影響其他學派的發展，例如完形治療、溝通分析乃至今日炙手可熱的家族治療，也都非常注重過去經驗所帶來的影響。

此外，我從心理學的許多實徵研究（empirical study）中發現，許多人生的重大面向，如：婚姻、人際、情緒……也都深深地受童年經驗影響。一個人的生涯發展甚至是生涯的選擇與決定當然也不例外，許多實徵研究都發現，原生家庭的經驗對生涯發展的影響扮演著舉足輕重的角色。

究竟成長經驗對自己的生涯發展有些什麼影響？以下我想分三個部分來談論這個議題：第一部分是論述原生家庭的哪些經驗會影響一個人的生涯發展？第二部分想要探討的是原生家庭的經驗會影響一個人生涯發展中的哪些面向？第三部分則想與讀者分享介紹，童年經驗更廣泛的影響範圍（此部分見第六章）。且聽我一一介紹。

一　哪些原生家庭的經驗會影響生涯發展？

　　有許多實徵研究發現：父母本身的因素、父母對子女的教養
方式與成長過程中權威者的示範，皆對一個人的生涯發展有著深
刻的影響。其中，父母本身的因素又可釐清出父母的職業地位、
父母間的情感親密度、父母的職業是否適性等因素，對一個人未
來的職業生涯發展是有深遠影響的；此外，有研究發現父母對子
女以情緒型或接納型或逃避型的不同教養方式，亦對子女的生涯
發展會有潛在的影響力；再者，一些研究亦證實，除了父母之外，
成長過程中的一些權威者，如：爺爺、奶奶、伯父、阿姨、老師
……等，亦對一個人的生涯發展有示範性的作用。

　　本文的撰寫，我不想落入學術論文寫作格式的框框，我渴望
用生命經驗來見證學理的論述，一方面增加本文的易讀性與可親
性，二方面也可以讓讀者更容易把自身的經驗融入學術研究的發
現中。因此，以下的書寫我會著重個人生命經驗的分享或匿名他
人的生命故事舉隅，期待讀者能從這些至情的分享中，對自己成
長經驗所帶來的影響，不再茫無所知或避而不談。

（一）父母自身的因素

1　父母的職業地位

　　我的父母親都屬於勞工階級，從小我就在一個十分貧窮的家
庭長大。父母生養六個孩子，我是家裡的老么。還記得年幼時，

在鐵工廠工作的父親，經常因公受傷。有一次，父親曾經被一根很粗的鐵棒插進大腿裡，當時血流如注，但苦於家裡貧窮，沒錢看醫生，父親忍著痛楚，只得自己騎著腳踏車到藥房買消炎粉，再回家自行處理。但是，父親的傷口因為沒有得到適當的處理和照料而一直潰爛，好久好久……，傷口所留下的疤痕好大好大……。

　　這件事情讓我印象很深刻。父母職業的卑微與貧窮，使我在小時候雖然沒有大人告誡要好好用功念書，我自己就已經曉得念書是自己的唯一出路，把書讀好我或許可藉此離開父母的職業地位，擺脫貧窮的惡夢。因此在念高中時，我常常開夜車熬夜念書，偶爾會累到睡著了。父親因為出於關心，便勸我趕快去睡覺，但只要父親說：「如果真的考不上大學，也沒關係啦，反正，可以去加工區當女工呀！一定可以找到工作啦！」對父親來說，我這個么女是否可以出人頭地，真的根本不是一件很重要的事情。這番出自於父親肺腑的溫暖言語，卻常嚇得我馬上驚醒過來，繼續為自己的學業奮戰。當年父親的真心規勸，對我來說，卻成了強而有力的一個警語。因為我心裡實在不願意再像父母那樣，長大以後要過著辛苦的勞工生活，我早已下決心要離開這樣的職業地位。這也是我不斷用功念書的一項重要動力。

　　當今「教育改革」是一個很熱門的話題。我常想如果自己活在現在的教改時代中，可能就會在教改浪潮中滅頂，無法成為今天的自己。因為雖然名義上是教改，實際上優秀的孩子背後其實是許多父母用金錢栽培出來的！各種的檢定、能力測驗和證明，都需要許多經費來支應，沒錢人家的孩子，也就等同於失去了這些「能力」，失去了踏上更高一層社會地位門檻的機會！如今父母的職業地位會複製給孩子、社會階級也是。為此，我心裡實在

是為貧窮家庭的孩子感到憂心。

　　除了職業地位複製與社會階級複製的問題之外，對於父母的職業和社會地位，孩子所抱持的態度，一般會產生兩種結果：一是產生認同，也就是孩子想要與父母有相同或相似的職業地位；二則是孩子深怕重蹈父母的覆轍，對該項職業避之唯恐不及。造成這兩種不同結果的原因，除了與父母本身的職業地位有密切的關係以外，父母的情感親密度造成的影響也不容忽視。

2　父母的情感親密度

　　雖然父母的職業地位很高，但是如果父母彼此的親密程度不好，也會大大地影響孩子對父母職業的認同程度。一位新加坡非常著名的牧師，曾在接受電視專訪中提及，小時候牧師的父親是名成功的商人，家境富裕，家中可供使喚的佣人很多，但是小小年紀的他，百思不得其解，為什麼偌大的屋子裡卻如同冰窖一樣？而且他最痛恨吃炒米粉。因為父母的感情不好，母親無心照料孩子，家裡的晚餐餐桌上，母親常用一大盤炒米粉來打發。在富裕家庭長大的他，倒十分羨慕平常人家的小孩，可以擁有他所缺乏的家庭溫暖。及至他長大以後，他並沒有效法父親從商，反而選擇當一名神職人員。

3　父母的職業是否適性？

　　這裡的「適」是指適合，「性」則是指性別。除了父母的情感親密程度以外，性別角色是否與職業特性相符，男性的工作是否由女性來擔當？或是男性從事女性的工作？這些職業與性別的不適合，雖然是來自刻板印象，但仍舊會影響孩子對該職業的看

法與認同，也進而會影響孩子對職業生涯的選擇。

（二）父母的教養方式

父母的教養方式對孩子的成長有舉足輕重的影響。教養方式的分類方法不一而足，與職業生涯發展有關的研究，曾根據下列的三大類型進行研究，其研究結果略述於下。

1 情緒型

是指父母投入不相稱的時間在孩子身上。何謂不相稱的時間呢？那就是父母一直對孩子的生活過度投入，不斷積極地想辦法、不相稱地想要介入孩子的生活，以掌控孩子的生涯，亦即是所謂的過度控制。

我曾經聽過不少學生真實的生命故事，都訴說著父母嚴格的控制所產生的後果。有的是男學生被母親鉅細靡遺的掌握生活中的大小事情，諸如：穿著、交友、學業、收入……，我發現被過度控制的孩子，常覺得不喜歡自己、對未來也經常感到茫然。

> 健雄（化名）的母親很年輕就守寡了，含辛茹苦地養育兩個兒子，她希望健雄能學醫，而健雄也努力的達成母親的期許。可是，就在健雄正式當醫生的那一年，母親就意外因車禍身亡。隨著母親的過世，健雄忽然之間不明白自己為何要當一個醫生？

這是個令人傷感的真實故事，也許許多過度控制的家庭並沒有像上述健雄的家庭故事一般淒美，但父母的過度參與甚至是指

派孩子職業生涯的路徑，的確是常見的事，是父母教養方式直接
影響孩子生涯發展的一種典型方式，孩子在父母強力的指導下走
上自己職業生涯，是否真的符合自己的興趣與能力特性？是值得
商榷的。

2　逃避型

　　這類型的教養方式是父母迴避面對孩子的問題。他們花相當
少的時間在孩子身上。表面上這類型的父母好像是尊重孩子的決
定，實際上卻是逃避。

> 曉帆（化名）常常會夢見自己找不到媽媽。直到步入中年，仍
> 然會不時夢見這個情景。而在生活上，曉帆也是一個常常讓孩
> 子找不到她的母親。她常常自己去旅行，經常一去就是一、兩
> 個禮拜，平常週一到週五上班，沒有太多時間陪伴孩子。但
> 是，周末、假日曉帆卻也經常不在家裡陪伴孩子，她常和三五
> 好友出遊，而把孩子放在家裡。

　　在需要父母在場的時候卻找不到父母，孩子會有慌張，不知
所措，甚至冷漠、懶散等情緒現象出現。當孩子常常處在無人領
導的狀態下，容易形成凡事隨便、懶散、任性妄為的個性。他／
她因無人諮詢，以致只能跟著大眾流行文化、社會潮流的腳步走，
而逐漸養成隨波逐流的人生態度。

3　接納型

　　這是最好的父母教養方式類型。接納型父母視孩子為一個獨

立、成熟的個體，鼓勵他發揮潛能。他們不會不理會孩子的需要，相反地他們會花足夠的時間在孩子身上，但是卻不會控制孩子的自由發展。

我有三個孩子，我一直在努力成為接納型的父母。但是，三個孩子都非常的不同，有的乖巧柔順，有的靈活、想法特異，有的安適緩慢，我如何一一接納孩子們的特質，並讓他們發揮特色，實在是一件不容易的事，我或許做得不夠好，但我一直很努力。

以我們家那一個「資優生」的孩子為例吧。我常在聯絡簿上向老師「訴苦」說這個孩子的獨特，常讓我在教養的方法上面臨挑戰，後來孩子的老師就告訴我，這孩子有聰穎過人之處（即所謂的資優生），同時在告知這件事的時候，老師也提醒我，資優生會帶來一些令父母頭痛的個性，例如：嚴重的完美主義，愛挑剔、脾氣不好⋯⋯。這個提醒很符合我從日常生活中的察覺，這個有完美主義傾向的孩子，就曾經為了一個新剪的頭髮而鬧了一個禮拜的彆扭，因為他不喜歡自己的改變，並且認定同學也一樣不會喜歡他的新造型；此外，他出門前常會比較兩腳的襪子有沒有拉得一樣高、袖子有沒有折得一樣寬⋯⋯這林林總總的「龜毛小事」，就是有完美主義的孩子給父母帶來的頭痛之處。

有一次，我發給每人一個盤子，讓三個小孩吃蛋捲，同時告誡孩子們：「蛋捲的屑屑要掉到盤子裡喔！」其餘兩個孩子都順從的點點頭，唯有那個喜歡邏輯思考的孩子反問我：「吃蛋捲一定會掉屑屑嗎？」

在受到孩子經常性的邏輯挑戰時，我也不禁承認，有時我會想拿出權威甚至是拳頭，來解決問題，像情緒型的父母一般，要求孩子聽命就沒事了，尤其是當自己已失去耐心的時候。但多半

我還是期許自己，要進入孩子的邏輯中去瞭解他們，而不是用自己已經固定的想法，去要求他們服從。

當我知道自己的孩子是所謂的「資優生」之後，我並沒有用特別的方式對待，比如帶孩子去測試他究竟在哪一方面特別之類的。我只是順其自然地接納，默默觀察這個孩子。我想身為接納型的父母應該把孩子的聰明，看作是一份從天上帶下來的禮物，不需急於挖掘孩子的天份。我始終相信只要讓孩子生活在沒有扭曲和傷害的環境裡面，隨著孩子年齡的增長，這一份從天上帶下來的禮物，自然而然就會有開展與發揮的時候。

父母的教養方式，會深深地影響孩子，是因為孩子會從父母的態度中學習到，並且隱隱約約地知道：自己的生涯發展是否需要得到父母的同意。如果父母對孩子過度控制，這只會讓孩子延後自我評估與反思的機會，到中年所引發的危機就可能會比別人嚴重，因為他之前不是自己做的選擇，到中年對自己的生涯重新評估時，他可能就會發現，原來過去所做的一切都不是自己真正喜歡的，也不是自己想要的。

（三）權威者的示範作用

我曾經為普通心理學班上的學生做田納西量表的自我測驗。有一年，我發現其中一位學生的「家庭自我概念」（意指自己是否喜歡成為家中的一份子）十分低落。於是我約他聊一聊，經我詢問後發現，這位學生的雙親都是教師，但是他卻非常討厭教書的工作，原因是他的家族裡面的親戚都是醫生、律師，他的父母卻都「只是」小學教師，這在他們的家族裡是一個說不出的羞恥，所以他從小就活在這種羞恥中。這就是權威者的示範作用的一個

例子。這裡指的權威者不止是父母，還包括家族、親戚、祖父母、學校的老師，甚至是兄弟姊妹等等。

這些權威者之所以會有影響力，是因為權威者常掌有讚賞與貶損的生殺大權，而讚賞與貶損的基礎是比較，當權威者試圖要在同一個基礎上把我們與他人放在一起比較出高下時，我們便難免要受影響了。但是我堅信每個人都是獨一無二的，在不同特質強度的組合之下，天下沒有另一個人與我相同、與我們的孩子相同，因此人是無須比較的，每個人只要能夠表現出本身的獨特之處就是好的！權威者常常是以成就和名利來做比較和衡量，這會影響孩子的觀念，使孩子誤以為比較是正確的，而且當自己比輸時便覺得自己一無是處！殊不知，這只會造成孩子的自卑和自我概念的低落。

在童年的經驗中，父母是權威者的典型代表，如果父母常帶著比較的眼光，以成就名利來比較孩子，常造成孩子心裡也是如此的認定。除了父母以外，家族中的長輩和學校的老師在這方面也都扮演著重要的角色。

我曾經在童年時遭遇過類似的情形，使我對日後與權威者的關係建立產生了很大的負面影響。事情是這樣的：在我國小五年級的時候，由於家裡很窮，白天父母都出外工作了，較年長的姊姊們也出門賺錢去了，僅剩下三個小孩待在家裡。當聽說學校的老師要來做家訪時，大家都興奮、緊張得不得了。怎知當老師看見家中窮苦的模樣，在例行性談話結束後，就對我們三兄妹說了一句話：「錢玉芬，你們家這麼破，應該拿學校的舊報紙回來黏一黏吧！」

這句話直到如今我仍記憶猶新。從小就自卑的我，加上老師

口中的話，就更覺無地自容了。家訪後第二天上課的時候，我自卑得不敢正視老師，這也影響我長大後，上課不習慣看老師，因此我總是在聽課的時候不由自主的打瞌睡，直到如今。這就是權威者所帶來的負面影響。

這些負面影響必須自己察覺，即便是專業人士，也無法為你斷定，因為相同的遭遇在不同的人身上，也會產生不同的影響。每一個遭遇都可以有兩極化的發展。它可以是正面的影響，即認同與接受；也可以是負面的影響，即抗拒與逃避；甚至是正負影響皆有的情形。例如：早期缺乏愛的經驗，會使一個人對愛的需求像無底洞一般需索無度；另一個極端就可能變得很冷酷，不願意再付出愛。這種種的表現都是因為生命受到了扭曲的結果。這些扭曲都需要自己親自去檢視，童年經驗不論帶來的是正面還是負面的影響都是不容忽視的。

（四）家庭互動的深刻經驗

我有一門課會讓學生自己命名自己的人生劇本，劇本的名字可以自由地發揮。有一次，一個學生寫的人生劇本名字十分特別，她的劇本就取名為：「我要賺錢」，乍看之下，我以為這位學生是在開玩笑。當她到辦公室交作業的時候，我邀請她坐下來聊一聊，並且詢問她有沒有弄清楚老師出這作業的精神與重點？這個學生的外表看起來乾乾淨淨，整整齊齊的，已經是大四的學生了，她卻仍然是清湯掛面的高中生模樣，看起來不像是會與老師開玩笑的學生。

果然，她並沒有開玩笑。她很平靜堅定的對我說：她發現從小到大，在家裡和在她的生命中，所有的不幸都跟錢有關。所以，

她認為只要賺到了錢，就可以改變自己的人生，從此就可以過著
幸福快樂的日子。而她一生的目標，就是要賺錢！因為她所念的
科系並不熱門，並不能讓她將來賺大錢，因此她選擇雙主修另一
個熱門科系，想藉此取得某種資格，好讓她將來賺大錢。這就是
與原生家庭互動所帶來的深刻影響。

　　只是這樣的生涯決定好嗎？也許目前這位同學生活因為目標
明確，而忙得很充實，看起來很不錯，但是在長遠來看卻仍不理
想。當人生步入中年階段的時候，人是會對自己的生命重新評估
的。到了那個時候，我們會發現，其實人生最重要的，並不在於
賺錢，而是追求有永恆價值的意義。如果這個女孩要等到中年才
體會得到這個道理，這對她生命的開展而言，會是一種損失！

　　本書的終極關懷是在於人的生涯發展是否能完全發展自己的
特色，而這個課題的設計，就是為了能讓讀者可以重新檢視自己，
以免自己到中年的時候才突然發現自己的生命投資錯了方向。趁
早檢視自己，才能夠減少未來在午夜夢迴時的懺然與懊悔！

二　原生家庭的經驗會影響生涯發展的哪些面向？

　　前一部分所描述的四個方面，都在說明人的生涯發展深深地
受原生家庭和成長經驗的影響。在這一部分，我想進一步說明：
這些原生家庭的經驗到底會影響職業生涯的哪些部分？根據一些
實徵研究的報告發現，原生家庭的經驗會影響我們對職業的自我
概念以及職業認同與生涯的選擇，以下我就從這兩方面分別來加
以描述：

（一）職業的自我概念

你覺得自己會是一個好的工作者嗎？

你認為自己是一個優秀的人才嗎？

你覺得自己會是一個事業成功的人士嗎？

你對這些問題的回答，所透露出來的訊息，其實就是所謂的職業自我概念。有研究發現：正向的職業自我概念與健全的家庭有關。如果一個人的家庭功能從小就不健全，研究發現他的職業自我概念也會比較偏向負面。那麼，正面的職業自我概念就一定是好的嗎？答案是肯定的。

我甚至要更誇張地強調，負面的職業自我概念就是天大的謊言！我常常自覺像是拆除大隊的一員，專門大聲疾呼地要人們去發現在成長的過程中，自己的生命裡面所建立的許多違章建築裡面包括很多不合理的想法、不合理的情緒、不合理的自我概念跟認知，這些違章建築一旦被發現，就應該立即拆除。因為每一個人都應該是一座榮美華麗的宮殿，但長久以來卻被這些不合理的情緒與負面的自我概念，恣意凌亂地堆砌，以致使自己的建築歪歪扭扭，十分難看。

十幾年來，我經歷了深刻的自我拆毀與重建，也同時陪伴一些人做同樣的工作。於是我們都發現，每個人其實都是「天才」——具有天賦的人才，只要努力去發揮自己的特質，並且不讓負面的自我概念所欺騙，自身的價值都是不容懷疑的！我發現自己是一個絕對有價值的人，而且這個價值並不需要什麼條件來交換與證明，這才是自我肯定的核心概念。

我在 1991 年開始擔任大學的教職，由於當時的職業自我概念

很差，我心裡深處認定學生一定不會喜歡我，我的口才不好，上的課一定枯燥極了。果真每次上課的時候，大約就有三分之一的學生會睡著。當講台下睡覺的學生愈來愈多的時候，我心裡就愈慌，上課的要求也變得愈來愈嚴格，例如：當年我教外系的普通心理學，就要求學生用原文書（其實我後來發現對外系的學生而言，修普通心理學最重要的是建立他們對心理學興趣與基本素養，不適合以要求本科系學生一樣的標準要求他們），因為我想在學生發現我教得不好之前，可以先指責他們不夠用功，因此我與學生的關係是對立的。

當我深刻的檢視自己之後發現，原來是我自己先假設學生不喜歡自己，也不認為自己會是一個好老師，因此如果自己不嚴格一點，就會露出馬腳……，這就是負面的職業自我概念。當有如此的發現之後，在教學上，我開始轉變態度與方法，我從以前壓迫式的教學慢慢調整成為今天願意和學生一起教學相長的救贖式教學，經過內省之後，我發現原生家庭經驗帶給我的負面影響已經很深地建構在我心裡了——我認為自己不是一個好的工作者，不會受主管青睞，即使再投入工作也只會是個三流角色……，唉！如今回想起，實在不勝欷歔。

（二）職業認同與生涯選擇

原生家庭的經驗深刻的奠定一個人職業的自我概念，因著職業的自我概念不同，每個人所擁有的職業認同與生涯選擇也就完全不同。我長大成人之後，內心深處很擔心自己會沒有穩定的工作，像我的父母一樣，於是我最「遠大」的理想，就是能在公家機關上班，還記得碩士學位即將完成之際，一公職單位有意以約

雇的方式聘用我，知道這個消息之後，我真是喜出望外……。當
然，各位也一定猜到最後的結果，我並沒有去擔任那個約雇之職，
否則也有沒機會在此為各位寫這文章，不過我還是走進任公職的
道路，只是職位與所擁有的影響力，是我從未想像過的，我只能
以「恩典」來形容我後來職業生涯的發展，因為早已超越我所求
所想的太多太多……。

　　我從自身的生涯路徑中發現，若任由自己的童年經驗去影響，
甚至實現那樣的職業認同與生涯選擇，對自己生命開發無非是一
種無形的侷限，甚至是損失。因此，我們實在需要有洞察力去瞭
解童年經驗對我們所造成的影響，如此才有機會擺脫被侷限的可
能性。

　　童年經驗只影響職業認同與生涯決定嗎？當然不是！我在近
10 年來的探索中陸續地從實徵研究中發現，童年經驗的影響範疇
相當廣泛、也相當深遠。就深淺程度而言，童年經驗的淺層影響
會表現在一個人的行為層面上，而深層的影響則會深入到一個人
的情緒模式與內在的自我認定。關於這部分，我將於下一章再詳
加討論。

第六章

生涯的探索 (二)
——人生劇本大考驗

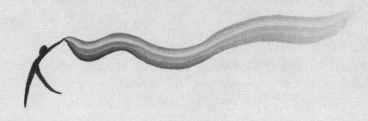

全 人 生 涯 開 展

生活彩虹

再一次回到童年，拿著自己的脾氣、欲求、困惑、矛盾、傷害、健康與疾病，以及看自己的眼光，看看可有軌跡可循？

從我們腦中常出現（或夢裡、或經催眠才出現）的圖像，或從玉芬老師帶來的人生劇本量表，我們嘗試鏡照自己原來是這樣在編導演生命！

啊哈，啊哈！

這樣的了悟或喜或悲；這樣劇本，隨你命名。但千萬別成了永不脫身的包袱和不求進步的枴杖！

玉芬老師引導我們對人生劇本背後負面的情感記憶作哀悼，讓傷痕也長成獨特自我的一部分，重新定位，再出發！

一真，2007

童年經驗的影響，其實不只是生涯發展而已……

你經常鬧脾氣嗎？

你喜歡自己嗎？

你的人際關係會讓你感到困惑嗎？

你愛你的父母，可是卻又不知道如何跟他們相處嗎？

……

上述這些問題是否曾在你獨處靜思時閃過你的腦際？你可以想像這些問題的答案都跟童年經驗有密切的關連嗎？上一個部分曾論及童年經驗的影響範疇相當廣泛、也相當深遠。我們可以從圖 6-1 看到童年經驗所影響的不同層次，這個層次圖是我近 10 年來彙整許多與童年經驗有關的實徵研究所獲得的初步結論。

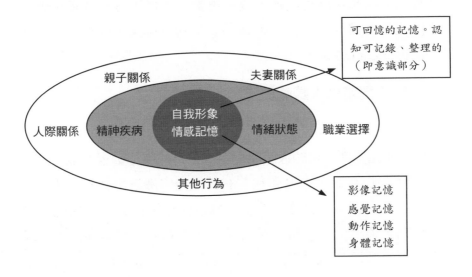

圖 6-1　童年經驗影響的層次圖

我在圖 6-1 中把童年經驗的影響層次，分為三個部分，最外層也是最淺層的影響是在行為關係層次，其次居中的是一個人的情緒狀態層次，最深層的影響則是自我形象與情感記憶層次，許多研究與觀察都紛紛發現，童年經驗對於這三大層次中的各項主題皆有深刻的影響，以下將分四個主題來介紹。

一　童年經驗對各種行為與各種關係的影響

童年經驗在行為與關係的層面上有深刻的影響，在我所彙整的資料中，這個層面又可分為人際關係、親子關係、夫妻關係、職業選擇以及其他行為等五部分。其中，童年經驗與職業選擇的關連性已於前文中詳細論述，故不再贅述；以下分別就童年經驗對人際關係、親子關係、夫妻關係以及其他行為（以犯罪行為為例）之影響進行討論。

（一）童年經驗與人際關係

童年經驗在人際關係的呈現，可從精神分析學派的客體關係心理學（研究早期內化的人際關係對人們造成何種影響）來探討。精神分析學派發展到 1970 年代左右稍微走出佛洛伊德的傳統，產生了所謂的「新佛洛伊德學派」。佛洛伊德早先非常強調生物本能的觀點，強調「性」是人類內在的基本動力。而新佛洛伊德學派則跳出了這種思想的窠臼，轉而強調個體早期人際關係的重要性。

新佛洛伊德學派的學者認為，由於人類生活的群居性，人與

人之間的相互影響會大過生物的本能，因此社會性的因素（即人際）對人的影響力重於生物性因素。即便如此，客體關係心理學仍舊承襲了精神分析學派的傳統，仍將焦點著重於人的早年經驗，因此研究重心是在於早期內化的人際關係對個人所造成的影響；所謂早期內化的關係指的是將生命早期「與他人的關係」透過學習歷程內在化為自己的一部分，並且在日後的生命中不停地重複出現。例如：若某個人小時候與其照顧者之間是一種疏離的關係，則他長大之後會將這種內化的疏離關係表現於外，而習慣性地與人疏離；相反地，早期過度黏膩的人際關係，也會導致日後過度依賴或無安全感的不健康人際關係。因此，當我們談到目前的人際關係時，不能不回過頭去審視自己的童年，或者說是早年經驗。

（二）童年經驗與親子關係

　　關於童年經驗對親子關係的影響，這部分的研究成果是相當具體的。許多實徵研究的結果指出，親子之間負面話語與對待方式會有代間傳遞的現象。許多研究者發現，從前自己怎樣被父母責罵，長大以後就很容易用相同的方式來責罵小孩。因此我們應當有所警覺，很多父母自己小時候最不喜歡被用什麼方式來對待，長大以後反而卻很容易用這些方式來對待他們的小孩，因而一直活在懊悔當中。

　　這是因為這些行為模式已經被他們內化、建立在自己身上，無法消除。因此，從親子間負面話語的研究來看，童年的成長經驗會對於日後的親子關係造成影響。而在虐待經驗的研究方面，實徵研究的結果也發現，受虐的父母自己經常也是受虐兒，處罰、責打小孩的方式也會代間傳遞。這實在是一個令人難過卻又相當

無助的發現，在我自己擔任親職的經驗中也發現，對待我的孩子，我承襲了我父親的嚴格，雖然屢次發現時皆想立即革除，但總無法完全翻轉，雖然我知道我屢有進步。因此生命的變化實在需要不斷發現與堅持改變，否則重回窠臼是很容易的事。

（三）童年經驗與夫妻關係

　　許多從事婚姻輔導實務的專家都發現，很多適應不良的婚姻，常有個深沉的原因，那就是肇因於婚姻中的一方，在其成長過程中缺乏某些特定的經驗，以致造成他們在婚姻中有兩極化的表現。

　　這些成長中應該要擁有的經驗包括經驗到安全有保障、獨立運作、與重要他人有穩固的情感聯繫、受人珍愛、能夠流暢的表達自己、能夠放輕鬆玩得開心，以及在限制中活得自在等；這些需要其實是反映出人在發展歷程中各個不同時期的發展目標。若是嚴重缺乏上述經驗，一段婚姻中的任何一方都可能會有兩極化的表現，不是讓對方受不了，就是引發自己情感不穩定（不忠）的狀態（請參考表 6-1）。

表6-1　成長的需求與缺乏後在婚姻中的表現

有安全感，有能力的，人必須有的成長經驗	缺乏時，在婚姻中的表現
安全有保障	▶ 被遺棄或虐待 婚姻中的角力賽→不忠（誰少一點需要對方就贏了） 過度依附→造成配偶受不了
獨立運作	▶ 父母潑冷水，阻礙獨立生活 反叛以宣告獨立→不忠 羨慕又害怕配偶獨立→配偶受不了
與他人（重要他人）有穩固的情感聯繫	▶ 父母不夠關愛，在感情真空的環境中長大 不斷的找愛，也不斷的感到孤單→不忠 壓抑愛意，或對人有令人窒息的要求→配偶受不了
受人珍惜與疼愛	▶ 常被批評，覺得自己很差，很羞恥 無法招架別人的欣賞，不斷尋求支持的眼神→不忠 無法與配偶有親密、完整的交往，不能珍愛→配偶受不了
能夠流暢的表達自我	▶ 無法自我表達，取悅別人，壓抑自己 維持表面和諧，卻認為自己受害→不忠 從不說出自己的需要，維持假性親密→配偶受不了
能夠放輕鬆，玩得開心	▶ 無法輕鬆玩樂 藉由發展婚外情而實現自我放縱→不忠 沒有享樂、浪漫與創意，只有強迫性的習慣→配偶受不了
在限制中活得自在	▶ 無法接受現實的限制 視配偶不能符合你的需要→不忠 覺得自己應該受到關愛，卻很少關愛別人→配偶受不了

資料來源：作者彙整。

　　例如：在成長的過程中沒有經驗過安全有保障的個體，長大之後不願將自己沒有獲得的給予配偶，因而在婚姻關係之中陷入一種角力賽，而陷入「誰少一點需要對方就贏了」的迷思當中。這種從熱戀走到婚姻當中卻變成冷戰、漠然的情形在社會上屢見不鮮。而缺乏安全有保障的經驗在婚姻中另一種表現的極端則是過度依附。例如有的太太即使是先生到樓下的便利商店買個東西都要叫他帶手機，即是屬於這種情形。這種情形長期下來容易導致先生有一種窒息、被束縛的感覺，因而當有一天外面有其他女人不對他要求責任的時候，他很可能就會為了追求這種解脫感而發生外遇。以上描述的這兩種人雖然在外表上看起來南轅北轍，毫無交集，然而在他們內心的最底層，卻都是肇因於相同的經驗基礎：缺乏安全有保障的成長經驗。

　　幼兒期與學齡前期的發展目標之一便是獨立運作，然而有些人卻缺乏這一類的成長經驗。例如：從小受到父母嚴格控制的小孩，長大之後很可能在婚姻當中會利用「反叛」的方式來宣告自己的獨立。

　　缺乏與重要他人有情感聯繫這類經驗的人，長大之後則因為和他人的情感聯繫不穩固，因而容易落入不斷的找愛，也不斷的感受到孤單這種迴圈當中；或者是反過來壓抑自己對他人的愛意，而對對方有令人窒息的要求。

　　受人珍惜和疼愛的經驗對於人的健康成長來說是另外一個非常重要的因素，缺乏這類經驗的人長大以後可能會無法招架別人的欣賞、不斷尋求支持的眼神，因而造成不忠，或者是反過頭來無法和配偶形成親密、完整的交往，不能珍愛對方。而且在他身上很可能同時存在著這兩種對立的行為模式，因為他一方面很渴

望得到，但另一方面又給不出去。

　　而缺乏「能夠流暢地表達自己」的經驗，有可能導致婚姻中的一方在維持表面和諧的同時，卻深深的覺得自己是受到剝削的受害者，或者是反過來，他從不說出自己的需要，只在表面上維持一種假性的親密，因而使得配偶受不了。

　　缺乏「能夠放輕鬆，玩得開心」這類經驗的人則可能會藉著婚外情來達成自我放縱的慾望或者表現在另一個極端上，就變成在婚姻之中沒有享樂、浪漫與創意，只有強迫性的習慣，因而造成配偶無法忍受的結果。

　　最後，有些人可能從小生長在富裕的環境當中，因而從來沒有接受過現實中的限制，因而這類人在婚姻當中可能無法從配偶身上獲得完全的滿足，而造成不忠，而且這種不忠不會有任何罪惡感。或者他可能認為自己理所當然應該受到特別的關愛，最後導致配偶無法忍受的下場。

（四）童年經驗與其他行為

　　以性犯罪的行為為例，犯罪心理學的研究經常發現，從性犯罪者的身上，我們可以看到，他們的犯罪行為幾乎都有童年創傷經驗的基礎。例如：戀童症的患者，經常在小時候自己也有受過類似性侵害的經驗；更甚者，他們自己在幾歲的時候受到侵害，長大之後便會特別傾向去侵害，或者是誘騙那個年紀的小孩。

　　此外，尚有許多近幾年相關研究進一步發現，負面的童年經驗（adverse childhood experiences）與成人許多不健康的行為有關，如：菸癮、酗酒、女性危險的性行為、成人的憂鬱、英年早逝、無家可歸（homelessness）的經驗等，甚至憂鬱症女病患大腦

中海馬迴的大小也會小一些。

二　童年經驗對情緒狀態與憂鬱症的影響

　　童年經驗會影響一個人慣有的情緒狀態，例如：在常吵架的家庭中長大的孩子，長大後也會容易經驗到憤怒的情緒；習慣冷戰的家庭成員，也會較習慣以冷漠的方式來處理負面的感受。甚至有研究發現童年的經歷也會是一些精神官能症疾病的遠端因素，其中最明顯的就是憂鬱（depression）與憂鬱症。陳伯璋（1987）所做的研究以及相關的文獻均指出，成人的憂鬱症狀若追溯過往經驗，其實可以在早期看到一些脆弱因素，這些脆弱因素會形成患者的病前性格，這些病前性格會造成患者有某些特定的、不理性的認知型態，而這些特定、不理性的認知型態在促發因素發生後，就很容易引發患者的憂鬱症狀（請參考圖6-2）。

　　脆弱因素主要分為兩大類：第一類是不良的家人互動關係，例如：家人間會吵架或者是因為行為表現的標準不一致而產生的衝突；第二類則是親離或親亡的經驗，這種經驗會導致個體的依附感被剝奪，例如：父母親離婚、重要親人的死亡等等。

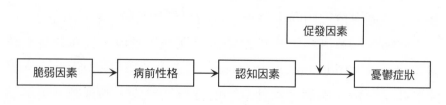

圖 6-2　憂鬱症的病因與歷程

從和過去經驗的關連性來看，憂鬱症可以分為內射型憂鬱症（introjective depression）和依賴型憂鬱症（anaclitic depression）兩種。研究指出，內射型的憂鬱症經常和不良的家人互動經驗有關。這些人從小受到親人的過度要求，因而造成內在標準過高的病前性格，只要達不到標準，他們的心情就會受到影響。而他們的促發因素則是和成就有關的一些事件。另一方面，依賴型的憂鬱症則與親離、親亡的經驗，甚至是愛的失落經驗有關，而會導致這類憂鬱症狀的促發因素則多半是一些和情感有關的事件，例如分手或離婚。

三　童年經驗與自我形象

　　不論是親子關係、夫妻關係、人際關係、職業生涯以及各種行為，都是最外在的表現，在這些不同的外顯行為底下，其實是有情緒模式為基礎的，人慣有的情緒模式可以使人表現出不同的情緒狀態與精神官能症。然而，在最深層的地方，所潛藏的其實是自我形象的問題。一個人的自我形象到底是怎麼形成的呢？讓我試圖從一些古典的自我理論，作一些論述。

（一）自我二元論

　　十九世紀末期，當科學心理學尚在萌芽階段，此時心理學對於人的探討仍在提出概念的階段。著名的社會心理學者 William James 就提出了自我二元論，他認為人的「我」可以分為兩種狀態，即「I」與「me」。其中「I」是主詞，代表的是主動；「me」

165

則是受詞，代表一種被動、接受的狀態。「I」會主動從在外界環境中蒐集資料來形成「me」，而「me」則忠實的反應並呈現「I」所蒐集的資料，而一個人的自我狀態於焉成形。

「I」最重要的功能在於蒐集資料，因此當心理學家在談論人的自我如何形成時強調，最重要、也是影響最大的途徑，便是人際互動。例如：在上課的場景當中，若台上的老師賣力講課，台下的學生卻昏昏欲睡，此時這位老師便容易產生自己課上得不好、枯燥無趣，甚至自己不受學生歡迎的自我形象。當這位老師的「I」將這樣的訊息蒐集回來，並且在自己的書本當中將它寫成「me」，之後他便會用這樣的資料來自我定義，並且表現出會進一步加深他這種自我形象的其他行為。

人際間的互動早在我們還在母親的子宮裡時便已經展開，及至長到 1 歲半左右，小孩便會開始表現出好惡的情緒，特別是「愛」的情感。設想某天，一個 2 歲左右、很愛爸爸的小孩蹲在門口，準備等爸爸回來的時候，模仿媽媽平常的樣子為爸爸遞上拖鞋；然而爸爸今天白天諸事不順，不但在公司被老闆罵、跟同事吵架，股市又狂跌，甚至在回家時還遇到塞車，因此回到家的時候已經精疲力竭。當他好不容易回到家，小孩準備要為他遞上脫鞋時，他完全沒有看到這個動作背後所代表的含意，反而一把將他推開，「走開啦！爸爸今天很煩！」他說。

在這樣一個人際互動的場景當中，這個孩子會看到怎樣的自己？在這個年紀，他還沒有能力去體會爸爸今天在外面所遭受的諸多挫折，但是他仍然不可避免地會受到這個人際互動場景的影響，而使他的「I」蒐集資料來寫成「me」。在這個情景之下，這孩子可能會懷疑爸爸是否不喜愛自己所為、自己不討人喜歡，甚

至自己是不是做錯了什麼。

從這裡我們可以回顧之前提過的，精神分析學派之所以如此重視早期的經驗，正是因為在這個時期「me」的資料還不多，因此「I」會更努力的蒐集資料來幫助一個人建構自我形象；因此早期的人際互動對於自我形象所產生的影響應當是更深遠的。

（二）鏡子理論

繼 William James 於 1890 年提出自我二元論之後，Cooley 與 Mead 又分別提出類似的觀點，稱為「鏡中自我」或「鏡子理論」。這些觀點認為，當人們從事人際互動的時候，彼此會成為一面鏡子相互照映，並且進一步影響對方的行為與自我定義，不論在任何一個人際互動的場景中皆是如此。

（三）神學上的心鏡現象

在心理學家提出自我二元論之前，《聖經》創世紀三章七節中便描述夏娃吃了分別善惡樹的果實之後，又拿給她的丈夫吃；她的丈夫也吃了之後，「二人的眼睛就明亮了，才發現自己赤身露體，於是為自己編織裙子……」。神學家 C. S. Lewis 在詮釋這一段文字時，認為所謂的「二人眼睛明亮」乃是指「人獲致了從外在環境來看自己、定義自己的能力」。神學家認為人原本沒有這種能力，因為他原來看事情的眼光和上帝是一致的；在上帝的眼光中一切事物看起來皆美，因此從前亞當雖然看到夏娃赤身露體，卻不會感到羞恥。然而他在吃了善惡樹的果子之後，再看到夏娃卻會感到羞恥，這顯然是肇因於「眼光」的轉換。因此 C. S. Lewis 將「人獲致從外面看自己的能力」稱為「心鏡現象」，並且

認為這樣的能力也成為人日後在看待己身時所抱持的普遍原則。

　　我們都是從環境中與人的互動、與事物的互動之間所產生的點點滴滴來作自我定義，而自我形象於焉形成。以精神分析學派為主的一些心理學者更強調早年的人際互動對於人具有決定性的影響，以致於人所形成的自我形象與早年經驗之間的關係無法脫鉤。

四　童年經驗與情感記憶

　　為什麼童年經驗對一個人的影響會如此深遠又難以自拔呢？我從這 10 年來的實務經驗中發現，那是因為早年經驗的言語記憶是較少的（因為語言的成熟需要時間），而那些無法以語言描述的部分則會形成所謂的情感記憶，其中又包括影像記憶、感覺記憶、動作記憶與身體記憶等。這些部分不一定有語言的基礎，但發生時常伴隨著強烈的情感記憶，因此，有一些心理治療學派，例如完形治療在醫治案主的過程當中，案主常會經歷相當的情感發洩。

　　所謂的影像記憶是指回憶出經驗的影像的部分，而感覺記憶則是指對於外界刺激所產生的感覺所留下的記憶，例如被打了一巴掌後臉上對灼熱感的記憶。弗洛伊德等人早期在研究歇斯底里病人的時候，曾寫過一個個案是一位婦女在與其丈夫行房時會經歷歇斯底里的症狀（即無生理基礎的狀況下經歷到生理的痛苦）。在這位婦女的後續治療中，她回憶出一個早已遺忘的影像，內容是她父母親行房的過程。這個影像記憶不知不覺的影響著她，直

到她進了診療室之後才發現原來困擾她的歇斯底里源出於此。

　　什麼又是動作記憶與身體的記憶呢？以下是個令人欷歔的例子。

　　在探索動作的團體進行的時候，一個大男生突然蹲在那裡失控的哭了起來，原因是「蹲」這個動作勾起了他的情感記憶。這讓他想起小時候，他常常蹲在爺爺奶奶家的門口，等待爸爸媽媽週末來接他回家。可是他經常失望。這個動作讓他聯想到以前那樣看著長巷轉角處的情景，和最後帶來的失望情緒。

　　影像記憶、感覺記憶、動作記憶或身體記憶雖然都是非語言的記憶，但它們都有其情感的內涵，這些記憶會在我們成長的過程中不斷的累積，並且和語言的記憶一樣對人們日後的行為產生種種影響。然而，必須注意的是，記憶是建構的，也就是說，在某些情境下，記憶有可能是人自己建構出來的，而實際上並不存在。但當我在談童年經驗的影響時，必須強調：即使是虛構的記憶，我們仍深深地受影響，因為人不是受客觀的事實所影響，而是被主觀的認定所影響，因此我陪伴人去整理童年經驗的目的，不在於要將現在所遇到的困難或是不順遂，完全歸諸於過去經驗的影響，也不在於找出元兇，而是要去找出過去我們以為所受到的不適當對待所造成的後果，並試圖去對抗這種不健康的影響，並且去體諒過去對我們造成傷害的那些人，因為他們身上也可能背負的種種限制與各種令人傷心的經驗。

五　我們該怎麼辦呢？

　　從前述的各項探討中其實不難發現，不管我們願不願意，透過早期的各項情感性的經驗，我們形成了自己對自己的看法與對自己的定義，有人將之稱為自我形象，也有人稱之為人生基調，更有心理治療的溝通分析學派稱之為人生的劇本。

　　不管是自我定義或是人生劇本，重要的是它一旦形成，便會侷限我們行為的表現與生命的發展，如果一個人終其一生不去發現這些人生劇本，並重寫一些不利的或負面消極的劇本的話，他個人的生命便會不自覺的受到牽制，無法開展出精彩燦爛的人生。因此本文最後要與各位一起思考，面對負面的童年經驗已造成的影響，我們應該如何因應，才能擺脫過去負面經驗對生命所造成的虧損。

（一）認識並且承認自己有負面的人生劇本

　　過去 10 餘年來的實務經驗，讓我有個很深的感觸，我肯定幫助人去察覺侷限自己生命的經驗來源與內涵，是翻轉一個人生命的關鍵之舉，只是多年來我也看到許多人不能甚至是不願意去察覺，因為察覺的過程需要敏銳、勇敢，甚至要有再經歷痛苦的準備。

　　為了幫助願意察覺的人能有初步的成果，我於 2002 年匯聚了過去 10 年深度多次的傾聽兩百多人生命經驗故事，自編了一份人生劇本的問卷（請參考本章附錄），這 2 年多以來，雖然沒有做

正式的信度、效度分析，但從做過此份問卷的人的回饋中發現，這份問卷的確能在短短時間內，協助一個人對自己過去生命所形成的核心問題有所察覺。

我們並不能避免自己形成負面的人生劇本。對於已形成的人生劇本最重要的就是要認識並且承認它。不承認的結果就會被它帶著走；承認了，才可以帶著它，並且尋求突破侷限的出路。例如：我因為童年貧窮的被羞辱經驗而引發的自卑，當承認它的時候，自己才會有能力帶著它去謀求改寫劇本的途徑。

在附錄的問卷中，我編製了九個經常出現的人生劇本的關鍵問題，透過問卷的回答與計分，再參閱表6-2對於每個人生劇本名稱、現況、成因、與內在決定的摘要描述，相信你可以對自己過去經驗到底形成了什麼樣的核心問題有初步的瞭解。當然我也要提醒一點，這個問卷並不能涵蓋你所有的問題，因此你還是需要培養敏銳的自我察覺的能力，才能對自己的狀況有更詳盡的掌握。

（二）哀悼負面的人生劇本背後所累積的情感記憶

當你透過上述的人生劇本問卷，發現自己生命中的內在問題之後，該如何才能讓自己擺脫人生劇本所帶來的侷限呢？重新哀悼過去的負面經驗一直是有效的途徑，哀悼負面的情感記憶，讓負面的情感記憶所累積的情緒能量有一個出口。當一個人能正面的去面對這些累積的負面情緒經驗之後，才能夠以理性的角度來看周圍的人、事、物。否則如果一直活在由童年經驗所建構的人生劇本中，一方面會侷限生命的潛力，另一方面可能甚至會花大量的時間與精力實踐劇本所建構的人生內涵。

我曾經輔導過一位學生，她向我訴說在同儕中的孤單，我就請

表 6-2　常見的人生劇本名稱、現況、成因與內在決定一覽表

人生劇本名稱	現況	成因	早年的內在決定
不會有人喜歡我	▶ 渴求愛、也拒絕愛	▶ 不受珍視	▶ 我不值得被愛 ▶ 不會有人無條件愛我
我不行呀	▶ 不敢作決定	▶ 被過度限制 ▶ 被過度保護	▶ 我一定做不好 ▶ 我不能自己作決定 ▶ 我希望有人幫我拿主意 ▶ 我的決定老是出錯或被批評 ▶ 我不想再自己作決定了
不要像小孩子	▶ 喜歡關心或照顧別人 ▶ 不喜歡或不接受別人的照顧 ▶ 不能享受孩子式的歡樂 ▶ 沒有幽默感 ▶ 沒有創意	▶ 排行老大 ▶ 家境突遭變故，或一向困難 ▶ 被要求快點長大	▶ 我要變大人 ▶ 我不能孩子氣 ▶ 要理智成熟才好
拒絕長大	▶ 很孩子氣 ▶ 無法與之深談 ▶ 很依賴 ▶ 能力上自我設限	▶ 沒有安全感的父母，害怕孩子長大會離開自己，而給予嚴格的控制	▶ 當大人好累喔 ▶ 我如果離開父母就會使他們難過

表 6-2　常見的人生劇本名稱、現況、成因與內在決定一覽表（續）

人生劇本名稱	現況	成因	早年的內在決定
不可能成功	▶ 成就壓力大 ▶ 到處都充滿挫折	▶ 經常被挑剔 ▶ 常被比較 ▶ 超高標準的設立	▶ 我一定不會成功 ▶ 好表現只是一時運氣，下次就不一定了 ▶「有高標準的人，他的字典裡沒有成功！」
不要存在	▶ 憂鬱 ▶ 沒有存在的價值感 ▶ 容易有自殺念頭	▶ 父母（或重要他人）用語言或非語言的方式，表達對當事人的否定 ▶ 高標準 ▶ 愛的失落經驗	▶ 死了也好 ▶ 活著很累 ▶ 只要你需要我，我會用百倍、千倍的好回報你
別靠近我	▶ 有距離的「好人」 ▶ 害怕被愛，被親切對待	▶ 情感上被孤立或忽視 ▶ 身體被拒絕	▶ 我不敢愛別人，別人也不會愛我 ▶ 和別人不要有太深入的交往，不然，他們就會離開我
但願我不是我	▶ 不滿意自己的現況 ▶ 羨慕別人，模仿別人	▶ 從小被特殊的期待（性別……） ▶ 常被比較，而且比輸	▶ 我總是不如別人…… ▶ 我真希望成為ＸＸＸ ▶ 我不會比男生「差」

人生劇本名稱	現況	成因	早年的內在決定
表6-2 常見的人生劇本名稱、現況、成因與內在決定一覽表（續）			
我沒有家，這裡不屬於我	▶ 到任何地方都沒有歸屬感	▶ 單親 ▶ 弱勢家庭 ▶ 弱勢族群	▶ 沒有人在等我 ▶ 我沒有家 ▶ 這裡不會接納我，我隨時都可以離開
其他：（可自行命名）例如： ▶ 靠近我的人會倒楣 ▶ 我要賺錢 ▶ 我是美女	▶	▶	▶

她記錄一週的活動與人際互動大要。一週後，她再來找我，並且拿她所記錄的給我看，結果我發現她的孤獨不是因為被拒絕，乃是她拒絕了多次被邀請的機會。美國著名的心理醫師及牧師韋約翰（John White）在 60 歲的時候，才發現因著 3 歲時被隔離的一次經歷，使他暗下決定，不再依靠任何人的情感，這也使他成為一個溫和卻與人有很大距離的心理專業人員。

　　上述的兩個例子如果要以本文所列的九大劇本來加以分析，他們都是屬於有「別靠近我」的人生劇本，以致於在人際上常會經歷到與人有莫名的隔閡與距離。細究其原因，我學生是因為從小與母親的關係惡劣，以致無法與同性別的朋友發展出信任與自然的互動關係；韋約翰則是因為被父母獨自放在家裡，並且經驗到求助無門的痛苦，以致他們都早就決定要與人保持距離。他們不願意太靠近別人，也不願意被別人靠近，如果當事人沒有察覺，他可能一生都無法經歷與發現自己其實可以是熱情洋溢的人。

但是發現了之後，當事人還需要有適當的、安全的環境與機會紓解過去被責罰、被遺棄或恐懼的情緒經驗，才能沒有罣礙的發展出健康且嶄新的人生劇本，否則會容易落入一個看得到、想得到卻做不到的兩難窘境。

　　如何釋放過去負面經驗所累積的情緒能量呢？找一個專業的團體治療課程是很好的選擇；如果過去的狀況不是太負面，也可以先自行處理，自行察覺，我建議你可以先記錄自己從在母腹中直到現在你所經歷過的重大經驗，如果回憶不起來的部分，可以以家人訴說過關於你早年的各種傳說來做基礎。此外，再找一個安靜的時間與空間，放一些柔和的背景音樂，爾後針對自己所記錄的各種說法與事件去回憶與沉思，如果在回憶與沉思的過程想哭，就讓自己的眼淚流暢地表達出來，這就是我所建議的一種 DIY 的方法。

（三）重新評估自己的特色與嚮往後再出發

　　如果你順利地發現與承認自己已建立的人生劇本，並且透過專業的協助與自我察覺的方法（即上述 DIY 的方法），也經歷了情感的釋放，我在此真心的恭喜你，因為你將會在沒有厚重的心理包袱下，重新發展自我。

　　如何重新發展自己呢？我常勉勵學生要懂得認識與欣賞自己的特色，中國人的諺語說得好：「天生我材必有用。」這絕對不是只是激勵人的好話而已，我覺得這句話道出了人生的真相，在天地中你有絕對的、獨一無二的特質是無人可以取代的，因此，只要你認識自己的特色，並盡情揮灑，我覺得你已經站在生涯發展中的一個正確的起點了。當然，認識自己的特色又是一大課題，相信在本書的其他篇章中，你還可以有許多發現與探索的機會。

生活彩虹 全人生涯開展

附錄

人生劇本問卷

回答下列問題時，需要你用沉潛、安靜與誠實的心。

以下有 45 個陳述句，若句子中描述的情形「很符合」自己的情形，請在（　）中寫上（○）；「不確定」請在（　）中寫上（？）；「非常不符合」自己的情形請在（　）中寫上（×）

基本資料

年　　齡：＿＿＿＿＿＿＿

性　　別：＿＿＿＿＿＿＿

教育程度：＿＿＿＿＿＿＿

婚姻狀況：＿＿＿＿＿＿＿

信　　仰：＿＿＿＿＿＿＿

題目	1	2	3	4	5	6	7	8	9
1.我常覺得我一定要夠好，別人才會愛我。 ……………………		( )							
2.我喜歡追求完美。 ……………					( )				
3.我喜歡獨來獨往，不喜與人深交。 ……………………						( )			
4.成長過程中，家人對我不是冷漠就是指責。 ………………					( )				
5.成長過程中，我沒有一個完整的家。 ……………………									( )
6.別人常說我沒有幽默感。 ……			( )						
7.使我工作認真的真正動力是想獲得稱讚。 ………………		( )							
8.活著對我而言是責任，而不是樂趣。 ……………………						( )			
9.別人常說我很會照顧別人。 …			( )						

題目	1	2	3	4	5	6	7	8	9
10.工作或人際關係遇見挫折，我會萌生「我走！」的念頭。…								( )	
11.我是個很會做事，卻不會享樂的人。………………………			( )						
12.別人常說我太天真。…………				( )					
13.我常常羨慕別人所擁有的。…							( )		
14.我經常感受到別人好像很難接納我。………………………								( )	
15.老實說，我在下決定的時候經常舉棋不定。…………………		( )							
16.我不喜歡別人親近我。………							( )		
17.我很難跟別人開開玩笑。……			( )						
18.我父母親現在仍常替我作決定，而且我也覺得讓他們作決定很好。…………………				( )					
19.我很難有知心朋友，是因為我不知道如何與她們談心。……				( )					
20.我覺得把事情做好是應該的，不值得誇耀或快樂。…………					( )				
21.玩樂放鬆的時候我會有罪惡感（或不安）。…………………			( )						
22.我發現我作的決定常會出錯。		( )							
23.別人一本正經的與我談事情會令我害怕。…………………				( )					
24.遇見不順遂的事情或關係，我會有求死的念頭出現。………							( )		
25.在任何地方，我都沒有屬於任何團體。…………………									( )

題目	1	2	3	4	5	6	7	8	9
26.老實說，我生活得相當疏離，很難與環境中的人、事、物產生親密感。…………………						( )			
27.當別人稱讚我時，我會覺得「很假」、「很不踏實」。…	( )								
28.我常對事情訂下成功的標準。				( )					
29.只要有人對我好，我會設法回報他十倍、百倍。…………					( )				
30.我常常希望別人為我拿主意。		( )							
31.我不願意想太複雜的事。……			( )						
32.與人談論心情會令我不知所措。……………………						( )			
33.遇見新的任務時，我內心常擔心「自己做不好」。…………		( )							
34.我不滿自己現在的樣子。……							( )		
35.向別人表達情感，對我而言是困難的。………………							( )		
36.我覺得「沒有條件的愛」只是一種理想，實際上根本不可能。…………………			( )						
37.印象中爸媽常對我說「如果我是男孩（女孩或×××）就好了」。……………							( )		
38.我寧可做一個跟隨者，也不願做一個領導者。………………		( )							
39.我不管在任何地方，都很難有歸屬感。………………							( )		
40.未來是充滿不確定的，我從不敢奢望好運或成功。…………				( )					

題目	1	2	3	4	5	6	7	8	9
41.我心中有個無形的楷模，是我努力追求的方向。…………								( )	
42.我不喜歡被注意，而且我覺得也不會有人注意我。…………		( )							
43.經常為達不到理想的狀態而感到挫折。………………								( )	
44.我常常擔心自己會失敗。……					( )				
45.與人相處，我常常覺得自己很多餘。………………						( )			

答（○）給2分，（？）給1分，（×）不給分　　加總

計分：

1.計算1～9縱軸的分數，答（○）給2分，（？）給1分，（×）不給分。每一縱軸的分數最高是 10 分，最低則是 0 分。

2.將 1～9 縱軸的分數依次逐一在下列【人生劇本】的側面圖中，找到適當的位置，標出特殊的記號。

【人生劇本】側面圖

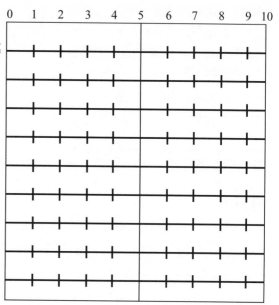

	0 1 2 3 4 5 6 7 8 9 10
1.劇本一：不會有人喜歡我	
2.劇本二：我不行呀！	
3.劇本三：不要像小孩子	
4.劇本四：拒絕長大	
5.劇本五：不可能成功！	
6.劇本六：不要存在	
7.劇本七：別靠近我	
8.劇本八：但願我不是我	
9.劇本九：我沒有家	

解釋

1.先找出分數最高的劇本，那代表你生命的核心問題所在。

2.留意所有劇本中分數高於5的劇本，因為這些劇本都可能在你生命中造成重大的影響力。

3.如果你大多數的劇本分數都很高（達 6、7 分以上），建議你要找專業的心理諮商協談。

4.如果你大多數的劇本分數都很低（在 3、4 分以下），則有三個可能，你得自己察覺：

⑴你童年的負面經驗很少，表示你過去過得很幸福。

⑵你在做人生劇本的問卷時，有相當程度的自我防衛或你的自我察覺能力仍嫌不足。

⑶本問卷的各項題目並無法涵蓋你所經歷過的童年經驗，因此，鼓勵你可以自己為自己的人生劇本命名。

資料來源：錢玉芬設計。

第七章

生命故事敘說──
「伊的生命故事，我的生命故事」

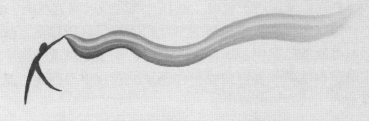

全 人 生 涯 開 展

生活彩虹

我看慎慎老師最美妙之處，是她像導演一樣把台子搭好了，燈光調對了，相機備著，作了簡簡單單的邀請：「來說生命故事！」

　　所有角色都動起來，各按自己的腳本，勁ㄅㄧㄤˋ卻和諧。

　　這串珠般的四次課，光輝奪目，無論說自己、聽別人或再現，分分精彩。

　　看來像鴨子划水般輕鬆自在，其實是因設計精妙，才能像點仙女棒般一觸即發。

　　首先，這門「全人生涯開展」課就是鼓勵說故事的課。其次，早在開課前的三個月，老師就先擬好要特別請來述說生命故事的講座老師。一開學，學生就分組認選，要認識、介紹及重說伊生命故事的講座老師。等這一個個生命主角來課堂時，同學們像pro一樣挑起主持、記錄、訪談大樑，臨場攝記。辛意雲老師及鍾思嘉老師來的那兩場，同學還場邊速記「辛語錄」及「鍾語錄」。

　　再來的高潮就是「重現」伊的故事。

　　我真盼望您也在現場，與我一同經歷驚喜的震撼。

　　誰說年輕的人不長耳朵？我們的同學經由謙虛真誠的瞭解，吸收老師的故事精髓，再以演戲、音樂、遊戲或講述，重現伊的生命故事風華，並以對話、回應及反思我以為最難，當場卻好戲連台的「我的生命故事」。

　　原先「我的生命故事」放在這四次課的壓軸時，讓同學在聆聽他人之後連結自己。後來曾放在講座老師來之前當前導。

　　誰說台灣的大學生上課太死寂？來看、來聽！

　　這一屋子靈魂都迫不及待要開口，生命故事的力量銳不可擋，像夏日驟雨如千軍萬馬，不可言傳的是那相知相惜的默契，雋留在燃燒的眼神裡！

一真，2007

　　說故事和聽故事是生命成長中最自然也最重要的學習方式。從孩提時代開始，我們的四周就充滿各種故事敘說。故事不僅存在於神話、傳說、小說、童話、漫畫、電影、電視劇、戲劇、繪畫、舞蹈之中，故事也出現在教堂的彩繪玻璃，寺廟的雕刻……，故事更在我們生活中的各種事件裡發展……。這些各式各樣的故事情節構築了綿密的網絡，像是收藏浩瀚的「情節資料庫」（libraries of plots）（Sarbin, 1993: 59），提供我們解釋自己的經驗，解釋別人經驗的基礎，進而形成我們的文化價值觀。聽故事所獲得的理解是全面和整全的。故事敘說中呈現出的情感、社會脈絡以及歷史的、社會的、倫理的、經濟的面向，這些多元的，交織連結的主題，都與個人的生活息息相關，無法分離；這些主題是構成每一個人學習開展自我生命進程的重要內容。生命故事敘說，無論是「伊的生命故事」或「我的生命故事」，都是開展全人生涯富有價值的學習方法。

　　「全人生涯開展」是一門生命的課，由同學構思和重塑本身的生涯信念，並瞭解林一真（2000）所提「生活彩虹」全人生涯開展理論，探究生涯的定義、本質、發展脈絡，以十大樂章次第展開對各生涯課題的思索（林一真，2004），其中一個課程單元為「生命故事敘說——伊的生命故事，我的生命故事」。本文分別從：⑴生命故事敘說與全人生涯開展；⑵「伊的生命故事，我的生命故事」課程發展；⑶從「伊的生命故事」到「我的生命故事」探究；以及⑷全人生涯開展的反思性學習等四個面向，闡明此一課程單元應用於「全人生涯開展」的理論構念、策略與方法、歷程與展望。

一 生命故事敍說與全人生涯開展

Peavy（1993）提出生涯不只是指一個人的職業，而是指涉個人一生當中所做的每一件事。進一步探討生涯是什麼？ 林一真（2000）認為：

1.生涯是生計、是職業、是生活，更是生命。

2.生涯是我們由小到老在各種環境和角色中善用能量活出生命意義的歷程，沒有領薪水，躺在床上的臨終病人也可以有生涯，一個人的「死」也是綻放力量的歷程。

3.要謙虛面對生涯的不確定性，我們可以有大方向小計畫，積極應變。

4.生命長河涓滴入流。大小正負經驗都匯進生涯，可以經淬鍊產生正向力量。

林一真（2000）定義的生涯，說明生涯是全方位的生命故事；每一個生命在變動不居的社會環境中，充滿了不確定性；生命經驗內容多樣而細瑣，每一絲每一毫都是生命發展的能量源泉。當代生涯諮商與輔導的學者認為生涯可視為每個人的生命故事（Savickas, 1993: 213），生涯抉擇的本質是生命故事敍說中的角色調適（Cochran, 1997），而一個人的自我認同即是生命故事敍說的主題（Peavy, 1996）。Campbell 和 Ungar（2004a）指出，在後工業時代的社會脈絡中，「我想要怎樣的未來？」（What is my preferred future?）成為每一個人追求安身立命最重要的提問。

想要怎樣的未來，成為怎樣的一個人是個人自我與認同的核

心。後現代心理學論述自我與認同，認為一個人的自我從出生到死亡，一直在演化發展中，自我並不是固定不變的（Gergen, 1991, 2001; Peavy, 1996），個人的認同也不是穩定不變的。在後工業時代充滿不確定性的「風險社會」（Beck, 1986）當中，個人必須在變遷的脈絡中，不斷地與環境協商，不斷地重構自己以開展生涯。

　　因此，當前的生涯發展所要關照的，不再只是找到一個適合自己的，可以做一輩子的職業，而要更加積極奮發，做一個時時可以因應外在變遷，轉化自我與外在世界的關係，跨越變遷的行動主體。這樣的行動需要發展社會學者 Giddens（1991）提出的「自我的反思性計畫」（reflexive project of the self）與反思性學習。反思性學習的形式是：能夠發展質問自我、歷史與社會環境的能力，能夠展望和因應變遷的行動（Giddens, 1991）。反思的過程描繪的是個人如何透過不斷重組自我的敘說來構成自我認同，再根據知識或理性思考而進行自我調節或自我修正。換言之，個人透過自我的演化，與外在協商，尋找意義，建構意義，再重新建構意義，這個自我／認同的演化歷程正是開展全人生涯，「活出自己」的核心。因此，構築自我生命故事的能力成為開展全人生涯，終身學習的關鍵能力。

　　「全人生涯開展」課程納入生命故事敘說，作為方法，也作為內容，目的在提供另類的生涯發展的學習取向，補充生涯輔導的特質因素模式。特質因素模式的生涯諮商與輔導取向，以科學化的方法提供生涯抉擇。科學家客觀化世界，生涯諮商師客觀化當事人的興趣、價值與能力，將評量的結果引導當事人找到適合他的組織機構。Savickas（1993: 206）指出這種模式在當前的社會脈絡中是有其限制的，因為它假設：環境是穩定的，個人的自我

和所處的環境是靜態不變的，自我和環境的關係也是穩定的。事實上，誠如Peavy（2001：7）指出，當前的時代，個體的生命經驗是非線性的、轉化的，可以協商的，因此，生涯發展不再是傳統所預設的路徑，從學生生活到職業生活，再到退休生活的線性發展。當代的生涯開展，指涉的是一個機會，是足以支持個體設計發展他的工作生命（work life）的機會，而且可以重新依需求，興趣和生命經驗的改變而重新設計的機會。也就正如Campbell和Ungar（2004a, 2004b）所說的，後工業時代每個人的生涯開展在於建構一個可行的生命進程，生涯課題的核心在於：我要如何書寫我的生命故事的下一章，如何活出自己？

以生命故事敘說的學習取向開展全人生涯是當前後現代與後工業時代的社會脈絡生涯開展的另類典範（金樹人，1997）。除此之外，生命故事敘說作為全人生涯開展的學習取向還具有三個重要的意涵：

（一）故事認知是人類基本的認知方式，故事的特性與故事敘說所產生的學習動能成為探究全人生涯的切入點

Polkinghorne（1988）指出，故事敘說是人類最基本的認知模式。敘說也是人類意義建構的基礎結構（Bruner 1986, 2002; Polkinghorne, 1988, 1996）。敘說是表徵和理解經驗的最佳方法；在故事的敘說中，個人的自我被賦予內涵、被描繪，也被體現（Kerby, 1991：1）。從生命故事敘說的內容中，可以理解、體驗個人的生命事件和故事。從故事敘說的結構和歷程中，可以瞭解個人認同的形成和發展。

故事具有生動可信和開放的特性，加上故事的豐富內涵，使

故事敘說產生學習的動能，有助於全人生涯開展的思考與行動。
說明如下：

　　1.故事具有可信、可記憶和有趣味的特性（Neuhauser,
1993）。故事之所以具有可信度，是因為故事敘說的是人類或與
人類相擬似的經驗，這種熟悉的經驗容易被理解，成為真實而可
靠的知識來源。

　　2.故事涉及角色的行動和意向，可以提供豐富的、動態的和充
滿意義的學習素材。故事的內涵涉及行動與意識：Bruner（1986:
14）指出，故事可以發展出「行動的地景」（landscape of action）
和「意識的地景」（landscape of consciousness）。「行動的地景」
包含行動者、意向、目的、情境和手段，其中存在「故事文法」
（story grammar）；「意識的地景」充滿與行動有關的覺知、思
維、情感、以及那些無法覺知、想像或感覺到的部分。這些「地
景」，都是人類意向的要素。故事引發的情感與想像容易烙印在
心，因此，故事中傳達的資訊內容多元而且容易記住，進而產生
學習。

　　3.故事的開放性，可以引發意義的連結與建構。Coles
（1989/2001: 94-95）指出，故事之美就在於它的開放性，你、我、
他或任何人，任何讀（聽）它的人都可以吸收，據為己用。當我
們聽故事時，我們進入說者角色的心靈中，也進入他故事的意義
深處。不僅如此，因為人類具有努力追求意義的認知功能，我們
還會主動連結既有的認知去填補故事所沒有敘說到的部分。故事
引發想像，從故事的敘說和聆聽中，我們創造意義，發現意義，
同時我們也提問我們自己需要回答的問題，在「全人生涯開展」
中，促發學生思考：「我想要的未來是什麼？」

故事敘說的面向是多元的，無論是所敘說的是學習的故事，愛情的故事，親子的故事，職場的故事；快樂的故事，悲傷的故事；成功的故事，挫敗的故事……，故事敘說不僅吸引人而且能夠充分滿足人類的心靈。故事能夠刺激同理反應，引發多元覺知和觀點取替的能力（Rossiter, 1992）。從不同的故事當中，學習者理解不同的人有不同看待事情的方法，產生多元的理解，可以使自己的世界觀更加深刻精緻。

敘說是人類組織經驗的重要認知功能（Bruner, 1986: 11-14）。經由故事，我們能夠接合新的知識，獲取更寬廣的觀點並擴展可能性。不僅如此，故事敘說和認同有密切的關係，能夠引發個人改變的潛能（Clark, 2001: 88），提供個人成長與改變的切入方法。故事敘說的教學不但是傳授訊息知識，也是轉換學習的工具（Jackson, 1995）。生命故事敘說讓學習者透過自我經驗的連結反思，意義的動態建構，在故事化的時空中獲取生命全方位的與生命深度的學習。

（二）生命故事敘說是以當事人為主體的全人生涯開展模式

二十世紀下半以來，教育學論述趨向以「學習」的概念取代「教育」的概念，學習者的主體性成為教學實踐最重要的核心。作為學習者，知識和權威不再是超越性的、外在的存在；知識和權威是共同的、對話性的建構。課程也不再是固定的、先驗的「跑道」（currere），而是形成個人轉變的通道（Doll, 1993，王紅宇譯，1999）。個人是一切作為的核心，學習應強調人類的主體性和原級經驗，需要關注每個人的傳記情境（陳伯璋，1987；Pinar, 1975）。後現代學者更進一步指出，後現代主體需要以生命故事

敘說來找尋和界定自我的位置，進而使自己成為生命故事的作者（Benhabib, 1995: 199; Weir, 1995: 263）。

　　生命故事敘說呈現出每個人形構生活網絡和生命系統的方式，在生活中每個人建構自己的實體，因此，每個人所敘說的自傳都存有他本身的真理（Dominicé, 2000: 6）。以「伊的生命故事，我的生命故事」敘說進行課程實踐是以真實的生命情境，建構知識產生反思與洞察的歷程。歐用生（2004：378）認為，故事的認識論不僅只是情緒的表達，也是理性認知的合法方式。故事中隱含理論，用故事來敘說人的行動，可以協助人解釋人類存在的完全性，探討個人的特殊性。全人生涯開展的生命故事敘說是以學生為主體所進行的生命進程的知識建構。所關照的是學生在「伊的生命故事」敘說之後，連結反思而建構的「我的生命故事」。這種學習取向強調經驗與意義，是以學生的主體性作為教學實踐的核心。

（三）生命故事敘說開展全人生涯經驗的、意義的、連結的、反思和轉化的學習取向

　　生命故事敘說以經驗的敘說觀點切入，強調學習者的意義探究（Clandinin & Connelly, 2000: xxxiii），以經驗為學習的核心概念。故事敘說裡的生命主題、生命轉折、事件及各種學習活動，都是活生生的生命經驗，能夠喚起學習者的意義觀點，關注他自身的生活和學習的過程與結果。敘說者所呈的經驗學習和情境認知，是真實的學習活動。這種真實的學習活動是產生知識，促發能力轉化的動能（Jackson & Caffarella, 1994）。全人生涯的開展需要這種經驗連結，意義建構，反思轉化的學習能力；開展全人生涯，個人需要不斷地與自己協商，走出自己最喜歡的軌道和路

向，在不同的領域中成為 Schön（1987）的「反思的實務工作者」（the reflective practitioner）。Schön 所論述的「反思的實務工作者」，描繪行動者在不同職場領域裡，透過經驗的反思產生可觀的澄清與學習效果。生涯的開展即是個人在生命的種種場域中反思實踐。因此，我們需要納入以經驗為核心的故事敘說，自傳取向思維。透過伊的生命故事，我的生命故事敘說與再敘說，這種紮根於經驗、反思與轉化，尋找意義的學習活動，有助於生涯的樂章更加細緻化開展。

其實，在全人生涯開展的生涯課題中，故事無所不在，敘說也無所不在；「生命彩虹」的每一個事例和角色範例；無論是「馬友友」、「林照程」、《潛水鐘與蝴蝶》的生命呈現，企業的故事、藝術人的生命故事、成功的故事、溫馨的故事、奮鬥的故事等等舉例，都是真實生命進程的再現，提供連結與反思的素材，以尋找意義。而「伊的生命故事」則是更進一步面對面的溝通與對話，是真實的情境，第一手的交會與互動。

二 「伊的生命故事，我的生命故事」課程發展

根據前述以生命故事敘說開展全人生涯的課程構念，在「全人生涯開展」課程中規劃「伊的生命故事，我的生命故事」單元，課程單元的目標、設計、方法、歷程與評量，分別說明如下：

（一）課程目標

「伊的生命故事，我的生命故事」課程單元以生命故事敘說

進行教學與對話。課程的核心在引導學生從「伊的生命故事」的探索、聆聽、對話、討論中，連結自己的生命經驗、反思、轉化，進而書寫「我的生命故事」。生命故事的敘說強調以學生為主體的反思歷程，期待學生在聆聽與互動中，主動連結自我，反思自我，並透過這個過程促發思考自己的過去、現在以及未來願景。本單元具體的目標為：

　　1.從生命故事敘說和對話中，探索不同生命故事的主題、生命的意義，以及全方位的生涯開展議題。

　　2.從生命故事敘說和對話中，發現變遷的生命脈絡，探討生命的轉折與個人在行動中的反思如何影響個人的生涯進程。

　　3.從生命故事敘說和對話中，認識並反思自己的生命情境，進而洞識自己，思索並發展自己的生涯進程，獲取開展自我生命故事的能力。

（二）課程與教學單元設計

　　全人生涯開展生命故事敘說單元的設計與歷程主要可分為以下五個部分：

　　1.學習定向與方法介紹：在學期之初，「全人生涯開展」的課程說明即預告本教學單元的進行方式，提供本學期所邀請前來敘說生命故事的講者名單與參考資料。將全班同學分成若干小組，請每組認選一位講者，預先研究講者的資料，在該講者上課當天負責引言，介紹講者出場，並在最後一週的討論課堂上擔任「伊的生命故事」引言小組，提供從資料研究，課堂聆聽，面對面互動之後的心得，作為該討論課之引言。

　　2.「伊的生命故事」敘說與對話：邀請講者親臨敘說伊的生命

故事,提供學習者不僅親自聆聽,並有機會面對面與講者進行對話與討論。

　　「伊的生命故事」課堂的進行,講者敘說他／她的生命故事,並與學生進行對話及討論。生命故事的敘說並沒有特定的形式,各講者因著各人的生命經驗建構屬於他自己的故事敘說。綜觀敘說的內容大致都包含了講者個人的成長背景、學習歷程、專業生涯、價值與信念……,以及個人獨特的經驗和體會。每一位講者的生命背景大不相同,故事敘說呈現豐富多元的面貌。除了口述,講者也會視需要使用多媒體資料作為輔助,例如圖片、錄影帶、DVD……,講者個人的作品、演出或是紀錄片等影像紀錄,這些視聽素材更加強故事敘說的生動性。

　　3.課前講座資料的閱讀與準備,課後的學習回饋作業:除了分組選認一位講者作課堂引言與討論引言之外,每一位同學課前都需要閱讀每一位講者的參考資料,這些資料涵括網頁、書籍、雜誌等。課前的準備工作是幫助學生在講者親臨的課堂上,能夠對講者先有足夠的背景知識,進而網住訊息,深化理解講者的生命敘說。課後書寫學習回饋可以呈現學生從生命故事敘說中,自我的連結與反思。

　　4.「伊的生命故事,我的生命故事」綜合討論:有鑑於「伊的生命故事」敘說之後,必然在個別學習者心中投下許多的漣漪,其中有同理也有質疑,也不免引發許許多多的思考,亟需要透過對話與討論來澄清與紓解。討論與對話的進行除了在課堂上由講者與學生的互動對話之外,還需要課後安排全班同學分享聆聽生命故事之後的連結、回應與反思,進行學生與學生之間的對話與討論。因此,本單元在幾週的「伊的生命故事」敘說之後,安排

一堂課以對話、分享與討論的方式進行。針對前面邀請前來的幾位講者敘說的生命故事，進行綜合討論。

綜合討論進行的方式，首先由各分組就其選認的講座對象，歸納整理課後心得先作引言與提問，作為全班深入討論的基礎。討論進行中，教師繼續拋出議題，鼓勵大家深入探討。教師的提問，舉例如下：

- 聽了伊的生命故事，心中會不會想，如果讓我來說說我自己的生命故事，我會怎麼說？會不會覺得很困難？
- 你覺得他們的故事與你的故事有沒有相同的地方？他們的故事有沒有你覺得難以想像，感到困惑的地方？
- 除了聽到他們的故事，看到他們的風采之外，你是否還觀察到其他的東西？
- 你認為這幾個生命故事呈現出來共同的地方是什麼？
- 聽他們說故事，回憶可以這麼鮮活，為什麼呢？是因為對生活的感受的敏感，才能回憶鮮活，還是……
- 在短短 100 分鐘的敘說當中，你對他／她的生命故事的理解是否還需要更多的想像力？

5.書寫：「伊的生命故事，我的生命故事」課程單元，書寫的設計包括課後的「學習日誌／學習回饋」與「我的生命故事」。「學習日誌／學習回饋」是每次聆聽伊的生命故事之後的想法與心得書寫，藉由文字呈現同學所認知到的訊息、內容或是對課堂所見、所聞、所思的詮釋與批判，或是因所見所聞而產生的經驗連結與反省。這種書寫能夠展現同學對伊的故事的認知、情感和態度，也可以反應出同學對自己生涯開展的想法。

「我的生命故事」是個人生命自傳的書寫，是學生對於自己

生命經驗的回顧，幫助學生去建構自己的生命故事，反思自己的抉擇、價值觀與信念，進而展望未來的生命發展。

　　本課程單元所重視的書寫是以學習者的自我經驗為核心，呈現學習者在課程中經驗連結與反思，意義和知識的建構，以及概念的轉化與心理能力的提升。期盼從書寫中，學習者學習從自己的經驗學習中學習如何學習，好讓自己成為自己想要成為的那個人。換言之，讓學習者從書寫的敘說中，體認自己是自己的生命故事作者，而書寫自我的生命故事是終身的歷程。學習者的書寫作業同時也是檢視教學成效的重要來源。從同學所書寫的文字裡，可以得知同學在學習過程中的所獲得的觀念，所衍生的情感及所作的自我反思等，進一步獲得對課程的回饋作為課程實踐的紀錄和調整策略的依據。

　　本單元設計的軸線在於從「伊的生命故事」到「我的生命故事」的連結與反思歷程，重視的是：學生從伊的生命故事中獲得理解與學習，啟發與反思，進而思索我的生命故事。本單元的教學歷程與作業設計即著重在此一目的的達成。課前的研讀、課後的學習回饋、綜合討論，以及「我的生命故事」書寫，都以此作為核心。

（三）學習的評量

　　「伊的生命故事，我的生命故事」敘說既是教學的內容，也是方法。課程強調以學習者為主體的學習方式，重視學習者建構知識，連結反思的歷程。每位學生都需要做到課前的準備，小組分工，課後書寫回饋，以及透過小組／班級討論及「我的生命故事」書寫等各項課程要求，一方面鼓勵學生表達自己的想法，也

提供相互溝通，分布學習的機會。因此，學習評量的目的不在於檢驗學習者從課程中獲取知識的多寡，而是幫助學習者歸納個人學習經驗、促進個人的自我理解與反思。也因此學習評量的設計除了重視學習參與以外，評量的重點強調學習者創造／建造自我知識的歷程中，概念的轉化以及心理能力（mental competence）的提升。

三　從「伊的生命故事」到「我的生命故事」

「伊的生命故事」敘說是「全人生涯開展」的學習素材與方法。課程最重要的核心是回歸到學生的自身：「我的生命故事」，如何開展我的生涯。綜觀「伊的生命故事」到「我的生命故事」的學習歷程，下列的學習現象值得關照和探究：

（一）「伊的生命故事」敘說提供學生探究自我，尋找認同的來源

生命故事的敘說表達出個人的自我感（sense of self）；我是誰？我是如何成為這樣的人（Linde, 1993: 20-21）？「伊的生命故事」充滿敘說者個人的自我感：作為一個舞者／音樂家／老師……，我是如何成為這樣的舞者／音樂家／老師……？我是一個什麼樣子的舞者／音樂家／老師……？舞者／音樂家／老師……的意義是什麼？我如何看待我的舞者／音樂家／老師……志業？

每一個「伊的生命故事」描繪出不同的自我的軌道。每一個「伊的生命故事」中，多元化的自我（multiple self）在不同的時

間與空間流動。在伊的生命進程中，「我」是：醫學院的學生的我、佛學社的我、長子的我、出家人的我、留學生的我、佛教學術中的我、當住持的我、教授／教務長／學務長的我……[1]；「我」是：舞者的我、妻子／情人／天使的我、創作的我、創辦舞團的我、教學的我、生病的我；……[2]。「伊的生命故事」敘說者，在話語中自在地進出每一個自我的場域，她／他是自己生命故事的作者。「伊的生命故事」的敘說提供多元化的個人圖像，分歧而多元的位置和觀點提供學生多面向的認同來源。

（二）「伊的生命故事」敘說引發生命路向的覺知與探索

「伊的生命故事」敘說顯現出講者多樣的生命主軸，講者生涯路向的覺知，例如：「我從小用音樂思考……選擇音樂是一種生活的方式[3]。」「聽經，覺得內容聽起來，那些道理很熟悉，解答了很多的疑惑[4]。」講者之生命進程的定調：「天使的人生：不斷越界，超越年齡，超越情感，超越人性之界[5]。」以及自我與生涯的探索：「在紐約求學的那 2 年，對我的啟發很大。沒有出國之前，我不懂得欣賞自己，遇到困境時，只覺得自己很渺小，很脆弱，沒有能力。但進入到一個陌生的環境之後，雖然生活彷彿陷入了一場混亂，不過，自己卻變得很清楚、很清晰，我也開始懂得和自己相處[6]。」

註 1 釋惠敏的生命故事：真善美的生活實踐與生死規劃。
2 羅曼菲的生命故事：從身體尋找生命最重要的東西。
3 徐頌仁的生命故事：音樂與美學的世界。
4 釋惠敏的生命故事：真善美的生活實踐與生死規劃。
5 羅曼菲的生命故事：從身體尋找生命最重要的東西。
6 陳湘琪的生命故事：面對劇場表演與劇場教育的挑戰。

「伊的生命故事」敘說，每位講者所專長的領域不同，表達的風格不一樣，呈現出來的生命故事內涵也有差異。不同的生命故事敘說呈現多元化的成長背景、學習歷程、專業生涯發展、價值信念、認知、情感與態度；不同的故事分享多樣化的生命關鍵事件與人物；而敘說者對挫折的因應、所關注的事件和議題……，都能進一步延伸出更豐富的故事，成為不斷反覆探索及討論的素材。這些珍貴的素材透過敘說者與學生的對話，學生與學生之間的相互對話，學生與自己的對話，在課堂中開展出豐富學習意涵，也提供了多元的、多面向的角度去觀看自我與這個世界之間的種種可能性。

（三）「伊的生命故事」敘說提供完整而豐富的生涯開展議題

　　每一個「伊的生命故事」敘說都有著豐富的內涵，其中，敘說者對生活的看法、對專業的執著，克服困難的勇氣，對身處環境四周的見解……；敘說的內容有知識的，有情意的，有挫折，有病痛，有歡樂，也有失落的愛情……。故事敘說涵括的是整個的人生，這些素材對學生而言都十分熟悉，正是他們日常生活中一再需要面對的問題。

　　在「伊的生命故事」敘說中，講者敘說他們如何發展他的專業？如何看待他的專業？如何經歷學習的困境？如何建立屬於自己的學習模式？如何決定未來的方向？如何與他人合作？敘說他們對自己事業的投入和熱情，他們的挫折困頓，也描述生命歷程中抉擇的時刻和特定的經驗。這些敘說或可以歸納為各種學習的故事、行動的故事、成功和失敗的故事……。在故事之外，在敘說之間，學生順著敘說的故事情節對自己進行提問：「他們之所

以成為這樣的專家，其中的道理何在？」「他／她比他人多的是什麼？敏感？細膩？博學？多聞？勤奮？」「如果我在他那個艱困的時代，我會如何？」「我的熱情，我的決心，我的行動呢？」「我的生活和我的專業有什麼關係？」「我要成為怎樣的（藝術家／醫生／會計師……）？」「我是不是也應該……？」……。總之，「伊的生命故事」敘說包含完整而豐富的生涯開展議題，足以引發學生對自我生涯種種問題的提問與思考。

（四）從「伊的生命故事」反思，轉化成為開展「我的生命故事」的正向期待

「伊的生命故事」敘說之後，學生書寫學習回饋，並在課堂上與同學討論分享，從故事中提煉，找出「伊的生命故事」敘說的共同之處。學生從講者的敘說中歸納整理，發現：

> 他們都很有魅力。
>
> 他們都知道自己要什麼，生活中的困頓並不妨礙整個生命方向的進行。
>
> 他們都懷抱著願景。
>
> 他們在每一個當下都能找到生命的意義。
>
> 他們似乎都順著自己的心意在走自己的路。
>
> 他們都勤勉不懈，對自己喜歡的事情盡心盡力。
>
> 他們都表現出創新和領導的能力。
>
> 他們的故事中都有許多個人的反思。

同時，學生的回饋對「伊的生命故事」敘說有理解，也有提問。學生體認：

生活中還有很多可能性。

生命中，時時都有全新的經驗。

要勇於嘗試新的經驗。

追求理想、追求生命價值和追求快樂生活，是不可分的。

好像一切都是順著來的，並沒有特別去求來，就來了，是嗎？

生涯到底要不要規劃？

學生聆聽「伊的生命故事」是用心連結的，所聽到的不只是故事的表面，而是更智慧的理解，「老師用了很輕鬆的語言來向我們解釋他求學到成功的日子，但其實，之間的痛苦又有誰能真正的體會到呢？「所以，我覺得自己一定要更努力地朝向目標前進，雖然過程會很辛苦，但結果一定是很甜蜜的。」從話語中建構更深的意涵。

學生從「伊的生命故事」敘說反思自己，並轉化成為行動。生命故事中的一句話或一個提醒，引發學生的反思與轉化，「老師要我們靜下來聆聽自己的聲音，『問題就在於我甚至找不到自己的聲音』……不過，當我後來在上本系正課時，我心中真的有出現一點小聲音……我真的感覺那是一個很奇妙的體驗，我要繼續聆聽與尋找。」故事更引發學生對自己生涯開展的正向期待，「希望有一天，我也能……。」

整體而言，「伊的生命故事」敘說提供完整多元的生涯開展議題。「伊的生命故事」敘說在學生心中留下的意象，成為開展

「我的生命故事」的能量來源。

四　全人生涯開展的反思性學習

　　「伊的生命故事」敘說，學生與講者面對面，從聆聽故事敘說、對話與互動及課後的書寫、回饋、討論等各種敘說學習方式，引發學生經驗連結、意義探究與觀點轉化的反思性學習。在學習的歷程中，學生以自己的經驗從伊的生命故事敘說中進行連結和反思；學生將故事敘說所獲得的訊息加以重新敘說並轉換，使其成為對自己有意義的故事；學生不斷地建構屬於他自己的敘說，建構他的意義觀點。同時，透過班級同學之間的對話與討論更能產生同儕之間的連結，產生轉化的學習動能，賦予學習更多的意義。「伊的生命故事」敘說促發學生全面寬廣地反思自己的生涯課題，學習構築自己的生命故事，開展全人的生涯。

　　「伊的生命故事，我的生命故事」敘說，在個人特質因素的探究之外，更進一步提供生涯開展的反思與建構。特質因素的探究，幫助學生明白自己的能力、性向、興趣……，學生從各項特質的探索與開發瞭解他的基本條件，和他可能的生涯路向。然而，若將個人所擁有的特質比擬作「樂高」（lego）玩具的組片，即便是相同的「樂高」（lego）組片，也可以建構出完全不相同的成品；相同的特質因素，可以建構出不一樣的「未來」（Campbell & Ungar, 2004b: 29）。換言之，相同的特質因素，可以書寫出來的故事是不同的。「伊的生命故事」敘說提供真實的素材幫助學生理解，每一個人各自擁有的樂高組片，得以發展出意想不到的結

果，洞察生涯開展其實有更寬廣的可能性。敘說者親臨敘說他／她之成為今天的「伊」的生命進程（biography），學生從故事中連結自我，反思建構，進一步對自己所要開展的生涯產生了新的覺察與理解。

　　「伊的生命故事」敘說促使學生重新定位自己的位置。在探索生命故事的過程中，不僅看到他人，也覺察出自己原先所未知或隱含的部分，學習如何去因應生命中重要的轉折點，去面對生命中的挫折與困境。在建構自我的生命故事時，進行自我的回顧與對話，重組自己的經驗，構成新的故事，思考自己想要的未來，以及想要開展的全人生涯。

第八章

芝麻開門——
尋找安身立命的位置

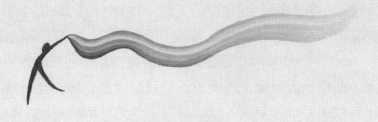

全 人 生 涯 開 展

生活彩虹

敲門是一種探險，需要勇氣去面對門後的一切。敲門是一種謙虛，願意不卑不亢去爭取一個生命的機會。敲門也是一種求真，讓我們靜心揣摩自己和門內的兩個世界如何得到連結。

從一開學，同學就要準備選一扇門來敲。求學、求職、求愛、求婚、移民、競選……都可，先各顯神通備好自傳、履歷及說明函，送給諍友過目。諍友自擬面談大綱和評分標準。今天，人人都是敲門主角，人人都是「主考官」。

先抽個籤，選中最幸運的「今日之星」——待會要示範，各諍友小家分別帶開，三人輪流面談。明知是模擬，只見各主角穿戴整齊，嚴陣以待。諍友認真考察，要求試作、重來算是小事，動輒激將勸退，意欲逼敲門人說出那矢志不退的理由！三人都敲完門，接著彼此給回饋，年輕人的尺可真是有板有眼。

回到大堂，剛才抽中的「今日之星」登場，先由諍友小家走一遍口試，再來就是全班投入。短短 10 分鐘，來自不同系級主考官的話語多元而犀利。妙的是，各個主角臉不紅，氣不喘，四兩撥千斤。

記得 2005 年秋在北藝大，有位來自陽明的同學想競選學會會長，在他祭出各種競選演說、傳單及標語之後，全班同心扮演那踢鞋給張良撿的老人，猛出難題。只見他眼神篤定，聲音清亮：「我參選到底，我是一個好會長，我可以讓學會更健全，大家更以當這個系的學生為榮！」

2006 年春，在政大，抽中的主角要換跑道，進舞團當舞者。

「你學的這行，畢業後平均起薪多少？」

「一個月 3 至 4 萬元。」

「你要是當舞者，薪水是多少？」

「要看有沒有接到通告。」「那你還來幹麼？」

「我喜歡！我只要一點簡單生活費就可以了。」

「假如沒有通告呢？」

「我會一直練，爭取到底。」

「別人科班出身，你是半路出家，拿什麼來比？！」

「讓我跳給你看！」

他打開自備的音響，在小小的空間內舞起來，3到4分鐘內變化許多舞步。

我坐得近，剛好看得到他跳舞時上揚的嘴角和眼神裡閃耀的光芒。這眼神好熱，好灼熱！我頓時溼了眼眶。

「Let me dance for you!」

在百老匯演了數十年的「歌舞線上」不就是有一個個舞者，為了各種的理由忍受各種的考驗，只為求一方可以揮灑的舞台？！我們知道，那是我前仆後繼在自己所摯愛的舞台上，千遍萬遍也不厭倦，一再失望卻不絕望的原因。

在西雅圖華盛頓大學一個小花園角落地磚上，刻有這麼一段話：「工作？你叫它工作？我說它是最榮耀的恩寵。」

下課鐘響，還沒完呢！一週後，諍友把肺腑之言寄給主角。主角再思量，決定要不要調整自己的敲門方式或方向。只是，門裡門外走這一趟，相信我們都比原先更豐富，更知道自己的位置。

看到一個個或嘻笑或嚴肅的面談委員羽扇綸巾，一個個的主角或熱切或冷靜，我忍不住暗自稱慶：「幸好我沒多言！」凜然欣喜地領教新世代的處世慧點。

一真，2007

一　我想爭取的生命機會

請就你想爭取的一個生涯機會（求職、申請學校、求愛、求婚、移民、與人同住……）寫一份申請函、自傳，並穿好合適的服裝來與諍友們面談，每個人都會當敲門者和面談委員。當面談委員時，可以質疑主角是否有必要敲這扇門，用愛心給誠實的回饋。願這扇門有一天真的可以開。如果彼此不合適或時機未到，至少你已經藉此練習了敲門的藝術！

學習敲門是一種謙虛，讓我們與現實的環境對話。我們不是叼金湯匙心想事成的。

　　關於寫自傳、申請函和面談，學校的生涯發展中心、畢業生輔導室、諮商中心或坊間和網路上資訊有很多可以參考，以下謹分享在我們尋找生涯機會，呈現自己時的一些心得：

　　1.首先，敲門的目的不只是被挑、被考，其實也是讓門裡門外的人互相認識；更是我們真實瞭解門裡環境的第一步。無論此次自己是否可以進入這扇門久待，生意不成情誼在，所以用誠懇不卑不亢的態度走進門吧！

　　2.如果門敲得成功，日後彼此總要相處。所以在包裝自己之前，把真實的「素臉」面貌先準備好。描繪自己的才能性情，離事實愈近愈好，而缺點就是成長空間，必要時（如：被問到時）

就用建設性的方式去表述（如：我還在學習的就是「當工作太投入時，要多聽別人的提醒，不要太完美主義」）。

　　3.事先要作功課，將可蒐集到有關此扇門的訊息加以過濾整理，針對它來呈現自己或提出問題。至少，這是一種「我當真」的誠懇。

　　品冠「身邊」的歌詞中：「我也願意，幫你打掃房間，把牌技好好演練，陪你母親打八圈……幫你的爸爸戒菸，幫你兄弟姊妹買早點……」，這樣的男孩很可能已相當瞭解伊人家中大小的習性。

　　求學時先瞭解要讀系所老師的專長和興趣；移民先瞭解當地政經文化及對移民的正負向考量。而應徵工作先盡量上網、問人或閱讀報告瞭解此機構／企業體的營運、現狀和前景。

　　4.第一印象的確有重要影響。所以在服裝、準時、言談舉止上可用心，減少不必要的誤會或聯想。聰慧的人兒可以發揮創意呈現自己。

　　多年前，我的一個心理系學生想去廣告公司應徵工作。在我們的輔導實習課上，我給她的回饋：「你是一朵美麗的紅玫瑰，卻不帶刺！」應徵面談當天，她穿了一襲黑色勁裝，帶了一個黑色筆記夾，夾了一枝去了刺的玫瑰。進門以後，她就從這朵玫瑰談起。她得到這份工作，後來出國進修，返國後在大學教廣告。

　　在求職、求學或網路徵婚／友、售物時，經常是文字或圖畫、信函、錄影、錄音資訊比人先出現，因此可以先講究這些先驅資訊的呈現方式。早年曾經有位廣告公司人事部門的主管告訴我，他們徵一個初級幹部的缺，來了兩三百封求職信。他是抓起來一把一把丟到垃圾桶，因為用的都是一樣大小的標準信封，只有幾

封因為尺寸較大或較小，甚至是三角形，在丟信封時掉了出來，不得不看到。這幾封就特別得到主管的注意（這情形是針對廣告界，三角型的信型未必適用於公教界，但總義是要「出眾」，即使是含蓄的）。

　　這些資訊的編排美工相當重要，如果有平面輸出，可在紙張、色澤、質感、甚至氣味用心。如果有DVD、CD、卡帶或網路電子檔，可適當地運用音效、注意畫質及音質。

　　5.讓人瞭解。像一層層的視窗，最上一層最要簡潔。找工作、應徵職位名稱、自己的名字及聯絡方式清楚標示在明顯處。在第一次接觸時，以簡潔的話語說明自己要爭取的是什麼。假如你只能有一張A4紙的篇幅或5分鐘的時間面談，準備最簡單扼要（像廣告一樣）的方式作告白。但是備著補充說明的資訊（證照、獎狀、作品實物、照片或VCD……等），如果可以，來段小演出。

　　記得：千言萬語的資訊比不上一張自然開朗的笑臉，照片可以從生活照中剪取出來，裁成合適的尺寸。

　　6.合乎需要。表達是必要的，但要看情況，不必太花俏。尤其看你敲的那扇門，如果是需要安靜的角色，也就不必太聒噪了。而且面談是一種溝通，環視一下面談委員，他們也是人，清楚他們在問什麼（都是有原因的），誠懇而略帶輕鬆地回應。必要時你可以問一個很想瞭解，又不至於會太突兀的問題。

　　7.記得住。在眾人中要脫穎而出，除了令人有深刻的第一印象以外，可以設法讓人記得住你的名字和特性。

　　8.引發信心。備妥證照、獎狀、作品實物、照片或 VCD……等或推薦函（但要適當，要找確切有關的人士才合宜。曾有人找立法委員用毛筆寫推薦函來應徵當陽明大學輔導中心同仁……怪

怪的）。

9.促進行動。別忘了致謝。問一下大概什麼時候可以知道結果，可以如何來探詢結果，彰顯積極。

10.注意安全。敲門者總帶著一絲冒險。求職、辦理移民或尋婚覓友時謹防受騙。專家告訴我們求職時注意卡不離身、不參加會員、不購買物品，也不繳交金錢；請人代辦移民、介紹婚友時，也要注意基本的安全，盡量找信譽良好的代理人。

二　今天我當家

主考官，你在乎什麼？

我們請陽明大學、政大、北藝大及大同大學的同學三人一組為諍友，互相誠懇而冷靜地為彼此要敲的生涯之門把關，當其他兩位諍友敲門面談時的主考官。由主考官先列出面談時最重視的重點，並寫出計分百分比。年輕主考官們所重視的是自信、專業知識、想法、表達能力、對未來規劃的能力，以及心態開放程度等。

他們給敲門者的回饋溫柔、詼諧而可借鏡。

芝麻開門帖（例）

找尋快樂泉源　霖

因為從小就一直生活在音樂圈，總覺得生活無趣、狹窄，所以常常就想跑到和音樂領域不同的地方到處多走走、看看。亦或是結交許多非音樂相關科系的朋友，像是哲學系、大傳系等等。之後發現：彼此的生活還真是 totally different，音樂系的還像是被侷限在一個小圈圈裡，甚至 sometimes feel like 有種井底窺天的感受。話題也就總是那些，常常令我悶之又悶，學音樂是好像有時只是社會邊緣的一角。

然而，我其實對音樂有很廣泛面的接受程度。像是巴哈的類似宗教風格、莫札特的單純、西貝流士的憂傷感特質、柴可夫斯基的浪漫、查理史特勞斯的複合式機構性，以及流行文化 Hip-Hop、free Jazz House、funk 樂等，但是對於傳統音樂、古典樂或是其他中東地區的音樂可能就沒有那麼喜好了，趁現在年輕，盼自己的本科音樂上的專研，英文語言的不斷學習之外，也試著接觸不同的朋友，從事一些科外的兼職工作，因為如果總是在音樂的世界裡不停的探索、停滯，我不是那種樂此不疲的人，而且又何況年輕，不把握年輕的本錢到處探險，學習新事物，難道要到老才後悔嗎？但我也不是那種叛逆的少女，不顧自己的本業，我只是想找尋讓自己生命不斷充滿活力快樂的泉源，對自己的未來規劃也不是一片空白，只覺得人生在每一個階段都應該要不虛其年，或許我覺得遺憾。後悔才是最令人痛苦不堪且無奈的感受吧！

今天，我的表現是：從容不迫，每一個問題，我都有許多話想說，只是因此造成想很久的時間空檔。

服裝儀容：平時的我

我覺得：我應該多與不同領域的人交談，多看一些其他層面的書，這樣才不會有接不上話題的情況，而且，也總不能一直侷限在音樂的小圈圈裡啊。

還想說：我自己真的應該要多學學，多走走，到處看看了。要做個很有思維有很有話題的人，這樣才有辦法與人深交、深談。

諍友鏡照（例）

超齡小孩

我想你也是個超齡的小孩吧！聽你談未來也很有挑戰性，你很實際且充滿理想。孤單的時候，我也正是酒友一個。

欣，1999

建議：也許對於理工研究所的準備和應答就是這般一板一眼，但我相信仍然是有其可以延伸或令人「驚豔」的方式

儒，1999

且問想當平面模特兒的芳

1. 請自我介紹生命故事、最特別的經驗。

2. 談談你最喜歡的作曲（或畫、文章、科學家）風格。

3. 你覺得自己今天的打扮、品味有適合當一個模特兒嗎？（激將法，挫挫他的銳氣）

互動

1. 為何選擇我們？喜歡我們什麼？

2. 對於我們，你知道什麼？

3. 進門後希望做什麼？大概會遇到什麼挑戰或困難會怎麼克服？

結果

1. 我們錄取你而不是別人的原因是什麼？

2. 如果沒有錄取你會怎樣？

虛擬

1. 你拍攝平面廣告的尺度如何？

2. 由於在鏡頭前會有放大的效果，通常模特兒本身都必須比雜誌上看起來要纖瘦得多，你要怎麼克服對食物的慾望？

3. 今天假如有另類雜誌找你拍，但他們的風格你極度不能忍受，你該如何克服自身的心理障礙，在鏡頭前依然輕鬆的展現出自信來？

4. 當你對化妝師或造型師的設計不以為然時，你該如何與他們做溝通？

給立的回饋

評比項目	百分比	回饋
自信	20%	▶ 我覺得你很有組織力及想法，目標明確、條理分明，對於所要學習的目標也相當明確，我可以看得出來你的決心以及毅力，偶爾放鬆些，或許可以使你做的更好喔！Great！
專業知識	30%	
想法	20%	▶ 今天的服裝儀容很得體，或許在衣服顏色上可以搭配一些亮色系。我的建議是音量上再提高些，以及情緒上可更放鬆、從容，會更好喔！
表達能力	10%	
對未來規劃的能力	20%	▶ 加油！相信你一定可以達成夢想。

給婷的回饋

評比項目	百分比	回饋
自信	20%	▶ 妳很從容，不慌不忙而且清楚表達自己的想法。對未來的規劃都很好，最特別的是妳那顆美麗的心，我可以感覺得出妳對事物的包容度及吸收度之高，因為妳有這樣的心及個性，相信妳一定會因此收穫許多。另外，對自己的想法可再更有自信、更肯定些，會更加具有說服力，同時妳也是一個富創意活潑開朗的人，只要對自己所要的更有把握，相信自己，你絕對可以做得很棒！
專業知識	30%	
想法	20%	
表達能力	10%	▶ 今天妳的服裝儀容很合適，或許在髮型化妝上可以再亮麗有精神些。
對未來規劃的能力	20%	▶ 加油。

第九章

生涯適應——職場 EQ

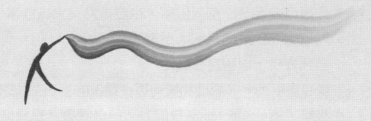

全人生涯開展

生活彩虹

你也是那趕路的人嗎？

「要跑馬拉松，不要跑百米哦！」彰儀老師說。

假如你要跑的是人生。

這堂職場 EQ，老師開門見山就揭示：

「企業用人要看 competency！」

由長年豐富的工商心理學術和實務，老師萃取我們在職場安身立命的「七點靈」。只因我也是那為 A 型人格常鬧笑話、常被彰儀醍醐灌頂的傢伙，用心領受如下：

1. 感恩正向地歸零。

2. 用行動向完美主義說 bye。

3. 涵養五大人格——要像五湖四海 OCEAN 寬廣喔！（賣個關子，看倌自己讀本文！）

4. 作組織公民——別只做事，也要做點有人味的事。

5. 同理心——成為余秋雨所說的那個成熟人。

6. 自我肯定，以智慧造林。

7. 身心靈平衡——認識和擁有靈性健康的基石——宗教信仰。

原來啊，這 competency 是能力，但最深層還是看待自己和生命的眼光！

一真，2007

同學們未來在職場上班，當然希望能適應良好、潛能高度發揮，不只求職者這樣期望，求才的企業或機構要面對激烈的全球化競爭，一樣也是希望能找到適應良好、表現出色的員工，但怎樣的人才能做到以上的境界，員工甄選的許多研究結果顯示應徵者的職能（competency）是甄選時的一個重要標準（Muchinsky, 2006）。

　　什麼是職能？職能是一種個人的潛在特質，不僅與其工作及所擔任之職務有關，更可以用來預期各種實際反應與績效表現。此概念由哈佛大學心理學教授 McClelland（1973）提出，他認為影響學習績效的最主要因素，是「職能」而非「智力」。因此職能是近年來企業愈來愈重視的特質。

　　職能的分類方式很多，以 Boyatzis（1982）的分類為例，他把職能分為六種以上，如：⑴目標與行動管理群，即重視效率、生產力、分析概念；⑵領導群，包括自信、邏輯的思考；⑶人力資源群，包括運用社會化權力、正面思考；⑷指導屬下群，包括啟發他人、自發性；⑸專注他人群，包括自我控制、認知的客觀性、適應力；⑹專門知識群，包括記憶能力和專門知識等。

　　從以上有關職能的說明，可知要培養好的職能和職場 EQ，有很多都與自信、自制力、正向思考及與人相處有關，本單元即針對幾個與這些特性相關的課題加以討論：⑴歸零──常存感恩的心，正向思考；⑵不追求完美的人生（跑馬拉松而非百米）；⑶培養更美好的五大人格特質；⑷培養「組織公民行為」；⑸以同理心與他人相處；⑹自我肯定與職場 EQ；⑺身心靈平衡。

一 歸零（不以 100 分為標準）——
常存感恩的心，正向思考

　　歸零這個概念與職場 EQ 有很大的關係，所謂的歸零是指對事情的標準是以零為出發點，做好一點，分數就往上加（如得到＋30 分）；相反地，若以完美的角度來看，每件事情的理想標準都是 100 分，如果達不到，且覺得差 30，就打自己−30 分。若我們總是用 100 分的標準來看事情，很多事情都會變得不完美，甚至連已經得到 99 分，少 1 分也沒辦法接受，自然很容易感到沮喪、挫折，長期下來就會覺得自己很差，很沒有用，愈來愈否定自己。例如：如果你期望考上台大醫科，結果考上陽明大學醫科，你就覺得自己很差、很不滿意。但我們若以零為標準作為看事情的參考點時，我們對自己、對事情也就會有不一樣的期許和感受，當我們把一切都歸零的時候，就會較容易對所有的事感到滿意，也比較不會有挫折感。

　　當我們事事歸零，才容易在生活上存有積極正向的心，即所謂感恩的心，也愈會有正向喜樂的心情，春山茂雄（1996）在《腦內革命》那本書提到，當我們要努力完成十樣事情，身體就需要轉化許多化學物質以產生能量，但同時也會產生十分毒素（即活性氧，會造成疲累、疾病、器官老化），但若我們經常存有正向喜樂的心，這種狀況就會刺激大腦多分泌一些好的激素，讓我們只用一分力氣，就達成十分的成果，而產生有害我們身體的毒素卻降到只有原來的十分之一，因此做事效率大大提升，也變得更快樂、更健康了。

二　不追求完美的人生
——人生是跑馬拉松而非跑百米！！

〈課堂上做 A 型人格量表〉

　　就一般觀察，在台灣的華人普遍不太能自我肯定，而不能自我肯定的人往往都有求完美的傾向。大概因為我們的文化是鼓勵人人奮力追求完美，導致我們痛惡不完美的事物，以為我們應該有能力、也應該達到完美的境界。追求完美的人往往擁有比別人更大的社會壓力，因而導致身體健康不佳或是其他副作用。因此這些人需要很高的職場 EQ 來調節自己在這樣的工作環境下的工作壓力。以下介紹 A 型行為組型的特點（林宗鴻譯，1997；蘇淑華，2001）。

　　A 型行為組型的研究，最早起源於醫學界對於心臟病的研究。自工業革命以來，由於人際競爭的壓力以及生活步調的加速，人們的身體健康逐漸亮起紅燈，尤其是心血管疾病的病例更是與日俱增。醫生們因為無法判斷究竟哪些因素比較容易導致心血管疾病而感到挫折不已，雖然他們知道高血壓、吸菸、肥胖以及活動量的不足，皆會導致罹患心臟病的危險，但是綜合這些因素尚不足以預測新的病患。直到 1950 年代，醫生們開始注意到很多心臟病患者的行為表現似乎異於其他病症的病患，他們發現這些心臟病患者比較活躍、精力充沛、性情剛烈。簡而言之，他們似乎有著不同的性格，即把這些性格特徵命名為 A 型行為組型。

　　典型的 A 型人（具有 A 型行為組型的人）比較具有強烈的動

機去克服障礙，成就某種目標。他們喜歡競爭，享受權力和肯定，比較容易生氣以及採取行動。他們不喜歡浪費時間，喜歡精力充沛且有效率的行事方式，懶散的人會使A型人覺得挫折；相反的，B型人（具有B型行為組型的人）比較放鬆而不急躁，他們也會努力工作，但不像A型人一般剛烈而衝動，他們不像A型人一樣喜歡競爭、容易生氣或採取行動。當然，並非所有的人皆可以清楚的分為A型和B型兩種。A型人有時也會有B型的行為出現，反之亦然。

雖然各家學者對A型行為組型的說法不盡相同，但基本上A型行為組型包含了下列三種成分（林一真，1993，1995）：

1　競爭性成就趨力（competitive achievement striving）

A型人重視工作，且希望從工作中獲得肯定，強調努力。研究指出，在有時間限制的工作情境中，A型與B型人皆會努力工作，然而在沒有時間限制下的工作情境，A型人仍會努力持續的工作。不斷的努力使A型人沒有時間享受生活，而且不易感到努力與成就的喜悅。

2　生氣／敵意（anger/hostility）

當A型人的工作被無關事物打斷時，容易激起其生氣或敵意情緒。當其工作進度被拖延時，易顯得焦躁不安。

3　時間緊迫性（time urgent）

A型人的時間總是不夠用。他們經常對於延遲及浪費時間感到不耐煩；與人溝通時，會使用較快且簡明扼要的方式，並容易

打斷對方的話；時間規劃相當緊湊，而且總是企圖想在同一時間做一件以上的事。

　　關於 B 型人的特徵，學者們較少直接加以描述，多將重點置於 A 型人與 B 型人的行為相異處。研究指出，A 型人與 B 型人的價值觀、說話風格、姿勢動作和思考風格上皆有差異；此外，B 型人在輕鬆時較不會有罪惡感，較不會經歷到時間緊迫感，對於自己能完成的一切感到接納與喜悅。在因應壓力的策略上，A 型與 B 型人亦會有所差異，A 型人較常使用逃避與防衛的因應策略，而阻礙了其對於壓力的直接因應，進而影響個人健康狀況。

　　由於 A 型人喜好挑戰與競爭的工作，且挑戰多變的工作造成其動機與努力也較高，因此 A 型人的成就「似乎」會比 B 型人高，研究發現 A 型工作者在工作上較容易升遷、工作表現較為優秀而有效率，甚至在甄選情境中亦予人較佳之第一印象。A 型人在工作情境中，往往願意投注較多的努力，他們比 B 型人具備較高的工作熱忱，其工作時數也較多。他們容易犧牲休閒（休息）的時間而將之投入工作中，且易忽視身體或心理的不舒服症狀，長期下來往往造成身心的不良影響。

　　雖然 A 型人格與整體工作表現成正相關，但卻與某些工作表現成負相關（如正確率、與他人相處情形等），也就是說 A 型人並非在所有的工作情境中皆有較佳的成就表現。因為 A 型人有強烈的時間緊迫感，所以對於困難的問題或缺乏挑戰的工作，他們也許不會願意花費較多的時間考量其他可行的方法，抑或是發展出較具有創意的答案；此外，A 型工作者對於工作往往較 B 型工作者易感到不快樂及不耐煩，因此，需要深思熟慮、耗費時間、較煩悶無趣的工作，B 型工作者或許會有較優秀的表現。擁有 A

型性格特徵的人大多有以上所提的特性，也就是他們常常讓時間
變得很緊迫，使生活變得很緊張，壓力也就相對的增加了。

　　追求完美的人過的就像跑百米的人生，跑百米的人就是在短
時間拼命跑。人生究竟是要跑百米或跑馬拉松？跑馬拉松的人都
知道，不要在前一百米就拼了命的往前衝，因為一個人的能量是
有限的，他們懂得要儲存能量，在最後一刻才努力往前衝刺，但
跑百米者的生命能量很快就被消耗掉。我們也可用另一比喻來看
人生，若把人生比喻為一幅畫，你希望你的畫中只有在角落裡有
一朵精緻、完美卻孤單的小花，抑或是一幅雖然較為粗略卻很完
整豐富的寫意山水畫呢？「完美」的真正定義應是具備所有重要
部分的完整成品。若我們希望活久一些，生活品質好一些，就不
需事事都要求完美，自然能夠讓自己過得快樂與健康些，相對地
也會提高在職場的適應性。

　　如何才能打破求完美的習慣？以下建議三點：

（一）對個人有信心

　　求完美的人往往因為缺乏對自己的信心，常認為做得好一些
就會得到別人更多的肯定，因此要改善這樣的情況就是要建立對
自己的信心。其實就一般的狀況而言，一個求完美的人，不論自
認為做得多差，到頭來別人總會認為其表現是在平均之上，因此
要多重視別人的肯定而不要太在意自己稍微不完美的地方！

（二）應用先「有」再「好」的原則

　　求完美的人常常會將 3 小時就能完成的事，用 10 個小時來
做，因為他們常常覺得不滿意，於是一再修改，花了許多額外的

時間。所謂「先有再好」是指先用最短的時間將事情做完，不管做得好或不好，剩下的時間再用來盡量改善或精進。

（三）以「固定時間」（fixed time）的概念代替「固定品質」（fixed quality）的概念來做事

　　所謂固定時間原則是指在固定的時間內完成該做的事情，不拖泥帶水也不挪用下一個事情該用的時間。一般求完美的人什麼時候才會交差或交卷？往往是在截止時間已到或是體力實在撐不住了才很不滿意地交出去。這些人常常說自己很忙，其實不是忙，而是「亂」，為了求完美，做第一件事經常耽誤到第二件事的時間，一件一件事拖下去，最好只得把睡眠時間也犧牲掉，第二天精神也變得不好，生活步調也變得混亂，因此效率愈來愈差，生活壓力也愈來愈大。若我們以固定的時間作為做事的原則，每件事都在固定的時間內做完，不管做得好不好都要結束，這樣就不會干擾到下一件事的進行，生活步調也就不會亂了。

　　具體而言，要改變求完美的作法就要：(1)很有自信地把要做的事情列下，預估你可利用的全部時間，並減去一段緩衝的時間（可能 1 個到 2 個小時），這段緩衝時間是很重要的，萬一事情做不完的時候，可以讓自己能夠作適度的緩衝、調整；(2)分配每件事情所能用的時間；(3)在預定的時間內完成各項事情。求完美的理想不變，即在某一時限內把每一件事情達到最可能的完美程度，而不是盲目地堅持把所有事情做到極滿意為止。

　　根據「容量理論」（鄭麗玉，1993），人的注意力容量（或資源）是有限的，當我們追求完美，就會提高我們對某些事物的注意力，注意力的強度（intensity）自然增加，但範圍（range）卻

會縮小;反之,降低注意力時,其強度雖然減小,但其範圍卻會擴大。舉例說,當我們在作精細雕刻時,全神集中在該物上,周遭事物則視而不見。因此看事物的角度變得很狹窄,解決問題、創造思考自然也變差了。若我們常「深度地放鬆身心」(如冥想、坐禪等),可讓「知覺、注意力、意識、情緒、動機、驅力、思維、記憶」淡薄化,就會使注意力的範圍擴大,思考流暢,創造力提升。

三 培養更美好的五大人格特質

在職場上,具有什麼樣個性的人會有比較高的職場適應力?近年來心理學家根據過去對性格有的各種分類,整合發展出對工作表現影響最重要的五項特質,稱為五大人格特質(The Big Five)(Cascio & Aguinis, 2005),以下分別介紹五大人格特質的內涵:

(一)外向性(extraversion):愛交際、大方、活潑、比較會表現自己。外向的人較易與別人有人際上的互動,也比較會主動去尋找資源、整合資源,不會害怕請求別人幫忙、也不會擔心與別人進行協調,所以這種人也會得到較多的助力。不過在職場上對大部分的工作而言,工作者也不宜過於外向,因為太過外向會過於浮動、讓人抓不住。

(二)情緒穩定性(emotional stability):情緒穩定的人較不易生氣、焦慮,神經質傾向也較低。在職場上若是情緒穩定,不但有助於個人的工作效率,連帶的也會促進整個工作團隊的和諧氣氛。

(三)令人愉快(agreeableness):或稱怡人性,這樣的人不一定

是外觀長得很漂亮，但是很討喜，讓人感覺很舒服，很喜歡與之親近、相處。這樣的人擁有令人喜歡、寬大、對他人有同理心、友善等特質，這類人擔任主管較易服眾，擔任屬下則較易受到上級的信任。

　　㈣認真誠心（conscientiousness）：許多研究指出，認真負責與工作表現有密切的相關性，認真的人可靠、工作努力、守時、強調做事的正確性，這樣的人最容易得到他人的信任和託付。

　　㈤智能性（寬廣性）（openness to experience or intellect）：具有高的想像力、智力、好奇心及審美敏感性。寬廣性就是指勇於多方嘗試，願意去接受與學習新的東西，例如喜歡多嘗試異國的美食等等，在工作上也需要這樣的人，他們隨時隨地都在學習和進步，這些人比較容易在職場被賦予創新或重要的任務。

　　要檢視自己未來對於職場的適應性如何，可以先瞭解自己在五大人格特質上有哪些優勢可以與別人競爭，更重要的是瞭解自己有哪些弱勢，就要注意如何積極加強，例如知道自己比別人內向，就可以常常鼓勵自己多去和周遭的人互動等等。另外，也要多多欣賞他人。任何人都不可能完美無瑕，也不可能一無是處；人有優點，就有弱點，一個人的短處和長處也是同時並存的，彷彿親密的鄰居。所以我們要瞭解自己及任何個人都是既複雜又聰明，雖然有缺點但依然是完整的個體，都有值得我們學習的地方。

四　培養「組織公民行為」

　　近 10 多年來，人事心理學提出一個新的概念，組織公民行為

（organizational citizenship behavior, OCB），它被認為與職場 EQ 及工作表現有很密切的關係。所謂 OCB 是指「個體進行一些超出他們工作要求的活動，這些活動往往與他們主要工作的功能沒有直接關係。可是，這些行為是重要的，因為它們就像是工作上的觸媒，最後可以協助組織完成目標」（Landy & Conte, 2004）。在職場中，不是只有工作本身的內容才是我們應該重視的部分，還有許多所謂的「公益活動」需要有人去執行和負責，這些活動看似不重要，卻是成為判斷一個人的表現或 EQ 很重要的關鍵元素。

哪些行為是屬組織公民行為？例如醫技人員的正職是做一些檢驗的工作，但除了分內的工作之外，還有許多工作分外的事，例如舉辦慶生會、讀書會或聚餐，這些屬於組織公民行為的活動看起來與正職無關，卻對於維繫一個團體的運作扮演了很重要的角色。

許多研究發現，判斷一個人工作表現好不好，除了本身職責的表現之外，這個人是否熱心公益也是很重要的部分，因為這些熱心公益的行為在最終其實變成一種觸媒，有利於你的工作績效，這次你辦一個活動幫助了別人，下一次就換別人在工作上幫助你。所以有一句俗話說「吃虧就是占便宜」，我們往往不知道自己什麼時候會需要別人的幫助，有時候做些似乎是吃虧的事，如花了很多時間去幫助那些跟自己沒有直接關係的人，但是最後真正受到幫助的其實是自己。

五　以同理心與客戶、部屬相處

在職場上廣義的客戶是指我們服務的對象，一般在企業或組織內有分「外在」與「內在」客戶，「外在」客戶就是一般業務上與我們往來的客戶，「內在」客戶則是指在組織內與我們業務上有關連的其他同事或部屬。在與客戶（不論外在、內在）相處的時候，同理心非常重要，同理心是指真正以對方的角度和立場去瞭解對方的狀況、困難與心情。

以下先描述一個有關同理心的場景，一個媽媽帶著 5 歲的孩子到百貨公司逛了三個小時的街，回到家之後，媽媽認為這三個小時孩子應該看到不少新鮮的東西，於是就叫孩子把看到的東西畫下來，只見孩子畫了許多「V」型的圖畫，媽媽看不出所以然，一問才知道，原來那些「V」型的圖畫代表許多大人的下巴，矮小的孩子在三個小時之中，抬頭只看見一大群大人的下巴。這就是一個同理心的例子，我們應該以孩子的角度去看事情，原來他抬頭只能看到一群又一群的人，而非媽媽以為的新鮮事物。如果我們能真正同理別人，與別人打交道就會舒暢許多。以下提供一些原則如何與客戶、部屬相處（張忠樸，2002）。

與客戶相處時：

- 精明的供應商先為客戶著想，糊塗的供應商總為自己打算。
- 精明的供應商提供解藥，糊塗的供應商販賣產品。
- 精明的供應商先交朋友，糊塗的供應商只做生意。

• 精明的供應商使客戶下次還想見我，糊塗的供應商令客戶避之唯恐不及。

與部屬相處時（做個智慧造林者）：

• 我是否關心部屬更勝於工作？
• 我是否有清晰的造林計畫？
• 我是否會主動清理枯枝病株，使林相更好？
• 我是否會及時支撐弱株，使它不致傾倒？
• 我是否勤於施肥除草？

能夠先為他人著想、時時想著如何去幫助別人，會幫助你帶來他人的信任，在你需要幫助的時候，別人也會以同理的角度去思考並幫助你。

六　自我肯定與職場 EQ

與職場 EQ 最有關連的特性是自我肯定，因為自我肯定和前面所談的歸零、求完美、同理心有密切的關係。首先我們要先瞭解何謂自我肯定。自我肯定就是自我價值感高，是一種欣賞自己，願意一直改變自己（自我成長）的態度與感受。一個自我價值感高的人會喜歡成為自己，會主動與外界聯繫，會誠實面對自己與他人。會透過溝通，澄清已建立之關係，減少衝突。自我價值感高的人不只是重視自己的價值，也會以同樣的態度來對待他人，關懷他人。

為了更能瞭解自我肯定的重要，我們不妨先瞭解不能自我肯定的影響：

（一）常感疲累

不能自我肯定的人需要花很大的精力注意別人對自己的反應，在意別人對自己的看法和意見，並且常常覺得對許多行為或事情的結果要負責，常把錯誤歸咎在自己身上，因此常常覺得能量耗盡，精力不足。

（二）容易沮喪、消極、生活不快樂

不能自我肯定的人很在意別人對自己的評價，而做事情往往難免被人批評，因此常常會情緒起伏，需要花很多時間處理個人的情緒。

（三）較會自我中心，不易進步，潛力無法發揮

不能自我肯定的人因為太在意自己，沒有太多餘力注意到別人的需要，因此也不常察覺到別人的長處與個人的弱點，造成很少調整自己，亦不易進步，也無法發揮潛力。

（四）會抓名、利、權、知識等以提升自己

當自己不能肯定自我（自證），就要靠別人或相關事物（旁證）證明自己的價值。

（五）追求完美，認為完美才是有價值

不能自我肯定的人常誤以為愈完美其價值就愈高，且要完美

才會被肯定。

（六）與他人間有很深的界線，人際相處不良，團隊合作不順

因為較自我中心，很在意別人的評價等因素，自我不肯定者不容易與別人有很深的關係。

整體而言，自我肯定的意義可用下面兩點涵蓋：

（一）你的價值不會因別人的貶損而減低

一個人的價值是絕對的，是「無價的」。你的價值跟你能做多少、擁有多少東西無關。

（二）每個人有不同的附加價值（相對價值）

我們的重要性雖然是絕對的，但我們也有不同的附加價值，即相對價值。我認為一個人的重要性是根據被需要的程度及能有多少人從他那裡領受到愛。我們常常希望成為「要人」。一般人所說的「要人」即為重要的人（有錢、有地位等），但事實上另外一個更恰當的解釋是指「被需要的人」，被需要愈多，個人的價值就愈高。例如說，不管你念什麼科系，念心理也好、機械也好，不同的訓練讓你在那個方面可以成為被需要的人。所以，從這樣的角度來看，我們不需要太在意薪水高低、地位高低或學歷的多少，只要清楚瞭解自己的價值，在職場上、生活上都會比較容易快樂。真正自我肯定的人就是一個成熟的人，余秋雨（1995）把成熟（見以下「成熟的定義」）的境界描述得很傳神，這個境界雖高，但當你能達成時，那麼保證你在職場上就不會有多大的挫折和困難！

成熟的定義

成熟是一種明亮而不刺眼的光彩，

成熟是一種圓潤而不膩耳的音韻，

成熟是一種不再需要對別人察言觀色的從容，

成熟是一種終於停止向周圍申訴求告的坦然，

成熟是一種能寬容哄鬧的微笑，

成熟是一種沉澱了偏激的淡泊，

成熟是一種能耐住風霜的厚實，

成熟是一種不拒人攀越的高度。　　　　　　余秋雨，1995

七　身心靈平衡

　　過去心理學家認為個人的宗教信仰與心理健康沒有什麼特別的關係，所以向來不甚重視這方面的研究。但近年來美國心理學會的報導卻指出，認真的信仰不論是信基督教、佛教、回教、道教，對於情緒的穩定性和生活適應性是很有幫助的，信仰虔誠的人往往也較長壽。究竟為什麼宗教信仰會產生這些正向的影響？

　　基本上，認真的信仰生活有兩大功能：(1)有絕對的生活目標；(2)覺得生活中有依靠。當我們的生活和生命有絕對的目標時，較不會因為社會的變遷、改觀而感到患得患失。社會重視的標準是會變動的，30 年前很熱門的科系到如今可能已變得很冷門，過去不被重視的反對黨現在可以變為很有權力的執政黨。倘若我們有一個理念較高的目標，所做的只考量是否能對別人有好處，就較

不會受短程的變異而憂心。

除了信仰讓生活有具體目標，它也會幫助個人覺得生活中有依靠。舉例來說，同樣是兩個穿著救生衣的人掉進水裡，一個不停的大叫「我不會游泳！」然後不停的掙扎，另一個則是很鎮靜、很放鬆，因為他有信心將會有救生員來救他，因此他懂得仰躺著等待。這樣的兩個人雖然都穿著救生衣，但是不停掙扎大叫的那個人還是有可能因為太過慌張喝太多水而溺斃，反之那個有信心的人則因為可以鎮定應變而存活下來。天有不測風雲，人有旦夕禍福，這個例子可以給我們一個啟示，有信仰的人遇到意外、變故比較不會怨天尤人，也較能保持平靜安穩的心；相反的沒有信仰的人比較容易慌張、不懂得放鬆，有時候會造成個人更多的憂慮、難過及傷害。同樣地，在職場中，有信仰的人對於自己情緒的掌握度較高，也比較容易有更廣的適應性，同學們不妨有機會多接觸不同的宗教信仰。

八 結 語

本章談了：(1)歸零——常存感恩的心，正向思考；(2)不追求完美的人生（跑馬拉松而非百米）；(3)培養更美好的五大人格特質；(4)培養「組織公民行為」；(5)以同理心與客戶、部屬、他人相處；(6)自我肯定；(7)身心靈平衡等七方面的課題，希望未畢業的同學們在離開學校前，能在這些方面有更多的領悟與突破，將來你在職場的生涯適應上就會比同儕們高明許多，也不會被譏笑為「草莓族」了！祝福各位前程無量！

第十章

職場中展翅上騰

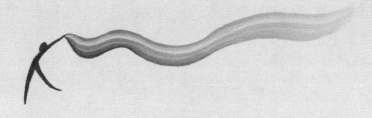

全人生涯開展

生活彩虹

To be or not to be?

面對可掌握與不可掌握的人生，彰儀老師氣定神閒，層次分明地以 MOST 教我們像經營企業一樣認真規劃生命。

Mission 釐清使命。

Objective 訂定目標。

Strategy 制定策略（要依我們的優勢、劣勢、機會和威脅喔！）。

Tactics 擬訂戰術。

老師以「個人風格量表」幫助我們分辨自己偏重 Herrmann 所說的理智人、組織人、感覺人或實驗人，並且傳授擴展我們能力和彈性的要訣。這堂課，我們學了許多井然有序的方法。最大的說服力卻是彰儀老師以親身實踐所作的示範。看善於為各企業及機構診斷的老師這樣有信心地沉著前進人生，教室裡一片安祥與篤定。

一真，2007

人生究竟是否可以規劃呢？人生中的事物有些完全無法掌握，例如地震、颱風；有些可部分掌握，例如成績的高低、健康的好壞；有些則是完全可以掌握，例如吃素或吃葷、每天看多久的電視。無法掌握的事情，煩惱也沒用，可以掌握的事情，不去做也沒用；生涯規劃的功能之一便是去認清哪些是可掌握，哪些是不可掌握，並把時間與精力集中在較可掌握的部分，以便達到最大的成果。如果隨興而不作任何規劃，原本可掌握的部分也變為不確定、增加風險及降低達成率。

因此我們若要在職場上有些作為，一定也要好好規劃，以後生涯才能開展開來。擁有企業管理專業背景的呂鴻德教授（2002），談到生涯規劃時表示，人的生涯規劃就像企業一樣，必須要能基業長青。

人在做策略規劃時，需要有一些概念，這些概念以下用「MOST」這個英文字來表示。那麼到底「MOST」代表的含意是什麼？下面就讓我們一一瞭解「MOST」的四項要素所代表的意義以及其重要性。

一　M—Mission：使命

MOST 的第一個字母「M」就是 Mission。人生最重要的是要有使命。一個人在做生涯規劃時，要很清楚知道自己的使命是什麼？理念是什麼？存在的價值是什麼？成功的定義為何？一般人似乎很少思考這些問題，以為成功的定義只有一種，就是根據某個特定成就——不管是指金錢、權力、名氣、美貌或這些項目的

組合來定義成功。更嚴重的問題是，人們往往把這樣的成功定義
（或期望）套在自己的身上。「只許成功不許失敗——永遠要雄
踞山頭」的想法主導了一切，非要努力達到某種高難度且誘人的
標準不可。一旦無法如願、犯了錯誤或遭遇失敗，就會產生極大
的羞恥感，覺得自己很無能！

　　因此若沒有把以上問題先搞清楚，就來談生涯時，很容易會
被別人的看法、外在的物慾所影響，而迷失在社會洪流中。當個
人有清楚的使命、願景，並且瞭解自己的生涯目標、成功定義及
生命的意義，才能勾勒出一個清楚的方向。對於生活意義，每個
人都可能有一番自己的看法、見解，且也不盡然相同，我們可以
從瞭解他人對於生活意義的看法，來幫助我們釐清自己的價值、
生活的意義。以下舉出一些人對於生活意義的不同想法、認知，
以供同學們參考。

（一）不同人對生活意義的不同看法

朱仲祥（罹患肌肉萎縮症）

　　一個人的人生態度，決定了一個人的高度。

雷倩（霸菱亞太通訊媒體基金董事）

　　對自己負責任的態度，就是一個不斷努力的生活態度，對自
己負責不一定要用外在的標準來衡量，擁有什麼頭銜、賺多
少錢、有多大的辦公室……，每個人可以用完全不同的標準
來衡量自己，但還是有標準的，不能什麼都不管，因為不成

為別人的負擔，也是對自己負責很重要的一環。

德蕾莎修女

我們無法做偉大的事，但是我們可以用偉大的愛來做每一件小事。

金樹人（師大心輔系教授）

職業（vocation）的英文拉丁字根是「Vocatio」，意指「一種呼喚」（a calling）。職業的英文定義，按《韋氏字典》的詮釋，係指：「一種表現某種功能或進入某種生涯的呼喚、召喚或驅使」。Frankl指出，vocation指天職，即上天賦予每個人獨特的使命。在天主教會內譯為：「聖召，認為每個人的生命是由天主所創造，天主所鍾愛。因此天主賦予此人一種獨特的召叫，當個人答覆此召叫時，才完成他被創造的目的。」回到中文看，職業，「職」當天職看，「業」當業報看，則人之秉性雖來自天賦，率性而為是呼應某種呼喚，有其更神聖的使命。

潘燊昌（安泰人壽總經理）

潘燊昌（2000）在《膽大包天》那書提到，「make a difference」是他生活中的一個很重要的部分，make a difference 一般有兩種解釋：(1)與眾不同，即一般人所認為的具有高學歷、

高地位、豐富的金錢等；(2)因為有你，所以這個世界有所不同，變得更美好。對他個人而言，第二種解釋更有意義；後來潘燊昌（2002）在《聽老闆的，就錯了》那書更提到他認為的成功是要利用自己的地位和金錢來幫助人，讓其他人也有機會成功，這樣才是真正的成功與財富。

蕭伯納

生命中真正的喜悅，源自當獻上無限心力的時候。你為一個自己認為至高無上的目標，它是一種自然的、發自內心的強大力量；而不是狹隘的侷限於一隅，終日埋怨世界未能給你快樂。

紀伯侖

生命確是黑暗，除非有著熱望，所有的熱望都是盲目的，除非具有知識，所有的知識都是無用的，除非有工作，所有的工作都是空虛的，除非有愛。

某大學生

生命要不斷的奉獻，才能顯示出它的價值，潛能要不斷的激發，才能顯現它的無窮，生活要不斷的反省，才能增長智慧。

陳彰儀

> 創造愛的循環：付出愛、享受愛。

　　從以上這些人的看法大概可以顯示，真正讓人覺得有意義的生活目標似乎是與「愛和關懷別人」有關，每個人在生命的舞台上都會扮演不同的角色，盡力把每個角色做好，就是最精彩的演出，就會對別人有幫助，例如：交通警察好好指揮車輛就能使尖峰時段的交通順暢；自助餐店的老闆好好洗菜、燒菜，就可以讓在外住宿的窮學生吃到健康又便宜的飯菜。企業家開設許多工廠，就可造就上萬個工作機會，也讓上萬個家庭能過安穩的生活。

　　如果我們明確知道生活的目標是什麼，是透過什麼途徑幫助別人，就較不易受到外在的標準，或他人如何看待自己所影響，我們的心思也不必整天放在追逐社會地位、學歷、金錢、豪宅、名車和名牌衣服。無論我們是何種背景、角色或職位，也能夠肯定自己的價值。

（二）不同公司的核心價值

　　除了個人要有生活意義、生活目標外，其實一個公司也需要願景，Collins 與 Porras（1994）的書《基業長青》中提到世界各國一些成功的百年企業幾乎都有一個共同點：它們都有清楚的核心價值觀和目的，作為決策的依歸，且這些核心價值是與人類福祉有關，以下就是一些公司的例子：

3M

- 創新：「你不可以扼殺一個新產品的構想」。
- 絕對正直。
- 尊重個人主動精神及個人成長。
- 忍受誠實的錯誤。
- 產品品質及可靠性。
- 我們的真正業務是解決問題。

奇異電器

- 以科技及創新改善生活品質。
- 在對顧客、員工、社會與股東的責任之間求取相互依賴的平衡（沒有清楚的等級之分）。
- 個人責任及機會。
- 誠實與正直。

惠普

- 公司存在的目的是要貢獻技術給我們從事的領域。
- 尊敬惠普人並給予機會，包括共享企業成功的機會。
- 對我們營運的社區奉獻與負責。
- 提供顧客負擔得起的品質。
- 利潤與成長是使所有其他價值觀與目標可能實現的手段。

嬌生

- 公司存在的目的是要減輕病痛。
- 我們的責任層次分明：顧客第一，員工第二，整個社會第三，股東第四。
- 根據能力給予個人機會與報酬。
- 分權＝創造力＝生產力。

新力

- 體驗以科技進步、應用與創新造福大眾帶來的真正快樂。
- 提升日本文化與國家地位。
- 甘為先驅：不追隨別人，但是要做不可能的事情。
- 尊重及鼓勵每一個人的能力和創造力。

二　O—Objective：目標

　　MOST的第二個字母「O」是指Objective。就算我們已明確知道生活的目標是幫助別人，但是我們還要釐清可以透過什麼途徑來幫助別人？這個就是生活具體的目標，目標非常重要，有了目標我們才會知道如何一步一步實行。對一個大學生而言，要思考到底畢業後要就業？要考研究所？還是要出國？一個社會新鮮人在進入社會之前，也要先問自己兩個問題：(1)你最想從事的行業為何？(2)你做哪一類工作最適合？問題(1)涉及你的行業，俗話說：「男怕入錯行，女怕嫁錯郎。」選擇行業是一生中很重大的決定，

它對一個人的生活有著多方面的影響。什麼行業就會有什麼「生活型態」，因為行業與生活是息息相關，互相影響的。面對不同的工作型態，你的人際交往、家庭生活、休閒……等都會有所不同。問題(2)涉及你在某一行業的職業，選擇了某種職業，就決定了你的興趣與能力是否能充分發揮。假如你選擇時是依著你的興趣、能力、個性、好惡的話，它會讓你感到好像穿對了鞋子，很適合，做得很帶勁，生活也會充滿了成就與滿足；若選擇錯誤，生活就會變得空虛、無聊、厭煩與不滿。因此這兩個問題值得我們好好思考。訂定目標要考慮的層面也很多，以下加以說明。

（一）訂定遠期目標要有大格局

在戴西‧魏德蔓（Daisy Wademan, 2004）的書《記得你是誰》中，提到哈佛大學貝爾教授強調個人遠期目標不要定得太明確，否則個人可能擔心自己的失敗機率過高而遲遲不敢踏出第一步。唯有拉大格局規劃整個生涯，在宏觀的角度，再冒險的決定也會顯得無足輕重，你才能承擔更多風險。不要因為擔心做錯決定而浪費大好時機，也不要因為得過且過而錯失改造世界的機會，這樣才可能有很大的發展。例如你長期的目標若是要在學術界發展，不要太快把自己限制在特定領域，要慢慢探索與開展你的專長。

（二）訂定中期及近期目標要具體且明確

訂定中、近期目標必須是具體而且明確的（如達成的日期、預期達成的標準或狀態），並瞭解目標實踐所需的前置作業與準備，且實際著手去計畫，而非只有想法。例如要在學術界發展，那麼畢業後（如兩年後）出國留學就是清楚的中期目標；而近期

目標就是達成申請學校所要求的條件及完成所需要的資料。有了這些目標，就能督導自己更有計畫地實踐我們的夢想，我們可以在第一年蒐集各種有利的資料、相關的資訊，並同時增進語文的能力，第二年開始計畫申請的相關事宜並提升語文能力到足夠的程度，如此就愈來愈接近出國留學深造的夢想與目標。

（三）適當的壓力督導目標的實行

訂定中、近期目標的同時可以給自己施加一些壓力，即將目標定得高一點、難度高一點，因為適當的壓力是成長的開始，可以讓我們茁壯；沒有壓力就沒有成長的動力，所以要有一個較難的目標作為驅策自己的主要動力。

三　S—Strategy：策略

決定了大方向，再來就是考慮較細節的部分，當目標確定時，接下來就要談到策略。一個人在規劃生涯時，要注意下面三項大策略，用對的方法、做對的事，才能達到最大的功效。

（一）優勢與劣勢

先考慮自己的優勢、劣勢、機會及威脅（SWOT: strength, weakness, opportunity and threats）。優勢包括自己的目標、能力、興趣、性向、風格、外在的機會、家人的資源與支持。劣勢是指個人的缺點（能力與個性上）、缺憾（如體力不好）或限制（如父母年老多病，需有人長期照顧）。有句話說：「不要問環境能

給我們什麼機會，而要問自己有什麼能力。」所以，你需要「量己力，衡外情」，先評估自己的力量，再衡量外在的情勢。

在優勢方面，瞭解個人的風格對生涯規劃會有很大幫助。不同風格的人有不同的特點、不同的性格，瞭解自己的人才能夠為自己發展適合自己的未來藍圖。如果一個人順著他的風格發展，就比較輕省，也較容易有成果。但如果只發展個人風格中的優點而忽略弱點，個人又會被此弱點限制住，因此我們一輩子還要一直加強個人的弱點。

〈課堂上做個人風格量表〉

Herrmann（1997）曾針對個人風格做了許多研究，他將人之風格分為四大種類：理智人、組織人、感覺人及實驗人，以下一一說明不同風格的人的特性以及其優缺點：

Herrmann 的四類個人風格：

1 理智人（Rational）

理智人常將事情邏輯化和量化，凡事實事求是不苟且，其風格為偏重邏輯和分析，通常堅守底線，鮮少退讓。與人溝通時強調清楚、客觀、邏輯和精確，對事情也較偏重邏輯性和觀點性（perspective）。

優點：擁有優秀的分析、理財、解決問題、科學、統計、技術
　　　等方面的能力。

缺點：比較容易工於心計、冷若冰霜，不懂得關心別人，也會
　　　給人一種沒有感情的感覺。

2　組織人（Organized）

　　組織人做事時偏重循序漸進、井井有條，凡事講求按部就班和直線思考，其風格為實在、務實、絕不會模稜兩可或曖昧不清。另外，這類型的人注重細節和事實，講求實際，較重視事情的內容與內涵（context）。

　　優點：有良好的管理、執行、組織、規劃、調節和監督等方面的能力，擅讀技術文件、口齒清晰、矜持自制。

　　缺點：較不會為自己著想、做事情一板一眼、挑剔，也容易墨守成規、不太會創新，沒有想像力。

3　感覺人（Feeling）

　　感覺人顧名思義容易偏重人際關係、情感、音樂和精神部分，其風格為喜愛與人分享、重視團體，將「人」當作最重要的資產。在行為和溝通方面首重真誠、感覺與過程，凡事感覺好最重要。

　　優點：情緒豐富、對人的直覺力強，有優秀的音樂能力，在人際來往方面較擅長，也很懂得表達自己的想法。

　　缺點：心腸太軟又多愁善感，容易被人牽著鼻子走，有些呆氣。

4　實驗人（Experimental）

　　實驗人偏重想像、綜合、藝術和化約概念，其風格為直覺力強、具全觀視野、敢於冒險。在行為與溝通上講求直接和目標導向，很有自己的想法，對事情則非常強調好的觀念（good ideas）。

　　優點：藝術力強、綜觀力強、創意強，擁有豐富的想像力和空

間能力，對於情勢的直覺力也很強，並且懂得融會合成。

缺點：比較沒有辦法專注在一件事情上，愛作夢、老是心不在焉，給人的感覺比較率性不羈、魯莽急躁和不切實際。

一般人喜歡與自己風格相同的人相處，因此我們常常會以自己的風格來看別人，也以為自己的風格是考量事情的最佳角度。事實上，不同風格的人對同一事情的觀點會截然不同。由上述四個不同風格的人格類型來看，知道自己屬於哪種風格，可以瞭解到自己的優點和不足的地方，並作為改進和補強的準則，在你的生涯旅途中，要盡量與不同風格的人相處、合作、互相學習。與不同風格的人相處、交往就是一種自我成長、自我進步，它可以增加自己學習的機會，學習到不同風格人的優點，藉以改正自己的缺陷、弱點。在一個組織、企業想要成功、追求卓越也必然是擁有不同風格的優秀人才，彼此間互相學習、切磋才能夠達到均衡且全方位的發展，也才能符合多元化！

（二）策略槓桿

槓桿的意義就是用最少的力量，搏最大的優勢，也就是使用最有效的方法去達成我們的目標，我們要將眼光放遠，思考利用什麼樣策略可以讓我們最為省力，能達到的功效同時也最大。根據前面一點所提的，最重要的是就自己的狀況、自己的優勢，去選擇我們的策略方式，因為自己的願景、情形只有自己最清楚，為自己找出一條最合適的路，能最快抵達，同時也能有最佳的成果。

（三）長遠的眼光

除了你目前的專業，還要進一步思考自己專長的領域與另外哪些領域相關？與哪些領域是可以相互輔助的？因為在已長久發展的領域希望有所突破相當不容易，但如果跨兩個領域，就比較容易出眾，因此當你找到有潛力可以整合的領域後，就努力去學習這個新領域，以便早日發展出跨領域的第二專長，並與你的第一專長整合。

四　T—Tactics：戰術

有了使命、目標以及策略後，接下來就是要思考如何讓它更有利、作小部分的精進，以便能夠實現自己的心願和夢想。在「MOST」當中的最後一個字母「T」代表的涵義就是 Tactics，就是戰術。上一章提到五大人格特質（The Big Five），其中一個特質叫智能性（寬廣性），強調作法開闊的重要性，擁有良好的人際網絡有助於我們的擴展，因此要多結交各領域和各個不同層面的朋友來拓展個人的資源。如果你喜好打球，那麼就可以在運動方面擁有與自己興趣相投的朋友；如果你享受閱讀的樂趣，就可以多結交喜愛閱讀的朋友。以下歸納了四項重點，說明如何擅用戰術。

（一）擴大個人專業的深度與廣度（接觸面）

現在是知識爆炸時代，每個學科的知識日新月異，因此對於

你的專業學科，基礎知識一定要紮得很穩固，並且盡量接觸專業中的不同次領域。並且在每個發展階段，給予個人不同的訓練、經歷；假設你未來要從商，就要提早培養在商業活動中的一些經驗，例如：在學期間爭取工讀的機會；爭取實習的機會以瞭解某一行的特性；參考閱讀相關報章、雜誌，並蒐集經營管理知識與技巧之發展趨勢；如果你未來想要從事學術研究方面的工作，就必須在學術領域去體會、經歷及吸收，不管選擇哪一條路，確認自己的志趣後，就要做好許多準備和養成習慣。

（二）加強其他部分的實力

除了自己本科的能力之外，我們還要時時學習，並加強自己在其他部分的能力，像是語文能力、資訊能力等，這樣才能更提升自己的競爭力。

1 語文能力

檢驗自己的本國語文能力與溝通能力，是否在讀、看、寫都達到標準以上。另外，外語方面是否已經達到應有的國際化水準，是否能閱讀一般的英文報紙、教科書，是否能與外籍人士做簡單的溝通。外語對我們的學習、未來工作都是不可或缺的一項重要工具，不論我們要閱讀原文書籍、與外國學生做學術上的交流，以及未來與外國客戶、外國廠商打交道，語言都是我們必備的能力。因此如果我們想要成功、卓越，就應該時時檢視自己各方面的語文能力是否有不足的地方。

2　資訊能力

　　有人提到二十一世紀是一個全新的科技世代，因為電腦科技將無所不在。的確，電腦已成為人類生活及工作上不可或缺的重要夥伴，許多人都必須仰賴電腦或使用以電腦為基礎的科技系統，才得以有效地學習或完成各種不同的工作任務。因此具備良好的資訊能力是成為有效的現代人之重要條件！隨時檢視個人的資訊能力是否已經達到全球的平均水準。

（三）發展良好的人際網絡

　　企業界普遍流行一句話：「20 歲的成果靠智力、能力；30 歲的成果靠努力、經驗；40 歲的成果靠人際關係。」由這句話中，我們就能看出人際網絡對於一個成功的人有多麼的重要。結合並整合各種關係的人，這樣可以比別人節省一些嘗試錯誤的成本，很多人常常會不好意思尋求他人的幫忙，總覺得請別人幫忙自己，就多欠了別人一份人情，其實這麼想，只會阻斷、限制自己的進步空間。我們應該嘗試運用「創造愛的循環」之良好觀念，即使我請別人幫忙，欠了他一個人情，那麼下次若他想要請我幫忙什麼，他也比較容易開口，建立這樣多方面人脈關係，彼此互通有無，才能有長遠的進步。要如何建立我們的社會網絡和人脈關係，身為學生可從下面幾個途徑開始：

　　1.老師：老師們大部分學識、經驗豐富，且人脈也很廣。因此不要害怕與老師接近，要多多與老師討教，就可從老師身上習得許多課堂上無法學到的學問與智慧。另外，與老師多接觸後，也可讓老師知道你的興趣或目標，以後有適當的工作機會就可透過

老師引薦。

2.學長姊（校友）：學長姊一般對學弟妹都有一份感情，很願意提攜學弟妹，因此盡量接觸學長姊，向他們詢問相關的經驗，並請他們提供在校期間需加強的部分。畢業後，也要與相關領域的學長姊保持聯絡，可以請教業務相關的事宜。另外與學長姊的接觸當中，他們也可以看到你的優點，他們就樂意為你推薦工作，有人推薦的話，你的就業機會就會大大提升。

3.自己周圍的人：由於每個人的經歷都不盡相同，我們可以從我們自己周圍的許多人身上學習到許多寶貴的經驗，這些經驗可能是書本中沒有提到的，但卻是他人曾經的生活經歷與發現，將這些寶貴的經驗記起來，就能夠省去許多自己摸索的時間，同時也降低失敗的可能性。另外如果你的朋友愈多，你能得到的社會支持就愈強，當你在生活上或情感上需要幫助時，就有人提供適時的幫忙。

「聰明人靠經驗學習，但真正聰明的人借用別人的經驗來學習。」能借用愈多人的經驗，自然你也變得更聰明了！

（四）彈性調整

在我們的日常生活中，合乎常理及遵從邏輯的思維方式，確實是解決問題之道；但有時候中規中矩的作法反而導致失敗，而那些看來不合邏輯和非理性的行動，卻出乎意料地使問題得以改善。因此人生的目標要隨外在情勢而常常調整，要有彈性，而不是拘泥於某種方向或框架。英國詩人葉慈曾說：「什麼叫做未來？悲觀的人說未來是不可能（impossible），平庸的人說未來是不確定（uncertainty），樂觀的人說未來是充滿希望（hopeful）。」時

時保持樂觀的態度，就會讓我們覺得前途無量，充滿衝勁！

五　結　語

　　本章從：⑴ Mission（使命）；⑵ Objective（目標）；⑶ Strategy（策略）；⑷ Tactics（戰術）等四方面的課題，介紹生涯規劃的價值在於釐清個人願景，有效的認識自己，客觀的認知環境與所需資源，並用合理可掌握的方法，逐步地將其整合，以達成目標，完成個人使命。「未來」是掌握在我們自己手中，有心就能夠成功。若是我們懂得隨時計畫，並隨時調整，不斷整合資源，幫助別人也幫助自己，並保持一個樂觀正向的態度，那麼就能夠成為一個被許多人需要的人、就是真正成功的人，希望各位同學們能在做生涯規劃時好好把握這幾點，將來你在職場中必能展翅上騰！

第十一章

人生棋盤——
生涯抉擇

在永不止息的十字路口，我們的抉擇是否反映了我們真心所重視的？當眾音擾攘時，我們因深知道自己是什麼，要什麼而心裡安靜，腳步穩定。

這 100 分鐘裡，我們的教室成了一個棋盤。以肉身為棋，對六至九個生涯選擇題，揚聲宣告答案和理由。再坐下來默想，並配合生活彩虹探索的測量結果，與諍友述說，萃取核心的價值，且澄清自己作抉擇的風格。

這麼多年以來，我們只見一代又一代的學生如雲門的舞者嘻笑卻又莊嚴起落，在棋盤上走向自己的抉擇。而大珠小珠落玉盤的率直心聲，敲開我們的眼界，知道：原來人的想法可以這麼不同，卻可以相安無事。也因為年輕的話語此起落，本章所有關於「抉擇風格」的文字並未來得及在課上呈現及被驗證，算是延伸閱讀。

一真，2007

我們是我們的抉擇。　　　　　　　　　　　　　　　　沙特

　　我們所抉擇的，不但是看得見的事物、環境和行動，我們也抉擇那深藏在大腦深處的記憶和情感、要怎麼看待自己、感受世界，以及決定生命的價值。在許多事情上，我們從小已經作了這些抉擇而深蒙其惠或深受其害了。

　　Frankle 認為沒有任何外在力量可以剝奪我們為生命所作抉擇的自由。我們可以作的最大抉擇就是活出生命的意義，而愛是人類所渴望的最終極、最崇高的目標，他也深信人要經過愛才有救贖。無論在任何既定環境之下，人類均能選擇自己的態度及方式（Frankle, 1984）。

　　生命的價值可以有兩層意涵，一層是我們所重視的事務，從我們投注的時間、心思、金錢，甚至白晝夜裡的夢，可以看出端倪。由抉擇模擬活動或專業的測驗、諮商，也可以反映出我們所在乎的事物。

　　生命價值的另一層意涵是：我的存在對我所愛的人、我的家、環境、社群，甚至宇宙所具有的意義；也就是我的人生使命（life mission）或是《牧羊少年奇幻之旅》中所說的天命。企業界強調每個人和組織都要思想本身存在的使命，並且具體向世界宣告和實踐。投奔美國的俄籍舞者巴里辛尼柯夫說：

我在十幾歲時，就知道不管幹哪一行，我要出類拔萃，作最好的那一個。要下決心。我決定跳舞，努力成為很好、更好的那舞者。……這種非跳不可，非跳好不可的慾望是這個行業的規範，而工作正是這份規範的唯一語言。

(林懷民，1991: 120-121)

　　我們也可以思考，真實生活中的盧雲神父、Patch Adams 醫師（電影「心靈點滴」就以他的故事拍片），以及愛非洲人的史懷哲和連加恩，以及電影「芭比的盛宴」中為村民擺筵席的芭比，都清楚他們來世間的任務。

芭比的盛宴

丹麥一座偏僻的小島上來了一位美麗神祕的女子——芭比，用她意外獲得的一筆巨款，為小鎮居民烹煮一頓正式的法國大餐。在用餐之間原本居民們複雜糾葛的人心，起了相當的轉變，彼此重新學會相愛。芭比一雙手捧出她的最好，給的是默默無名卻又在身邊的「一般人」。愛我們的鄰居看似容易，卻需要耶穌來提醒。芭比的調羹滿足人心最深的飢餓——在一張小飯桌上安心地和同席的人歡宴生命。　　　　林一真，2000

> 我的朋友，請吃。我所親愛的，請喝，且多多的喝。
>
> 　　　　　　　　　　　　　　　　　　雅歌 5：1

　　對我來說，第一種價值觀是「我要」，第二種價值觀是「我是」。知道「我是什麼」，「我要什麼」就清楚了。在本書第二篇講述的主題「不一樣的人生」就是在談我是。讓我們先像襁褓的幼兒，從「我要」開始。

一　人生棋盤──生涯抉擇

> 圈出我的抉擇，寫下我所重視，畫出心靈地圖。

　　人生在世很多事都可以作多種抉擇。但是在有限的時間內，請就以下題目所給的兩個（或更多）答案中作個抉擇，並在右欄描述自己所重視的事物。

情境	我的選擇	我重視
1.換房子：智慧大廈一單位／花園洋房 　　如果我預備換房子，在所花費的金錢相似情況下，我會選擇離我每天要去的地方車程 5 分鐘，規劃得很好的大廈中的一個單位（夠住，公共設施很好）；還是要買離我每天要去的地方車程 40 分鐘，更寬敞而景色優美的花園洋房？		
2.旅行：十六天遊七國／定點 　　兩個很好的出國旅行團，團員都好，團費也相近，時間一樣都是十六天。我會選擇旅遊我向來憧憬要去的七個鄰近國家，或是會選都停留在我所喜歡的一個定點行程？		
3.選課：莊老師／何老師 　　在同一時段，主題一樣的兩門課中，我會選修一位領域受人敬重的大師的課，這位莊老師言之有物，表達清楚，平易近人，樂意和學生互動，如果認真學習的人可以得 98 分，但如果打混也可能不及格；或選另一位何老師的課，他最出名就是露出潔白的牙齒微笑，上他課的人未必聽懂他的課，而且有上課沒上課、有自修沒自修的人學期分數介於 80 到 85 分之間？		
4.到異地研習 3 年：去／不去 　　有個到異地研習，我夢寐以求知能的優厚獎學金，研習完成後無任何義務，在研習期間可以用任何方式（視訊、電話、e-mail）與我所愛的人通訊，但不能親身見面。我會接受嗎？		

情境	我的選擇	我重視
5.團隊招手：前輩領袖／菜鳥學習 　　有兩個團隊熱情邀約我。一個團隊表示非常想學習我的長處，我若參加，會是一個大哥大姊級的前輩，要教導或分享我已駕輕就熟的知能；另一個團隊的人擁有我一直想學的新知能，我若進入，就像菜鳥要重頭學習。我會選擇哪一個團隊？		
6.愛與婚姻：唐／白先生小姐 　　希望這絕對是個假設的情況：我與多年相知相惜相戀的伴侶（唐先生／小姐）為了某種原因到了 34 歲還不能結婚，兩人仍很有誠意地交往，但拗不過家人的催促，與一位條件不錯的人相親，對方很喜歡我，雙方家長更是滿意，只等我點頭。我對這位白先生／小姐就是沒感覺，如同喝白開水，不來電。當我告訴唐先生／小姐這個狀況時，他也很難過，誠懇要求我再給彼此一個努力的機會，我會選擇誰？		
7.不同理念：謀／不謀 　　如果有個很好的團隊在向我招手，無論是知性的學習、待遇、環境都是最優，唯一考慮的是這個團隊的人品性很不錯，但他們的核心信念（如宗教、政治認同、性取向）和我非常在乎的信念截然不同，我會接受邀約嗎？		
8.十五億：拿錢不工作／不拿這筆錢 　　這是純屬虛構但受人歡迎的題目。倘若今天有人要送我十五億，經調查他無不良動機，錢的來源也很正當。唯一條件是今天就要接受這筆錢，而且從此不能再做有收入的工作，也不能當義工。可以用這筆錢去吃喝、旅行、學習、買房子，並且可以給父母子女花用，但嚴禁任何形式的增加收入及助人。我會接受嗎？		

情境	我的選擇	我重視
9.住宿：四人房／雙人房／單人房 　　倘若要住宿，而且每個人分到的坪數是一樣（四人房是單人房的四倍大），我願意與三個不同科系的人同住四人房，或與一個不同系的人住雙人房，還是要住單人房？		
10.節育： 　　如果我與伴侶對生兒育女的數目都很滿意，我可以選擇什麼方式來節育？		

　　除了以上，我們一定可以另行創出許多抉擇的項目，從這些抉擇，我們可以思索：是什麼事物驅動我的決定？

二　從原點出發——我的核心價值

　　1.我們可以與人對談，彼此表述，整理出自己最重視的價值。

- 我最重視的是_____。
- 我最不重視的是_____。
- 我過去可曾在生活中反映或實踐？
- 我的價值觀影響了我的生命／生活／職業／生計嗎？我從中得到什麼滿足？我為此付出什麼代價？我要調整嗎？
- 在今天的探索中，我印象最深刻的是什麼？

　　2.我們也可以運用本章第一節的「人生棋盤」活動所作的抉

擇，配合「生活彩虹探索」的陳述，用來述說自己在生活、人際互動及工作中所重視的事物和個人需求，也可以回想平日作決定的方式，整理出抉擇風格，並且選擇要不要改變它。

　　以圖 11-1 為例，這個年輕人尹之翎最重視的是自主、變化，比較不重視的是地位及方便性。

　　3.我們也可以參考人本心理學者 Maslow 所提出的需求階梯（見圖 11-2），去判讀出我們所重視的是「生理、安全、歸屬、自尊、認知、美、自我實現、超越」的哪些需求階層。

　　在我們的課上，年輕學生常用他們的話說出最想要擁有的是：正向思考、熱愛生命、愛他人的心、感恩的心、解決問題的能力、體貼、快速行動力以及身心健全。

_之翎_ 的 Holland 綜合碼	A	S	R
項　目	**最重視**	**其次重視**	**再其次重視**	**最不符合／重視**
個人需求	自主	變化	成就	順從
生命價值	自由	生命的奧祕	智慧	地位
人際價值	心靈交流	對方有智慧	獨立思考	財富
工作價值	工作富變化	獨立自主	原創	管理

圖 11-1　尹之翎的生活彩虹價值整理表

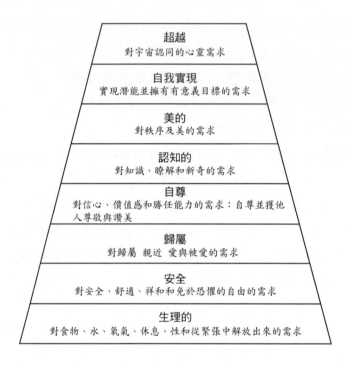

圖 11-2　需求階梯

資料來源：一真改自張春興（1993）現代心理學，台北，東華。

三　我一生的抉擇

（一）我獨特的抉擇路──我一生中作了哪些重要的抉擇，才走到這裡？

　　拿一段繩子或線，回顧從小到大自己所作過而印象深刻的決定，為每一個決定折一下繩線。如果想得出這決定對自己的生命是

得高於失，就往上折，如果相反就往下，不確定就持平。向你的夥伴或自己訴說，這些抉擇怎麼一路帶自己走到這裡，覺得如何？

（二）澄清抉擇風格

　　每個抉擇都是多面向的動態歷程，至少包含速度、根據因素、付諸主動性、情緒以及事後擔當的向度。找個安靜的角落沉澱一下，看看自己的抉擇習慣，並且考慮要不要調整：

1　我作抉擇的主要風格──急緩向度

4　　3　　2　　1　　0　　1　　2　　3　　4
拖拖拉拉　　　　　　　　　　　　　　　　　說作就作，
　　　　　　　　　　　　　　　　　　　　　衝動

2　倘若要作我在乎的抉擇，我主要會根據什麼作選擇？──價值向度

　　□ 最不麻煩
　　□ 我最喜歡的
　　□ 最有利的
　　□ 在乎的人想要的
　　□ 可能成功的
　　□ 最少人做的
　　□ 最多人做的
　　□ 最習慣的
　　□ 隨興

□ 正向陽光的

□ 直覺

□ 愈冒險愈好

□ 最安全的

□ 最合乎我理念的

□ 根據信仰的感動

□ 聽天由命，環境要怎樣就怎樣

□ 最合乎道德的

□ 其他（請說明）＿＿＿＿＿＿

3　通常，我會在什麼情況下作出抉擇？──主動向度

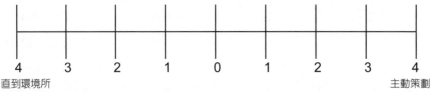

| 4 | 3 | 2 | 1 | 0 | 1 | 2 | 3 | 4 |

直到環境所
逼才作抉擇

主動策劃

4　在抉擇當時，我通常會有牽掛或遲疑嗎？──情緒向度

□ 雙趨（兩個都想要）、雙避（兩個都不想要）或趨避衝突
　（對想要的東西憂喜參半）──猶豫、痛苦、掙扎

□ 迷惑──不知自己要什麼？

□ 茫然──不知將來會如何？

□ 無奈──不管作什麼抉擇，改變不了身邊的人

□ 不會考慮太多，也沒什麼感覺

□ 患得患失，害怕作錯

□ 深思熟慮，心平氣和

□ 乾脆俐落，輕鬆自在

5　我對於抉擇後果的不確定性感到如何？──控制向度

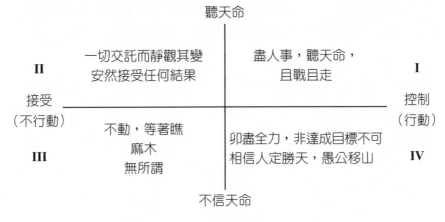

圖 11-3　抉擇中的努力與交託

> 愛不會阻礙一個人去追求他的天命。　　　Coehlo, 2001: 129

6　作過抉擇，倘若不如人意，我通常會如何？──負責向度

□ 懊悔自責

□ 反省他人

□ 雖有缺憾，但坦然接受不再行動

□ 接受遺憾，盡力改進

□ 很少去想

7　我想調整我的抉擇方法嗎？

是我們在滋養著天地之心，而我們所存活的這個天地究竟會變得比較好或比較差，就端看我們是變得更好或者更差，在這裡扮演關鍵性角色的力量就是愛的力量，當我們心中有愛時，我們就會努力去使自己更好。

那隻手在創造每一樣東西持，自有其理由……只有那隻手明白，那是一項超大的設計，才能將整個含納成一個點，而在那個點上，六天的創造才能昇華成為一個元精，男孩接觸到了天地之心，發現那就是神之心。

你的心在哪裡，你的寶藏也在哪裡。

Coelho, 2001: 161-171

8　我要把哪些人的想法考慮進來？重要的人對我的期待是什麼？

9　10 年後，這個選擇如何？

不要那麼挑剔　璐

發現我的抉擇風格是完美主義。很多時候表現得很獨立，內心卻很希望別人能幫我抉擇，對自己和別人都抱著很高的要求。我怕接受決定背後的負面結果。

今天起，試著讓自己不要那麼挑剔，不要花上一生為瑣碎而煩惱，能多花時間去尋找人生的真正意義。

四　有一句話可以比喻自己的生存策略嗎？

在我們生命歷程大大小小的抉擇中，常常有一道軸線，就是我們所認定的角色和人生使命。在扮演這樣的角色時，我們經常會選擇一些重要信念來面對每一天，可叫作生存策略。在劉淑慧（2000）的研究中，有些人的生存策略是「伺機爭取最大掌控權」、「走出自己的路」、「當一個狡猾的乖小孩」或「「永遠有另一片天空」。

也有陽明大學的學生告訴我：「扮演一個溫柔的狠角色」。《聖經》上也有「純良像鴿子，靈巧像蛇」的教導。你的生存策略是什麼？

五　生涯抉擇的阻礙

當我們作生涯抉擇時，會考慮許多因素，其中有些是合乎現實狀況的情況，包含：

1.現有的資源，如時間、我的能力、性情以及可從環境中獲得的人力和物力支持。

2.外在的限制，例如某些工作或角色要求的健康、年齡、學歷及經歷等條件或我們自己設定的限制。

例如：

⑴刻板印象

・男生不該學做緞帶花。

・女生不該當飛機駕駛員。

(2)傳統的習慣

- 我們家族都是醫藥護世家，我不能當叛徒。
- 如果信基督教，子孫就不掃墓，斷了香火。
- 我們家人從不和河洛／客家／外省／外國人通婚。
- 7 月不能結婚。
- 懷孕不能拿剪刀、釘釘子。

(3)個別的哲學與偏好

- 只有坐上 CEO 執行長的位置，我才算成功。
- 如果我娶的不是正妹，我就是太遜了。
- 我不可能跟藍（綠）黨的人共事，1 分鐘都不行。
- 會跑大陸的人一定不愛台灣。

(4)虛擬的觀眾

- 我知道大家都在看我的好戲，我就偏偏……
- 我若和他結婚，一定被親友笑死。

3. 相對於過分的自我設限，有些人在作生涯抉擇時是迷信個人神話，以天真、衝動或一廂情願的想法，不願深思熟慮地作慎重的抉擇。

例如：

(1)壞事不會臨到我

　　一般來說，這種生活型態不健康，但是我應該還可以撐一撐。

　　我從小到大都是否極泰來，大難不死，這次也應讓不會有事，再闖他一次。

(2)啊哈！沒人發現

　　作弊、走私、超速、賣假貨、外遇。

> 沒關係，我不會那麼倒霉，應該沒有人會發現。

　　經由平日的靜思、敏察、默想，或與敬重的人對談，我們或可以減少落入個人神話及自我設限這兩個極端的陷阱。

　　當我們撥雲見日，把不必要的限制排除，並把個人的神話迷思點破，就可以樸實地看清抉擇課題的真相，以便正本清源地作決定。

六　對於我當下的生涯處境，我的抉擇態度

　　對於我當下的生涯處境，我的抉擇態度是：

　　□喜歡現狀，目前不考慮變動

　　□想改變，但不知如何抉擇無頭緒

　　□不喜歡現況，但也不想改變

　　□已有幾個大方向，但難取捨

　　（原因是＿＿＿＿＿＿＿＿＿＿＿＿＿＿＿＿＿＿）

　　□已有一個具體改變方向，尚未行動

　　（原因是＿＿＿＿＿＿＿＿＿＿＿＿＿＿＿＿＿＿）

　　□已有一個具體改變方向，即將行動

　　（原因是＿＿＿＿＿＿＿＿＿＿＿＿＿＿＿＿＿＿）

　　□順其自然，環境要我變，就變

> 如果已經很用心，而且無違道德和安全，不必為所作過的決定後悔！往前看，現在可以作什麼？

最適合的　程

我最重視的是「尊嚴」；最不重視的是「財富」；過去，我一直都顧及尊嚴，不做傷害尊嚴，愧對自己的事，始終堅持自己的理想，並且獨立思考，本於自我意願。

因為我重視自尊，所以我做事都抱持著負責的態度，盡所能實現自己所想、所願的，使自己不會對自尊有愧、有憾，這樣的個性態度讓我在學業和其他地方多能有很不錯的成就，也使生活過的踏實。不過有時也會容易將太多責任攬在身上，或是在別人批判詆毀我的自尊、重視的東西時容易動怒激烈反抗，我想未來我仍然會重視自己的尊嚴，但會學著更豁達。

今天的上課方式非常有趣，透過各種模擬抉擇，我看見除了自己的選擇外，更多不同角度的想法。同一個問題，原來會因為人的性格差異，導出不同的立場，而且大家都能說出有理的理由，這使我看見了事物的多面性，也讓我想到上星期上課時吳老師說的，要找到最適合自己的方式，面對人生中許許多多的抉擇，沒有什麼一定是對的，只要是適合自己的，讓自己覺得快樂的，就是好的抉擇。

七　我，有何價值？

這世界多一個我少一個我的差別是什麼？我存在的價值是什麼？

第二篇

不一樣

的人生

像蓄洪一般，經過一學期的儲備能量，我們終於拉開這最後一堂 lecture 的閘門。

　　早在一開學，我們就廣徵有不同信仰的同學準備 3 至 5 分鐘的見證分享。接著，同學在期中考之後就在回饋單上坦誠提出對信仰的疑問（喜歡深入的人還可以選作「我的生涯信念」作業）。

　　上課的鐘響時，一開始，我們先默想自己的存在，對人可以是什麼禮物？再追溯思考生命是否有個原點？若有原點，自己和這原點的關係是什麼？

　　再來就是學生和老師接力，並以盧雲對猶太人好友談「活出有愛的生命」，以「被拿起、擘開、祝謝、分給人」的生命，訴說自己的信仰之路。年輕人的分享很有力量，他們吟唱自編的詩歌，訴說自己如何在尋常大學校園中追求靈性的生活，同學也熱情 Q&A，相約課後再談天「part II」。

　　「有無信仰的人生」循著生涯開展的「十大樂章」，事實上，只起了個頭，一則因下課鐘響了，二則因這本來就是久久長長，要自己去體會驗明的。

第十二章

信仰與生涯

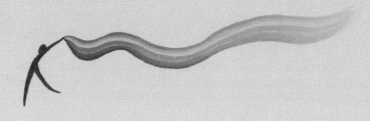

全人生涯開展

生活彩虹

> 請向我們傳講一些我們心靈最渴求的信息
>
> 是有關我們許多祈願和盼望的
>
> 不是生存的技巧，而是信任
>
> 不是滿足感情需要的新方法，而是愛
>
> 請向我們傳講一個比我們變幻不定的觀點更大的異象
>
> 請向我們傳講某些比我們更偉大的事和人
>
> 請向我們傳講神　　　　　　　　　　　　　盧雲，1999

在第四章我們提到：盧雲接受猶太裔記者佛雷德訪問。他看到這記者的無奈，也看到他眼中的依稀還閃爍的光芒。在結束訪問時，盧雲拋出大哉問：

> 你喜歡你的工作嗎？
>
> 如果你不喜歡，為什麼你還做？

盧雲不放他走。盧雲為佛雷德申請到耶魯寫作，開始了這下半輩子的忘年之交，跨越天主教與猶太教的鴻溝。這當中兩人都在生命中不斷闖蕩，盧雲從耶魯、哈佛，轉到黎明之家、方舟之家去服事身心障礙的人，而佛雷德經歷第一次婚姻的破碎，而後與魯冰新組家庭，並在職場浮沉。但兩人保持心靈的牽繫，直到有一天，佛雷德為他的一群猶太朋友請命，說出兩千年來這一個聰明而流浪的民族的心底吶喊。

> 請向我們傳講某些比我們更偉大的事和人，請向我們傳講神。
>
> 盧雲，1999

　　而當盧雲深思著怎麼回應這個兩千多年流離後的祈求時，換成佛雷德不讓盧雲走。盧雲寫了春蠶吐絲般的小書《活出有愛的生命》（*The Life of the Beloved*）。委婉柔和，其聲卻如雷。

　　盧雲說：我們是被愛的一群。神愛我們，也渴望被我們所愛。我們的生是世界的禮物，我們的死更可以是世界禮物，正如神的愛子一樣。

　　2002 年 7 月在溫哥華，每晚趁時差，我夜讀此書，把它當帖臨。寫了兩封信，一封給盧雲，一封給基道出版社，一直叮嚀同事淑樺要寄，央求他們同意容許我把盧雲美絕的文字引用到生命交響曲的十大樂章，因為我們引述多得太離譜，再三割捨不成。這兩封信一直到 9 月才寄出，很快得到基道回音：盧雲已於 6 年前過世。

　　我不知他死亡那刻是否一如他所期待是個美麗的禮物。我只知道，他還活著、還在說話，溫柔地告訴我：被拿起、祝謝、破碎、分給人（一真，2002.9.16）。

　　在我們的課上，有不同信仰及沒有特定宗教信仰的老師，各自用他們的方式展現了他們如何開展生涯。我們也邀請不同信仰的學生現身敘說他們怎麼走入信仰，而信仰怎麼引起生命的質變。

　　這一章的文字，以基督徒為例，記錄許多人的生命在抉擇信仰前後的體驗，更是對今後怎麼面對生涯的自我期許。倘若您已有信仰，尤其是基督徒，可以思想自己如何在生涯中活出信仰。

如果您想分享任何關信仰與生涯的體驗，歡迎函寄 yjlin1951@ gmail.com。您若還沒有信仰，或許也可以知道有人正在不同次元，用不一樣的方法過不一樣人生。

第十三章

信仰青春問——
年輕人發聲

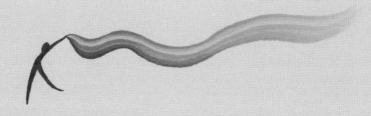

全人生涯開展

生活彩虹

默想——

・假如我回到出生以前，想像自己被任命成為一份「人間的禮物」，我最希望這禮物的內涵是什麼？到目前為止，有人收到這個禮物嗎？有一天我回去時，要如何述說這一趟「禮物之旅」？

・我相信在看得見的人世以外還有天、神和永世嗎？這對我開展人生有什麼關係？

・如果可以如願，我希望怎麼告別人間？為什麼？

・拿出卡片，寫下自己是什麼禮物，送給諍友。也可以請諍友寫他們從我身上領受的禮物。

　　信仰的人生是個學習的歷程。修習「全人生涯開展」的年輕學子，在還未上過「不一樣的人生」這單元之前，就先對信仰提出赤裸的問題。

　　我們未能以說理的方式回答，除了在課堂上以體驗的見證，以及課堂外的生活表現來回應。也期盼發問的人及有信仰的人有朝一日能從生命的歷練找到答案，並且能表述其一二。因為，生命的奧祕之為奧祕，有些應還是心領神會吧？

一　信仰是什麼？

1.什麼是信仰的定義？每種東西都可作為信仰嗎？

2.信仰？是把自己交付給所信仰之（如：上帝）？，或是讓自

己擁有許多的藉口與理由，搪塞著信仰之名，使自己安身立命地在這世上存活？

3.信仰是「信念的堅持」還是「宗教的力量」？我常覺得宗教是在一個人經歷痛苦時，才可見其力量的。可是宗教很容易會限制一個人做很多事的自由，真是如此？

Being v.s. Doing

信仰與宗教不一樣，一個人可以沒有宗教，但他不能沒有信仰。生活若沒有了信仰，那就只是 doing，你只管自己做了些什麼事。而有了信仰之後，生活變成了 being，你會找到愛你的人以及你愛的人。

任，1999

4.怎麼算有信仰？

5.到底什麼是信仰？是宗教或自己處事的原則或是碰到外力難辭的重大困難時（如親密的人離開你、死了……）的寄託嗎？

要信，不要束縛

從小信仰就是隨著家中父母，沒有選擇或是走道任何絆跌的路便進入教會，所以會對神的摸著相對之下就很少，因為一切是理所當然，甚至變成了一種公式化，不會想要主動去尋求神。就像今天一個同學分享的一樣，我知道有神，但卻感覺不到。但像今天老師說的，宗教與信仰是不一樣的，我只是要信，而不是要一種宗教束縛，信能讓我感到平安可以卸下重擔，可以在無助時找到可以依靠傾吐的對象，我只要單純來信就好。

張，1999

6.信仰應該是不限於宗教吧？能不能是一句話，一個詞呢？

7.信仰與學問的差別？我覺得現在有許多人以研究學問的心來對待信仰，這樣是信仰的本質嗎？

8.信仰是指物（如：目標），或是人（如：耶穌）？

9.是否一定要有靈魂呢？信仰和靈魂以及生涯信念之間的關係是什麼？

> ### 自己與靈魂的關係
>
> 從今天的課程，談到信仰與人生的關係，信仰不一定等同於宗教，我發現這一件事好像是一段自我發現與對話的過程，當心中願意有所開放、聆聽、去問自己心中的聲音時，那一扇通往心靈的窗子便有機會打開，可能要多試幾次，甚至百次，才會真正感應到自己與靈魂間的關係，人類是萬物之靈，因為我們活著有信仰，才能不斷往內探索，不受外物所擾，不因動盪不安的俗事而亂了心靈脈動。信仰是在變動的人事中，找到普世的價值與人生觀，支持我待人處世的準則，判斷是非對錯，放諸四海皆準，古今中外皆適宜的信念。　　　　彭，1999

10.怎樣才稱為迷信？如果將靈異現象排除，那不就將一開始的經典都否決了，那何來信仰？

二　要信仰做什麼？

1.一定要有信仰嗎？如果必要，或是有比較好，要怎樣找到自

己的信仰？

2.人為什麼要有信仰，是為了心靈的寄託或是為了什麼呢？在中東，宗教和種族的糾纏之下為什麼有那麼多愁怨呢？宗教總是勸人為善的，但人有了信仰之後才是善的嗎？難道人性本惡，需要信仰後天的薰陶嗎？

3.我並不很相信宗教，我覺得宗教以安撫心靈的思維、救贖的思想以及神通之印證使人相信它。

4.要如何來決定信仰，信仰的重要性？

5.信仰在生涯過程中扮演的角色及重要性？

6.每個人一定要有信仰才能發展出健全的生涯嗎？

7.信仰對生涯規劃的影響？信仰與生活的關係？

8.信仰如何去影響一個人的一生？

四個大夢

年輕人要完成四個夢：要培養出自己的專長、要找到一位良師跟益友、要能找一份愛的歸屬，並要知道自己從哪裡來。

Levinson

9.在生活中，是什麼樣的信仰可幫助人度過自己的低潮？

10.是不是有宗教信仰的人比較能夠接受生命中發生的不順遂的事情（如：911攻擊事件）？

11.出家人原本應該是遠離世俗來修行，可是現在有許多出家人都走進社會之中。那麼這樣一來，出家人與入世弟子有何差異？難道只是一個名稱的差別嗎？

12.信仰可以幫助我們面對死亡、接受它嗎？

13.為什麼信仰會對一個人影響很大？為什麼會有人對信仰瘋狂？

14.信仰是基於「集合人力」而創造的嗎？何以生涯規劃要依循信仰，走眾人的腳步（走過之路）？

15.有宗教信仰真的比較容易得到內心的平靜嗎？

16.信仰對每一個人的重要性？

三　信仰的生活實踐

1.信仰要怎樣和生涯完美結合？

2.中西方的主要信仰對：(1)生涯目標設立的幫助；(2)理想與現實的差距為何？

3.在面對困境時，信仰所扮演的角色？

很快找到解決方法

回到這地板教室，少一份嚴肅及制式的感覺，便與老師的互動更良好。非常謝謝三位同學分享關於宗教方面的寶貴經驗。其實我也算是佛教徒，雖然並不是拜得很虔誠，但每當遇到困難時，我總會燒根香，念個佛號，問題時常會很快找到解決的方法，感謝上蒼冥冥之中對我的照顧。也謝謝老師帶來身為基督徒的經驗，我也藉機學會幾首好聽的聖歌。　　　　任，1999

4.如何看待生命中的不確定性？

5.如何不致流於形式化？如何肯定這個信仰？

6.面臨人生態度的轉變，是否也會對信仰產生質疑？

7.若不知道自己要信仰什麼怎麼辦？要怎樣才是自己想信仰的，若沒信仰又會怎樣？

不再懼怕

人是需要信仰的。沒有信仰的人，凡是只能憑靠自己，對自己，總是要求 100 分，人生沒有可以依賴的對象，會活得很辛苦。對於死亡，也只有恐懼。但是若是信，生活在遇到瓶頸時能找得到出口，相信未來一切總有他安排的道理存在。對於死亡，也相信是能在另一個地方找到歸屬，我們變得不再懼怕。

張，1999

8.最好的信仰就是自信吧？與其拜神千萬，不如自己投靠。積極、主動、認真面對生活的挑戰！這才是我的生涯信念！

9.何人會為了信仰而放棄自己的生活（即出家之類）？而現今社會中，這些人卻日益減少，是社會型態改變而造成嗎？

10.有些人為了要達到某些慾望而去求神（新聞提到一妻子盜用公款請神改運），如何避免社會對信仰的誤解而被騙？如何分辨真假信仰並應用於生活中？

原點

當在默想回到出生前那一刻，我突然體會到當回到原點時。原來，一切都是有選擇的，充滿能量，擁有信心，不再被凡塵俗事的紛紛擾擾所亂。

彭，2005

第十四章

信仰人生的十大樂章

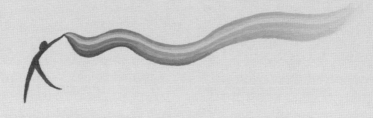

全人生涯開展

生活彩虹

一　生涯覺知

物理學家費因曼曾經蹲在地上看螞蟻。我們也曾這樣看過。不知螞蟻可知道有一個個「巨人」在看他們，在螞蟻國以外還有很大的世界。而我們是否想過：在人世以外有不同次元的靈界或生命？

「天國是向孩子及愚拙的人打開的。」那麼，科學家呢？傳說篤信基督的牛頓常和無神論的朋友辯論：這麼有條理的奧祕天體，到底有沒有一個創造設計者？

有信仰的人會思考自己的「身世」：

1.我是誰？

2.我從哪裡來？是猿猴演化而來？或是輪迴而來？或是被所謂宇宙的神所創造？

3.這宇宙間真有人類以外的力量嗎？是有位有思想有感情的神嗎？

4.在我的信仰中，我和天地萬物的關係是什麼？

> **祖先的靈**
>
> 我們家信仰有些複雜，有點像道教又有點像佛教。不過對我來說，我認為我最大的信仰是對於祖先的尊敬與追思。我自己相信著，祖先的靈一直都在庇佑著我們這些後代的子孫。我相信因果論，很多事情必定由因結果，因此祖先們所種下的因，造就了現今好的果，而我也應該多做好事種好因，讓未來的我或我的子孫們可以得到好的果。
>
> 許，1999

5.我現在在過什麼日子？我快樂嗎？我每天做的事是什麼？如果我有信仰，我過的日子和我的信仰相配嗎？

> 他恨不得拿豬所吃的豆莢充飢，也沒有人給他，他醒悟過來，就說：「我父親有多少的雇工，口糧有餘，我倒在這裡餓死麼？我要起來，到我父親那裡去。」 路加 15：17～18

許多時候連虔誠良善的基督徒也常是以「吃豆莢充飢」的心態在過日子，忘了他的生命可以有百般的豐富。

二 自我探索

我們是 Human beings，而不是 Human doings。

> 我以前覺得當我不能再照顧自己時，就是沒有尊嚴。但在上帝
> 眼中的，是因為我們會做什麼才擁有嗎？不，在上帝的眼中，
> 人的尊嚴不是因為我們會做什麼，而是因為我們是我們。
>
> 金明瑋，2001

（一）探索自己的身世

　　如果有神，我和這力量的關係是如何？我真是神的兒女？光
是這身分就可以讓我享受這一切生命的美好？還是我必須要先作
模範生行善卓越才可？

> **真**
>
> 老師講述自己的故事，包括他名字的含意、父親傳奇性的一
> 生、在祖母以及母親身上得到的，以及自己如何在困惑中尋求
> 信仰，相信自己在天上也許有個父親在尋找自己！不過我最喜
> 歡老師說要活出他名字的涵意，就是真。　　　　張，2005

　　《聖經》中，從小就向神祈求智慧的所羅門王在《傳道書》
中講了一些與老子很像的話：「虛空的虛空，一切都是虛空。」
但他說：「趁著你年幼，當記念造你的主。」（傳道書 12：1）

　　電線桿上到處貼著「神愛世人」的牌子。少數的基督徒體會
到的奧祕卻是：神也需要世人愛祂，神是個受傷的情人。閩南語
中疼與愛同音，因為愛才會感到疼，因為愛，願意疼痛，願意為
所愛的人承受疼痛。《聖經》裡，整個宇宙是神造人，神找人的

愛情故事，到末了是天人合一的結局。創造天地的神也創造了我們可以回，想回的天家。

> 生命本來就是神給予的機會，讓我們活出自我，肯定自我擁有真正的屬靈本性，宣告屬於我們的真理，並真正活在現實裡，最重要的就是服從愛我們的那位。
>
> 神那不可測量的奧祕，就是神是一個需要被愛的深情摯友。那創造我們的，等待我們去回應那賜給我們生命的愛，神不單說：「你是我所喜愛的。」神還問：「你愛我嗎？」也給我們數不盡的機會去回應：「是。」這就是屬靈的生命。　　　　盧雲，1999

（二）我的生涯使命是什麼？

> ### 堅貞的追尋
>
> 當老師提到他第二次在追求信仰的力量時，他在灑滿月光的房間裡俯伏著，等著一個不知道會不會出現的答案，這樣追尋的堅貞讓人感動也印象深刻。人在邁向成功的路上，有的時候好像得到了很多，卻只是一種虛無，也許這就是信仰對於人的意義，一種心靈的安寧。　　　　許，2005

　　我被生在世上有目的嗎？我死後將去哪裡？或只過一生就如泡沫回到大海裡？我今生所行在「永生」裡有什麼意義？我的存在對世界的意義是什麼？假如我的存在讓這世界更美好，我就成了這世界的禮物，那麼，我是什麼樣的禮物？假如我是個容器，

我裝的是神的愛還是公義？

> 我們在世上短暫的幾年是伸展至我們生死之外的，我把它看成
> 在時間內的使命，一個令人興奮的使命，因為那差遣我去完成
> 這使命的，正在等待我的歸回，等待我述說我所學習的一切。
>
> 盧雲，1999

盧雲說我們生在人世是一種「被拿起，祝謝，破碎，分給人」
的歷程。我們被揀選拿起，並不是因我們厲害，而是因為我們是
我們，而我們被愛。這是一種微妙而不張狂的自我肯定。我們因
存在的 being（而非 doing）就被愛。因為澄清了自己是「愛子」
的身分，我們看待自己、世界和人事物的眼光也就不同。

> 拿起、祝謝、擘開、分給，這四個詞語總結了成為一個牧者的
> 生活。我蒙召做這個世界的餅：被拿起、祝謝、擘開、分給他
> 人。被揀選為神所愛的，不但不需排除別人，反而要容納他
> 們，不但不把他們當作不太有價值而拒絕他們，反而要接受他
> 們的獨特之處。早在任何人看見到我們之前，我們也蒙神愛的
> 眼光垂注。我們的價值、獨特、存在不是那些按時間（即屬世
> 的短暫年日）與我們相遇的人給我們的，而是來自那位以永恆
> 的愛揀選我們的，這愛是萬古長存的。 盧雲，1999

> 如果我們生命深處的水流不再對水面的波浪產生影響時，我們的活力將最終衰退，即使忙碌也會覺得無精打采，無聊空洞。
>
> 盧雲，1999

我們期望大事，但卻在小事上忠心。每個人都可以在工作及與人和大自然上彰顯神的榮美，盡心去作。每一天我們都可以作為一根導管。我們是與神同工的，向那冷漠的、悲哀的世界傳達愛、喜樂與笑聲。讓神透過我們對世界說話。

三 新境探索

我們懷抱信仰的心要認識自己即將去的地方時，會試著按照信仰的藍圖和經書，澄清世界的面貌、觀看世界走到哪裡去，世界的變局是否有軌跡可尋？

> 如果你真正要活在這世界上，就不能把世界當作生命的能源。世界和其中的生活策略也許能幫助你生存一段長時間，但是它不會幫助你生活。
>
> 在屬靈層面，你並不屬於這世界，也正因如此，你被差遣到這世界上。你的家人、朋友、同事、競爭對手，所有你在生命旅途中遇到的人，都是在尋找比生存更有意義的生命。所以作為被差遣到他們當中的你，可以讓他們瞥見真正的生命。
>
> 就在你知道自己被差遣到這世界的一刻，所有事情就有了特殊

> 的改變。所有……都成了透明，指向超越它們的地方，就是你
> 的根源，也是你的歸宿。　　　　　　　　　　　　盧雲，1999

　　在世上尋找一雙雙哀傷的眼睛，然後送給他祝福。在你的需要上，看到我的價值和責任。「在醫治人的時候，我救贖了自己。」

> 主的靈在我身上，因為他用油膏給我，叫我傳福音給貧窮的
> 人，差遣我報告：「被擄的得釋放，瞎眼的得看見，叫那受壓
> 制的得自由，報告神悅納人的禧年（to proclaim the year of the
> Lord's favor）。」　　　　　　　　　　　　　　以賽亞 61：1〜2

四　生涯抉擇

　　關於宗教信仰，有一道考古題：「假如真有神，為什麼要讓世界有壞人壞事？他把人全都造成好的，只做好事不就可以了嗎？」對於此題，我還沒有完整的答案。我只知道孩子做不做好事與他們有沒有父母是兩回事。我倒是想，假如神造人全都給100%聽命的基因，這世界會怎樣？不必有選擇了。正如我把早餐作好放桌上，孩子完全聽命吃下；還是我提供了，並且說明他需要的營養，以及吃錯食物的可能影響，接著讓孩子可以選擇吃什麼、吃多少？

　　哲學家齊克果曾經寫一則寓言：一個王子深愛一個農家女，

不願以命令寵召她，而是親自化身為農夫與她朝夕相處，讓她在交往中認識而決定是否選擇他。

信仰本身就是一種選擇。它是一個禮物，被呈現到面前，需要我們作一個決定：「我拿與不拿？」

早期的生涯教科書教我們作抉擇時可以用「平衡單」來計算每個決定的得失利弊，以前偶爾我也這樣做。但有了信仰之後，我提醒自己先回到密室和曠野，選擇傾聽神的呼召（calling）。中國人說「替天行道」。史懷哲、李文斯頓和連加恩選擇非洲，韓偉和一群醫生選擇到恒春去行醫。史懷哲（Albert Schweitzer）——輝煌的音樂家、宗教家、哲學家說：

> 我的 30 初度，就決定到非洲去為人類直接服務。我的決定一宣布，親友紛紛責難，有人為我在科學與藝術上的成就惋惜，又有人說我如一員大將般親自上前線打仗，有人以為我的神經失常；最使他們覺得奇怪的，是我去非洲行醫，而不是直接傳道。其實，這是我所求的，因為醫生可以工作，而不必多說話，在日常行事中宣揚基督的愛，這樣便付諸實行了。

因為人可以選擇，這世界的走向未必趨向美善。曾有人也以故事代言古今問天者的心聲：「這世界太罪惡，為什麼神不管？」神說：「我管，我造了你。」

五　生涯規劃

　　有信仰的人也有規劃與不規劃的課題，與未信之時最大的不同就是在盡人事之前和之後存有「聽天命」的柔軟與謙虛。基督徒作規劃，可注意：

（一）以受神之託的心來規劃，準備向神交待

　　天國又好比一個人要往外國去，就叫了僕人來，把他的家業交給他們，按著各人的才幹給他們銀子：一個給了五千，一個給了二千，一個給了一千，就往外國去了。

　　那領五千的隨即拿去做買賣，另外賺了五千。

　　那領二千的也照樣另賺了二千。

　　但那領一千的去掘開地，把主人的銀子埋藏了。

　　過了許久，那些僕人的主人來了，和他們算帳。

　　那領五千銀子的又帶著那另外的五千來，說：「主啊，你交給我五千銀子。請看，我又賺了五千。」

　　主人說：「好，你這又良善又忠心的僕人，你在不多的事上有忠心，我要把許多事派你管理；可以進來享受你主人的快樂。」

　　那領二千的也來，說：「主啊，你交給我二千銀子。請看，我又賺了二千。」

　　主人說：「好，你這又良善又忠心的僕人，你在不多的事上有

299

忠心，我要把許多事派你管理：可以進來享受你主人的快樂。」

那領一千的也來，說：「主啊，我知道你是忍心的人，沒有種的地方要收割，沒有散的地方要聚斂，我就害怕，去把你的一千銀子埋藏在地裡。請看，你的原銀子在這裡。」

主人回答說：「你這又惡又懶的僕人，你既知道我沒有種的地方要收割，沒有散的地方要聚斂，就當把我的銀子放給兌換銀錢的人，到我來的時候，可以連本帶利收回。」

奪過他這一千來，給那有一萬的。

因為凡有的，還要加給他，叫他有餘；沒有的，連他所有的也要奪過來。

把這無用的僕人丟在外面黑暗裡；在那裡必要哀哭切齒了。

馬太 25：14～30

孟子：「天將降大任於斯人也，必先勞其筋骨，餓其體膚，空乏其身。」我們看重這句話的主詞、受詞和動詞，正是有信仰的生涯寫照。常看見靈命豐富的信仰前輩過著五千兩的氣度，他肯定自己承受天命，放手大方盡心經營，結實累累。

但有些人的生涯常是在怨天尤人，似乎在與上天拔河，討價還價，或與神賭氣。他不願意坦然面對此時此刻的當下，也不想用心去規劃，因為「反正做了也是白做」，像那領一千銀子的僕人，把自己的恩賜才華埋藏在地裡。他的生涯成為一個在黑暗哭泣的惡性循環。

我想，最值得注意的是領那兩千銀子的僕人，最像我們比上不足比下有餘的大多數人，若也能珍惜領受的「不多」，而規劃經營，準備向上主交待，也能擁有更寬廣的境界，並可以與主人同享快樂。

（二）以終為始

> 求你教我們麼數算自己的日子，好叫我們得著智慧的心。
>
> 詩篇 90：12

　　當我們把目標錨定出來後，就可以從現在與目標之間拉出或長或短的線。許多事物就似乎自動就位，意義彰顯，規劃也事半功倍。

　　2000 年 8 月，我的大姊因胰臟癌過世。從她的告別禮拜回來台北之後，我向最小的孩子說：「我們來玩一個加減乘除的遊戲好嗎？我們來算算現在起到你長大，媽媽和你有品質地在一起的時間有多少。今年你是小學五年級，我們可以有二個小時的時間享受你彈琴、陪你看功課、吃東西、說說話。一個禮拜算可以有四天這樣，一年中有四十個禮拜。」

　　「假設你小學六年級的時候，我們也這樣過，到了國一，時間要再減。假設你仍然不補習，每天能有 1 小時，一個禮拜四天，一年中有三十個禮拜，到了國二和國三，時間再減，上高中以後，如果你留在國內，以姊姊和哥哥的經驗，高中學生是很忙的，我們每個禮拜天晚上可以一起吃飯，每個月可以看場電影。上大學以後，大概只能一起回阿公阿媽家，或去家族旅行。這之後，因

為不確定你和媽媽的情況會如何，有時間在一起就算是賺到的。」

「我們把這麼多在一起的小時數加一加，除以 24，看看相當於幾天好嗎？」

他算了，表情奇特。又算了一次；

「怎麼會那麼少？五十二天！」

這是一個很奇特的時刻。他的表情變了，從此我們在一起的氣氛也變了，好像是在向一個歡樂銀行支取存款，珍惜而期待。

我向親友、學生及聽眾介紹這個算術遊戲。有位爸爸算出他與在竹科上班的兒子相處的時間，在兒子結婚前相聚的時間是 30 多小時。大學生算得久一點，最長算出與父母還有五百多天可共處。2005 年冬我又為小兒子算了一次，得到三十一天。因為在乎，所以我們會儘可能開創一起坐車、休閒或禱告的時間。

（三）排出優先次序

我在紐約 Albany 時，一位 Jonas 牧師作基督徒婚姻輔導時，強調列出優先次序是信仰生活的重要指南。將神擺在第一位，將配偶（如有）放第二位，自己再其次，接著才是子女、其他親人及相關的人。

以神為首位是錨定的動作。將配偶放第二位是信守婚約的承諾。將自己的需求及發展放在第三是務實。正如在飛機上，空服人員也會告訴我們：「先套上你自己的氧氣罩，再幫助兒童套上他的。」在特殊情況下，這些次序並非一成不變，但在開展個人生涯時，我們把不同主體考慮進來是必要的。

六　生涯準備

　　光是「神的兒女」這身分，就可以讓我享受這一切生命的美好？還是我必須要先作模範生行善卓越才行？

　　有了信仰之後，我們也裝備自己，讓自己能更具力量和更快樂、更健康，但是由信仰出發，「敬畏耶和華是智慧的開端」。接著，整個生涯準備就是一個「為」（being）神的子女和「成為」（becoming）神的子女的歷程。就如一個嬰孩出生已具有子女的身分，但要隨著年歲長出像父母的形貌。

> 「你是我的愛子，我的喜悅的。」那聲音一直都存在。但是我好像更渴望去聽其他更大的聲音說：「證明你們的價值。做一些有用的事，更明顯的，或更有能力的，這樣你就能得到你想得到的愛。」
>
> 我們不只是蒙神所愛的人，我們也要成為蒙神所愛的人。
>
> 如果屬靈的生命並非只有「是」的層次，也要有「成為」的經歷，那麼，這個「成為」到底是怎麼一回事！
>
> 如何使第一種純真變成第二種純真：從第一個童年轉變成第二個童年？
>
> 從是個蒙神所愛的人到徹底成為蒙神所愛的人，這個重要的課題逼使我們放棄浪漫或完美主義，切實面對我們日常生活中赤裸裸的現實問題。

> 成為蒙神所愛的人，意思就是跟「蒙神的愛的真理在我們所
> 想、所說、所做的每一件事上體現出來。更貼切地說要將自己
> 化為愛。」
>
> 　　　　　　　　　　　　　　　　　　　　　　盧雲，1999

　　基督徒生涯的準備工夫，可說是「信、望、愛」的學習，其中以愛為最大。因為信，清楚了自己的身分；因為望，對於未見之事及未來，知道會是好的；而愛是耶穌給的命令——「你們要彼此相愛」，愛與善都是美好，但不相等。沒有愛，信是虛言，善是枉然。

> 我若能說萬人的方言並天使的話語，卻沒有愛，我就成了鳴的
> 鑼，響的鈸一般。我若有先知講道之能，也明白各樣的奧祕，
> 各樣的知識，而且有全備的信，叫我能夠移山，卻沒有愛，我
> 就算不得什麼。
> 我若將所有的賙濟窮人，又捨己身叫人焚燒，卻沒有愛，仍然
> 於我無益。　　　　　　　　　　　　　　哥林多前書 13：1～3

　　當我們愛的時候，自己仍未必是至善，但卻因真愛而有勇氣讓自己不斷地轉化得更美善，因為先把插頭插到能量的來源，得到不斷的傳輸供應，我們才得以在各樣工作及關係中的生涯角色得以活出聖愛（agapé）。

> 愛是恆久忍耐又有恩慈；愛是不嫉妒；愛是不自誇，不張狂；
> 不做害羞的事，不求自己的益處，不輕易發怒，不計算人的
> 惡。　　　　　　　　　　　　　　　　　哥林多前書 13：4～5

> 不喜歡不義，只喜歡真理；
> 凡事包容，凡事相信，凡事盼望，凡事忍耐；
> 愛是永不止息。　　　　　　　　　　哥林多前書 13：7～8

七　生涯安置

　　有信仰的人在敲開一扇人生的門以前，也會呈現自己，也盡力認識對方，合則安置，門開了很好，門不開也「是神關的門」。整個尋求生涯機會的歷程是以禱告托住。

> ……他們想要往庇推尼去，耶穌的靈卻不許。
> 　　　　　　　　　　　　　　　　　　使徒行傳 16：7

　　安靜在神面前傾心吐意，將所尋求的交託給神。傾聽神的回應——或是以微小的聲音，或在《聖經》中話語，或在生活中的彰顯。

　　許多有信仰的人都體會過敲門而門不應的經驗，受挫或被拒的當下可能會相當難受，但事後會發現神所給的美好，遠遠超過當初自己所求的，叫人忍不住驚喜歡呼。

　　因此，安靜禱告，做該做的，然後安然進入開向我們的門。

八 生涯適應

因為對自己的角色有所認同，有信仰的人在工作、家庭或生活中理當有更加的適應眼光和方法。例如：

（一）我是執行長，不是奴工

能工作、能付出是祝福，不是詛咒。

> 你必終身勞苦，才能從地裡得吃的。　　　　　創世紀 3：17

這是亞當與夏娃吃了禁果以後得到的詛咒，在許多有Monday Blue 或「在一行怨一行」或「在牆裡牆外都不滿意」的人身上可以看到。其實亞當被造之初並不是這樣，他是宇宙的執行長，而夏娃是來幫助他的伴侶。身為執行長的氣度與奴工自是不同，面對各種挑戰也要發揮管理者的智慧，而非消極無奈。

> 神就照著自己的形象造人，乃是照著他的形象造男造女。
> 神就賜福給他們，又對他們說：「要生養眾多，遍滿地面，治理這地，也要管理海邊的魚，空中的鳥，和地上各樣行動的活物。」　　　　　創世紀 1：28

（二）不是誇勝誇強，而是誇軟弱

　　《聖經》說：「人若不變成孩子，就不能進天國。天國的道是向吃奶的和愚拙的人敞開。」基督徒所誇的不是自己，而是信仰的神，「我照著那加給我力量的，凡事都能作！」「那在我裡面的，比在外面的更大。」這是一種將自己倒空後再盛裝大能的謙虛與篤定。

（三）為人洗腳的高度

> ……若有人願意作首先的，他必作眾人的末後的，作眾人的用人。
> 馬可福音 9：35

　　耶穌為門徒洗腳，身段低矮。祂說：「誰要當大的，就要服事小的。」重要的是，祂和我們的存在，都是要因愛委身，因愛破碎自己，好讓人能得幫助。

> 主耶穌被賣的那一夜，拿起來餅來，祝謝了，就擘開說：「這是我的身體，為你們捨的。」
> 哥林多前書 12：24

> 在錄影帶中我看到盧雲追求生命價值的熱忱，以及面對弱勢需要幫助者的謙卑，放下俗事的身段令我印象深刻。
> 邱，1999

（四）面對困難

> 首先，你要除掉世界加諸於你的假面具。每當你覺得受傷、被冒犯或排擠，你要勇敢地對自己說：「這種感覺即使很強烈，但不代表真的我。事實上，我是神所揀選的兒女，即使我此時此刻尚未感受到。」
>
> 第二，你一定要不斷的尋求傳講真理的人群和地方，使自己得到提醒，以記得你蒙揀選的堅定身分。那些與我同享人性的，常常能以他們既有限，有時又是破碎的愛為我們指出我們是誰的真理。
>
> 第三，你要時常為著蒙揀選的身分慶賀，這意味著向神說：「謝謝。」當我們得到仁慈的款待，當情況轉佳，當困難獲得解決，當關係得已恢復，傷口被醫治，我們有著充分的理由……
>
> 盧雲，1999

　　有信仰的人遇到困難時不只是盡量堅強，設法解決，而是要在風雨中看到是主在操盤掌舵。把困難當作是一個化妝的祝福，把製造困難的人視為是天使。相信天將降大任於我，天將賜福於我，祂會在盤石打出泉水，在曠野開江河。痛快痛快，在痛之後「有快」，在生命的破口將源源流出祝福。

弗萊明爵士有一天忘記關閉實驗室的窗子。隔日他一踏入實驗室，赫然發現培養基裡的細菌全死光了。原來有一個孢子飄落在培養基裡，殺死了全部細菌，摧毀了弗萊明多日花費的心血。

他端詳這孢子的奇異殺菌力，捕捉到神祕的黴菌抗生素——盤尼西林。開啓了微生物醫學的先河，救活了第二次世界大戰中成千上萬軍人的生命。

身處困難，要說：「感謝神，告訴我，你要我發現什麼新的驚喜？」心靈的眼睛會轉變得更加銳利，捕捉到隱藏在逆境中的祝福。

李順長，2005

那怎麼辦？讓神去解套，讓祂去開門。先禱告，不必跑在神面前。

拳頭與膝蓋

「禱告作的事，我的手不能作。」

「那在我裡面的，比外面的更大。」

我們有這寶貝放在瓦器裡，要顯明莫大的能力，是出於神，不是出於我們，我們四面受敵，卻不被困住，心裡作難，卻不至失望。遭逼迫卻不被丟棄，打倒了，卻不至死亡。身上常帶著耶穌的死，使耶穌的生也顯明在我身上。

哥林多後書 4：7～10

許多煩憂其實是可以放下的，禱告之後就是交託和感恩的開

始。

> 有個老伯挑了重擔，遇到好心的司機停車載他，車又開了好一
> 陣子之後，司機從後視鏡發現，老伯還站在車廂內挑著重擔，
> 他說：
> 「老伯，放下來吧！」
> 「不好意思，這樣才不會太重！」

（五）我不孤單，可尋找屬靈同伴

有時山窮水盡，以為只有我一人在秉持理念，在承擔。先知以利亞在意氣風發呼風喚雨之後，躲在洞裡，自哀自憐想求死，有微小聲音問他：「你在做什麼？」以利亞說：「只剩下我。」但神讓他知道還有七千位未拜偶像的人。

> 以利亞向世人宣告：他若不禱告，天就不降露，也不下雨。果然有3年零6個月之久，天閉塞不下雨，地也乾裂不出糧。他獨立對抗外邦數百位祭司，求神從天降火燒祭物，他又求神從天降下透雨，滋潤醫治大地。在物慾橫流，罪惡盛行的世代，他隻手扭轉乾坤，使全國歸向獨一真神。以利亞在迦密山上，挑戰四百五十個巴力先知和四百個亞舍拉先知，大獲全勝，他更七次向耶和華禱告，直到甘霖沛降，滋潤大地。
> 但是，以利亞像許多人一樣，大得勝之後卻落入靈性低潮中。當天使來尋找他時，他正坐在羅騰樹下求死。他兩次強調自己

為耶和華大發熱心，指控以色列百姓背棄耶和華的約，自憐：
「殺害耶和華的先知，只剩下我一個人在事奉耶和華。」但是
耶和華告訴他，祂在以色列中為自己留下七千人，是未曾向巴
力屈膝，未曾與巴力親嘴的。
耶和華吩咐以利亞去膏立新王，並且膏立以利沙作以色列的先
知，接續以利亞。　　　　　　　　　　　　　　　賴建國，2005

大提琴的獨白

林照程把第一張CD叫「感動——大提琴的獨白」，其實細聽
有鋼琴還有小號。我們在生涯上也常以為自己踽踽獨行。其
實，有許多人默默陪伴，甚至有天公在疼惜，生涯的智慧就是
要看到我們並不是孤兒。　　　　　　　　　　　　林一真，2000

（六）各盡本分

有些時候，兩人以上用心地開展生涯，但際遇不同，一人得
賞，一人未得，令人不解與挫折。另有許多時候，開創者蓽路藍
縷所打開的天下，被一個半路殺出的小子竊取了。眼見那人輕鬆
囊括資源，很難心平氣和。踏實、謙卑的人當灰姑娘，而只花口
舌工夫的人享受風光與讚譽。

當然，合法的權益可以依法處理，但對有信仰的人，可以問
自己：「是否已盡了拓荒栽種的本份？」若是，接下來問自己：
「是否還要在這角落為理想賣力？」如果另一扇門開了，就開始
一個轉折、探索和抉擇的歷程，如果留在原地，也可以把心調整

朝向陽光。既已盡人事，其餘安然聽天命。

> 我栽種了，亞波羅澆灌了，惟有神叫他生長。
>
> 哥林多前書 3：6

九　生涯精進

有信仰的人也渴慕「止於至善」的境界，從 A 到 A⁺，百尺竿頭更進一步；只是，加了信仰目的，所憑恃的是「天助」，不只是一己的力量。而且在盡力之後，不管成功失敗都是得勝者。

（一）主熬鍊我像精金

> 保羅說：「我只有一件事，就是忘記背後，努力向前，朝著標竿直跑，為的是得著那從上而來的獎賞。」
>
> 腓立比書 3：13～14

（二）你們得力是在於安靜

在這樣的努力裡是一次又一次的破碎自己，為的是愈來愈像造物主。很奇妙的是，奔跑的力量是來自於內裡篤定的安息。

> 「爸爸，我覺得你有魔法，因為你畫的東西都會變成真的！」
> 5 歲的孩子仰慕地對他說。
> 喜歡玩材質，讓他在國際設計大賽中已奪得八座獎。而篤信上帝的他，每創造一件商品，都抱持著造物主的虔敬之心，嘗試為商品找出生命力。自創品牌而非在 3、5 年內流失，他並到學校教學生，厚植人才。謝榮雅還想以設計力協助台灣企業。
> 「造物是神聖的，這是我身為設計師的使命。」
>
> 藍麗娟，2005：118-119

（三）個別與肢體

基督信仰強調神與人個別的親密關係。但根據《聖經》啟示錄的記載，在整個宇宙的末了，全人類在如同新婦的聖城居住，而新郎是神，天人合一。因此，教會是「團體人」，而基督徒同為肢體，彼此造就，扶持夥伴，栽培接棒人是自然天職。

> 以利亞親自將以利沙帶在身邊，細加調教，直到以利沙真正成為他的接班人，擔當新一代的屬靈領袖，他這才被主接到榮耀裡。
>
> 賴建國，2005

十 生涯轉折

　　基督徒看生涯的變動有如史詩中的篇章，看死亡是進入永世生命的開始。當筵席散了，路跑到盡頭，另外有個桃花源在等我們。

　　有些基督徒穿著潔白的衣衫或赴生日宴會的服裝去赴喪禮，因為這是一個既感傷又可慶賀的宴會，感傷死別，慶祝毛毛蟲幻化成蝶。

死亡被生命吞滅了

我們原知道，我們這地上的帳棚若拆毀了，必得神所造，不是人手所造，在天上永存的房屋。我們在這帳棚裡歎息，深想得那從天上來的房屋。好像穿上衣服。……我們在我帳棚裡歎息勞苦，並非願意脫下這個，乃是願意穿上那個，好叫這必死的被生命吞滅了。　　　　　　　　　哥林多後書 5：1～2：5：4

我又看見一個新天新地，因為先前的天地已經過去了，海也不再有了。我又看見聖城新耶路撒冷由神那裡從天而降，預備好了，就如新婦妝飾整齊，等候丈夫。

我聽見有大聲音從寶座傳出來說：看哪，神的帳幕在人間，祂要與人同在，他們要作祂的子民，神要親自與他們同在，作他們的神，神要擦去他們一切的眼淚，不再有死亡，也不再有悲哀、哭號、疼痛，因為以前的事都過去了。　啟示錄 21：1～4

外體毀壞

所以，我們不喪膽，外體雖然毀壞，內心卻一天新似一天。我們這至暫至輕的苦楚，要為我們成就極重無比永遠的榮耀，原來我們不是顧念所見的，乃是顧念所不見的。因為所見的是暫時的，所不見的是永遠的。　　　　哥林多後書 4：16～18

死亡的禮物

我們蒙召獻出自己，不單獻出生命，也獻出死亡。……我是蒙召相信，生命是為死亡這最終的給予做預備的。我們不但是為別人而活，讓我告訴你過去幾個月去世的兩位好朋友。每當我想到他們時，心就刺痛。我感到很大的傷痛，但我深信，他們的死並非一個損失，也是一個禮物。

我們所愛，也愛我們的人死了，使彼此有可能產生新的更徹底的聯繫、新的親密關係和新的歸屬感。如果愛真的比死強，那麼死亡就有可能深化和加強愛的關係。

我見過懷著忿怒和苦毒而死，以及極度不願接受必死的人，他們的死使活著的人覺得內疚、感到挫敗，他們的死絕不可能成為一份禮物，他們沒有什麼可以傳送，他們的靈在黑暗的權勢下消失了。

是的，的確是有善終這回事。我們要對我們如何死「負責」，我們要作出選擇，是牢牢抓住一條命，使死只不過是失敗，或是自由地放下生命，以讓自己成為他人盼望之源。

我們不只是在活著時，也是在死的時候蒙檢選、祝福，以至被破碎來給予。作為神所愛的兒女，我們蒙召成為大家的餅——世界的餅。我們也許是微不足道的僕人，但當我們明白神從永恆中檢選我們，差遣我們以蒙福的身分到世上，把我們交給苦難，並滿足無數人的需要。我們活在世上的有難時日好比顆小種子在肥沃的泥土裡，種子要死才能結出果子來，這是信心的最大動力。

盧雲，1999

只有在我們有生之年，確認我們的生命有神的靈同在，我們才能期待死亡是進入更完美生命的門檻。永生並不是在我們存在的終結時，令人驚喜的宣布，而是一直以來我們的生命、生活所給的完整啟示。死不再是最後的失敗，相反的它成了最後的「是」，讓我們能完完全全地成為神的兒女……。

盧雲，1999

我離開了學術界，去了拉丁美洲，再嘗試入學術界，最後，在一個由智障人士和他們的幫手組成的團體中安定下來。
我們的生命都有許多的掙扎、許多傷痛，也有許多的歡樂。當我們年紀漸長，對成功、事業和時間更加不關心，我們之間的關係就更集中在生命的意義和目的上。

盧雲，1999

> 在生命的許多改變中，我們都更接近自己最深的願意，雖然我們彼此環境不同，卻都要應付被拒絕和分離的傷慟，我們也瞭解自己對友情和親密關係的渴望。為了避免陷入不滿和怨恨中，我們就要從深沉的屬靈資源去支取能力，彼此的不同就不那麼重要，相同就更顯著了。　　　　　　　　盧雲，1999

　　因此，基督徒面對一個關係的破滅、任務的結束或中斷或角色的切換（不但是要有好聚好散的風範），而是要從中萃取它對我們生命的意義。若有不捨，接納它；若所虧欠人的，設法彌補或求恕；若虧欠神，真心懺悔；若有疲憊的身心靈，藏在主裡安歇，然後，起身再往前，迎向新局！

表 14-1　信與未信的生涯——以基督徒為例

彩虹	信之後	未信之時
生涯覺察	▶ 在乎我是誰，何所從來，往哪裡去 ▶ being, becoming	▶ 在乎我過得好不好 ▶ doing
探索自己	▶ 知天命？恩賜？性情？軟弱	▶ 澄清我能、我要、我喜歡
探索世界	▶ 看世界要走到哪裡去 ▶ 看哪裡需要我，在哪裡彰顯我的意義	▶ 認識我要去的地方
生涯抉擇	▶ 或向左或向右，聽微小聲 ▶ 我凡事都可做但有審判	▶ 取最合理念或最大效益的
生涯規劃	▶ 以神及永世眼光規劃 ▶ 數算日子得智慧 ▶ 考慮神、配偶、自己、子女	▶ 愚公移山、盡其在我
生涯準備	▶ 敬畏耶和華是智慧的開端 ▶ 學「信、望、愛」	▶ 讓自己更有能力、更快樂
生涯安置	▶ 聽天命、盡人事 ▶ 在別人的需要上看到自己的責任	▶ 才幹、進取加機會 ▶ 錢少事多離家近
生涯適應	▶ 是主，困難是化妝的祝福 ▶ 看他人是天使／兄弟 ▶ 你在我敵人面前擺設筵席，盤石打出泉水，荒漠開江河 ▶ 讓神去開門，不要跑在神面前 ▶ 軛輕省 ▶ 靜思，在安靜中重新得力	▶ 堅強、調息、才能、應變、毅力
生涯進展	▶ 朝標竿直跑，為要得到神的賞賜	▶ 百尺竿頭更進一步
生涯轉折	▶ 死亡進入永世的開始 ▶ 葬禮是個生日 party	▶ 懼死、傷離別

第十五章

全人生涯開展——

就要出發

全人生涯開展

生活彩虹

把下一秒
就要席捲而來的思念
轉化成要「在未來與你再聚」的決心

　　正如生涯開展的經典概念──「以終為始」，「全人生涯開展」的師生在第一堂課就接帖：最後一堂課是 10 年後的同學會。
　　這天終於來了，每一個到場的同學和老師都以 10 年後的身分現身，站在事先製作的海報或 powerpoint 銀幕前，述說自己的角色，如何過平常的日子，10 年內栽培和受的具體行動，還接受 call in。
　　有同學帶 10 年後的伴侶、寵物、表演單張及模擬影片來，有的現場彈奏講唱、班上不乏同學合組了公司或開音樂餐廳成了事業團隊，最妙的是，還有同班同學當場求婚而幸蒙應允！
　　繁華過後，是要出發的決心！
　　再宣告一次：
　　是的，
　　在與有情眾生相知相遇之後，
　　我就要出發，
　　帶著你的祝福最好，
　　有伴，
　　單飛都無礙，
　　鑼聲已響，
　　我將前行！
　　而這一整篇章的諄諄叮嚀，出自經常伏案為一個個學生在一張張作業上傾讀心聲及回應生命問答的思嘉老師，他連尚未修課的讀者都照應了。您讀來可曾體會那大俠臨別贈言的俠情？！

一真，2007

有人獨自盛裝而來，有人攜伴靚覘而來，大家歡聚一堂。今天是我們「全人生涯開展」課程的 10 年後同學會，雖是模擬的宴會，雖是想像的派對，但大家都帶著豐富精彩的生命藍圖踏夢而來。

　　在這「回到未來」的溫馨時刻，有人侃侃暢談，有人娓娓細說，同學們輪流分享著自己的未來，雖然有的表達讓人聽起來誇張不實，有的描述甚至被譏為荒誕不經，但是看著他們報告 10 年後自己的認真神情，誰敢說他們的理想不會築夢成真呢？即使有些夢想不見得能成真，但是看到他們自信且有創意的表現，誰敢說他們未來不會找到真正屬於自己的夢想？

　　最後一堂課結束了，在歡笑掌聲中結束。我們看到從學期初走進教室的茫然不安、低頭徘徊的孤雁，蛻變為學期末走出教室的樂觀進取、昂首邁步的雄鷹，讓我們感動於年輕生命的成長無限。在他們就要出發的前夕，特摘錄幾則具代表性的學習心得，作為他們未來前程似錦的祝福和勉勵。

- 我就要出發，下一個階段我要好好經營自己，不管是課業上的我、家庭中的我或是愛情中的我。
- 感謝上蒼讓我有勇氣面對自己的缺點，讓我學會愛人，給我成長的智慧及清楚的人生方向。
- 或許我還沒確定自己的未來到底在哪裡，但是我已有了跨出第一步的勇氣。
- 我很確定的是，時間不會等我們，未來會一直而來，……我無法確知 10 年後可以走到哪裡，但我會努力朝著我的夢想一步一步腳踏實地的走去。

・我學到很重要的一件事：找到自己生命的定位，我試著安靜
　地聽見它輕輕的呼喚，希望有一天它可以強力的回應我、需
　要我。

他們準備出發了，你呢？

有人會說：「我又沒有上過這類的課，怎麼能像他們一樣？」
而如果你是從本書第一章開始閱讀至今仍有同樣的疑問，請你暫
停在此，你需要回頭去溫習本書前面的章節，然後再來繼續完成
本章的最後統整。

作為本書的總結，本章首先將舉例說明面對未來變化五個因
應策略：珍惜自己擁有的、開拓最大的空間、化抽象為具體、發
展不同的選擇途徑，以及結合思想和行動，期以幫助你減少出發
前的猶豫或畏懼。然後，經由思考生涯三個重要議題：什麼是你
想要的、什麼卡住了你及你可以做些什麼，期以幫助你認清目標
和增強問題解決能力。最後，提出四個生涯的必需裝備之建議：
資訊、知識、智慧及信仰，期以幫助你不斷地充實自己及實現自
己。

一　面對未來的變化

許多事物在過去被認為不可能的，今日都成為可能，而今日
的不可能在未來是否會變為可能，我想沒有人敢斷言。只是未來
有太多不可預知的變化，使得我們面對未來會產生猶豫不決或畏
懼不前的感覺；然而，不管如何猶豫或畏懼，未來還是一直在發

生，不僅在此刻發生，而且瞬間將此刻成為過去，關鍵在於我們對不斷迎面而來的變化做了什麼準備。雖然面對未來，「計畫永遠趕不上變化」，但是我們可以學習和開展面對變化的計畫，進而在變化中創造更好的未來。以下參考 Figler 和 Bolles（1999）論及生涯諮商時，諮商師如何幫助個案面對新世紀變遷的五個原則，轉化為適合個人面對未來變化的因應策略，並加以舉例說明之：

（一）珍視自己擁有的

當人面對未來變化時，最怕的是忘記或忽視過去所擁有的。大多數人要有一種腳踏實地的安全感，才不致於在變化中慌亂迷失。而這種安全感來自於經常回顧和珍惜自己所擁有的；例如：仍然掌控大部分正常生活作息和習慣、不失去對自己能力的肯定、繼續與關心自己的親友互動、保持運動和注意飲食等。而且，愈是碰到大的變化時，愈是需要知道在自己生活中，有哪些事是可以維持現狀或穩定一致。換言之，珍惜和重視自己所擁有的。

大四的小華，畢業前碰到接二連三的挫折，先是與男友分手，再來是考研究所失敗，更糟的是由於精神恍惚，前一陣子騎摩托車還發生車禍受傷，導致右腿骨折，並打上石膏在家休養。在休養期間，她常躺在床上自憐自艾，覺得自己為什麼如此命運坎坷，甚至有輕生的念頭。小華正遭遇了生命中的一連串變化，而且她忘了自己所擁有的。直到好朋友阿敏看不下去她這樣消沉喪志，有一天來探望她時，對她說：「你忘了還有愛你的父母，關心你的同學朋友，你忘了過去各方面表現的信心和能力，你忘了……。」在阿敏的鼓勵下重新振作起來，因為小華發現自己並非一無所有，她仍擁有許多優點和資源。

（二）開拓最大的空間

當一個人身體生病時，他所關注的多是吃藥、飲食和睡眠，他的注意力只縮小到身體功能的恢復上。而當他慢慢地痊癒時，可以發現他開始關心家人，進而關心擴大到社區，乃至於關心世界，他的心理疆界漸漸地擴展開來。

如同上述生病的形容一樣，變化對人的影響亦是如此，當我們擔憂或害怕變化會對自己產生不好的影響時，我們的心理疆界就開始隨之縮小。換言之，我們將自己縮進在擔憂或害怕的心理空間裡，甚至將自己封閉起來而不自覺，其結果只會讓擔憂或害怕的不好影響成為事實。

亞芬從進了大學之後，就告訴自己：勇於學習，不怕嘗試。在大學的 4 年中，她參與了老師的研究計畫，即使只是一些簡單的電話訪問或統計工作；每年暑假她拜託老師介紹她去不同的廣告公司實習，即使只有微薄的工讀金；同時，她也是學校美術社的副社長及班上的文藝股長。畢業後，亞芬順利進入她曾實習過的一家廣告公司，三個月試用期一過正式成為創意部門專案負責人，5 年後升為該公司創意總監。

也許你會認為這是特例，也會覺得不需如此拼命，但這不是重點。重點是，你是否經常從事一些讓自己開闊心胸、拓展視野的學習，為自己未來開拓最大的可能。而開拓的方式很多，例如閱讀書報、聽音樂或演講、運動等休閒活動做起，進而學習耐心傾聽他人、主動上網尋找資訊、選修一些不同專業領域的課程、參加社區或公益服務等。不要小看這些平日的點滴累積，因為不知道哪一天會匯為珍貴的寶藏。

（三）化抽象為具體

面對未來變化，我們必須學習如何將過去的資源「轉換」為新的能量。然而，我們如果只是在抽象的概念中打轉，是很難做到這種轉換；因為，當我們開始將抽象的概念落實為具體的作為，成功的轉換就能漸漸達成。所以，建議你：

不要光是想生命要如何，嘗試將生命劃分成不同的階段來發展，如求學階段、工作學習階段、創業階段、成家階段等。

不要光是想生涯要如何，嘗試將生涯劃分成不同的角色來發展，如學生角色、子女角色、工作者角色、夫妻角色、父母角色等。

不要光是想工作要如何，嘗試將劃分成不同的步驟，如第一步做這件事，然後再處理第二件事。

不要光是想計畫要如何，嘗試將計畫劃分成不同的因素，如所需時間、人力、經費、方法等。

為什麼要如此劃分呢？道理很簡單，因為生命很難做轉換，但是階段卻可以；生涯很難做轉換，角色卻可以；工作很難做轉換，步驟卻可以；計畫很難做轉換，因素卻可以。

忠強一年多前告訴我，他想考研究所，我給他一些鼓勵。過了半年，他又來說他想考研究所，我催促他趕緊準備。然而，到了考前兩個月，當他又來告訴我同樣的想法時，我發現他根本沒有開始準備。我驚訝地問他原因，他回答的理由是：「我怕自己考不上，如果考不上我一定難過死了。」他的問題除了如上述的擔憂想法讓自己的心理空間縮小之外，他一直是停留在抽象的想法上，卻未轉換為具體的步驟。雖然後來他還是報了名，並且參

加了考試，其結果是可想而知的。

（四）發展不同選擇的途徑

在今日快速變化的世界，如果執意只選一條路走是極不明智的，因為當這條路行不通時，就如同走進死巷，毫無轉寰餘地。因此，凡事永遠有其他選擇，才是靈活變通之道。Angel 和 Harney（1997）認為一個人面對任何情況或決定時，至少要有三個選擇或可能，並且思考和列出每個選擇的優點和缺點，然後決定做一選擇。即使這選擇不一定是最好的，但至少學到錯誤選擇的經驗後，還有機會轉選其他兩個。對於個人生涯而言，明智的作法是盡量多發展幾條路，而且讓每條路盡可能寬廣。

明誠為了申請出國留學感到苦惱而來找我，因為他有興趣的臨床心理學很難申請到，一方面是托福和 GRE 分數要求高，另一方面他缺乏多數學校要求的基礎學科。他選來選去的結果，勉強達到申請標準的只有一、二所學校，而且估計成功機會也很小。當我問他可有什麼選擇或替代途徑時，他先提到有一位學長原先有興趣的是工商心理學，但該領域的科系大多要求要有在工商業界的工作經驗，於是這位學長在某企業人力資源部門工作了 3 年，現在已得到博士學位並回國在大學任教。他又提到另一學姊是先讀國內心理研究所，而且一方面準備托福和 GRE 考試，一方面在念書時得到臨床心理學方面的工作經驗，後來順利申請到該領域的進修機會。除此之外，我們還一起想了其他可能的途徑。經由兩人的腦力激盪，明誠決定選擇申請十所學校，雖然其中有八所學校是較接近的領域科系，但是後來給他入學許可的四所學校科系都不是臨床心理學，最後他仍選了其中一個學校的變態心理學

科系就讀，因為那學校有不錯的臨床心理學研究所。在他進修的
第一年，選修了臨床心理學領域的一門課，而且因成績不錯而獲
得任課教授的欣賞。在第二年，經由該教授的大力推薦和願意收
他為指導的學生，如願地轉到臨床心理學領域就讀。

（五）結合思想和行動

　　有人是思想家，善於周詳考慮；有人是行動家，勇於冒險犯
難。然而面對未來變化，我們不僅要成為思想家，也要成為行動
家。因為，只是思考沒有行動有如行船失去電力，在汪洋中停滯；
而只有行動欠缺思考則像行船沒有羅盤，在大海裡漂流。只有經
常在思想後行動、行動後思想的不斷的循環下，才能在面對未來
變化的潮流時能乘風破浪且一帆風順。

　　阿祥最近面臨很大的壓力，雖然離畢業還有一年多，但是對
所讀的冷門科系愈來愈感到沒有興趣，而且由於心理上的排斥致
使幾門主科被當而可能延畢。同時，又因想到家中的經濟情況不
好而想乾脆休學找工作。傾聽了阿祥的一堆煩惱，我感覺他雖有
思想家的傾向，但卻是悲觀的思想家，而且沒有採取任何建設性
行動。

　　為了幫助他結合正向的思想和有效的行動，我運用上述的四
個原則。我先開始與他探討課程中有哪些是他成績較好的（通常
也是有興趣的），發現除了他沒興趣的專業主科外，修了四門電
腦的課程讓他覺得自己在這方面似乎滿有概念的。然而，他認為
目前程度很難和資訊專業的畢業生競爭。再進一步談，他對電腦
繪圖設計特別有心得，但也是學的有限。接下來，我們花了比較
長的時間在討論有哪些途徑發展這領域的能力，並且如何將之落

實到具體行動中。在討論中，我可以感覺到他開始跳出原有的心理疆界，尤其是他想回去自己曾經參加過一段時間的動畫社繼續學習，而且花一點錢到社團指導老師校外開的設計班進修。

　　至於自己的專業主科，他也發現原本自己還可以的，並非如此排斥，只是心理的障礙使自己不想學。談到如何讓當掉的科目補回來，他說願意多用心一點及找學長們請教，應該沒有太大問題。在我的鼓勵下，他願意在暑假打工的同時，先修兩門暑修課。關於暑修和下學期的學費，他談到申請貸款和家裡的支持，尤其是談到父母說再苦都願支持他讀書時，我在他的淚光中看到積極的動力。

　　最後在他離開前，我提醒他要立即行動。我相信阿祥記住了，因為在暑假後的校園裡，我見到他以一個自信的笑容跟我打招呼。

二　思考生涯的重要議題

　　在探討生涯開展時，有三個議題是不能不做思考的。這三個議題之所以如此重要，是因為它們能增進自我瞭解、肯定自我及實現自我。如果你依照順序思考，並且能重複這三個議題多做幾個循環（當然不是在短時間內），你會發現隨著思考循環的次數，你的生涯目標會愈來愈清楚，解決問題的能力也愈來愈強。以下將分別舉例說明：

（一）什麼是你想要的？

　　每一個人都有一些自己想要的，只是不見得清楚知道要什麼，

尤其是談到未來、生涯、工作之類的問題時。在生涯諮商中常聽到個案說：「我不知道自己要什麼。」然而進一步探討這「不知道」的背後往往是：「我不敢確定自己要什麼。」因為大多數人對自己的生涯都會有一些想法，雖然不一定很清楚或確定，但並非全然無知。當個案是不確定狀態時，我常用以下六個問句幫助他思考：

- 我曾做過什麼與自己所學的專業有關的事？
- 我曾做過什麼是自己沒有興趣的事或活動？
- 我認為自己有什麼優點或長處？
- 我的同學認為我有什麼能力或特質？
- 在生命中，有什麼是我要做還未做的事？
- 什麼是我想要的理想生活？

　　你也可以藉由上述幾個問句來幫助自己找答案，如果答案愈清楚表示愈知道自己想要什麼。不要擔心自己的夢想不太實際，你應該聽過古今中外許多科學家、藝術家或企業家都是當初不被人看好的情形下，卻堅持自己夢想而努力，最後終至成功的故事吧。

　　然而，夢想並非只是好高騖遠的空想，它要有合理的出發點，而且預期可能會經歷失敗和不確定的過程。而在這過程中，最重要的是不能失去追求夢想的熱情，因為熱情正是面對困難時讓自己堅持下去的原動力。

（二）什麼卡住了你？

在發展自己的生涯時，我們可以預期到開展的路上必然會有一些阻礙，關鍵在於遇到阻礙時，我們是要披荊斬棘，或是改絃易轍。雖然前面談到發展不同的選擇途徑是正確的，但是卻聽過有人說：「我是很想從事這方面的工作，可是沒有這方面的技術。」或是說：「我對這很有興趣，但是缺乏這方面的經驗。」諸如此類「可是」、「但是」、「不過」的說辭，正是卡住自己前進的障礙。如果輕易地被這些所謂「Yes, Buts」的想法擊退而放棄努力，那麼夢想是永遠不可能實現。在諮商中，我會先要問這「Yes」是個案真正想要的嗎？如果是，再來看這些「Buts」是什麼？個案可以做些什麼而讓這些「Buts」消失，如設法獲得工作技術或學習經驗。

然而，有些人的「Buts」背後，真正卡住的他們並不是技術或經驗的問題，而是自己內心可能存有無法克服障礙的焦慮，雖然這很正常，但是長期、過度的焦慮，就可能需要專業的心理協助。

（三）你可以做些什麼？

雖然動機和能力是同等的重要，但是在對於生涯開展而言，會較重視動機的問題。這並不是說能力較不重要，因為能力可以從經驗中培養，只要有「意願」學習，假以時日必能獲得。然而，動機卻是影響意願的最重要因素，動機強的人能力易獲得，反之動機弱的人則能力不易獲得。因此，「Yes, Buts」往往只是一種藉口，一種對自己追求的目標動機不夠強之藉口。

如果你也有這種「Yes, Buts」的心理障礙，就可能要以「現實

測試」來看看自己的動機強弱程度。「現實測試」有 A、B 兩種方式，分別說明如下：

　　現實測試 A：檢視自己對「Yes, Buts」的認知正確與否，最好的方式是找一些證據來說話。例如，你想從事國際貿易的工作，可是擔心自己沒有這方面的能力，去選修國際貿易相關的幾門課，然後檢視自己是否真正有興趣，通常修課的成績會說話。但是，尋找的證據要客觀，不能只有花很短時間或只得少數樣本就拿來證明自己的能力行不行。曾經有一位畢業想成為證券分析師的學生告訴我說：「我在證券業工作的舅舅說數學不好的人，不可能成為好的證券分析師。」這種認知是有偏差的，因他的舅舅的說法只是單一的樣本，數學是很重要，但它不能代表所有證券相關的課程。因此，現實測試 A 的重點在於「正確」的認知。

　　現實測試 B：假設現實測試 A 真的正確顯示自己在能力上有不足，那有無方法可以改進或克服障礙。以上述想成為證券分析師的學生的例子而言，除了修課可以增進知識和培養能力外，常閱聽電視及報紙上的分析、去證券公司打工、拜訪及請教有經驗的學長等，都是現實測試 B 的參考方法。

　　以上介紹的兩個現實測試方法，證明對有「Yes, Buts」的人之動機增強有很好的效果，雖不能全然保證成功，但是能讓我們採取建設性行動，並朝著理想目標前進。

三　出發前整裝

　　在邁向人生的另一階段旅程前，你的行囊中需要準備什麼？

或者更貼切地說，你需要具有什麼裝備？當然，沒有人會等到裝備齊全才出發，而且多數人一輩子可能都無法齊備；因為，生涯是終身的學習，而生涯的裝備要不斷的充實，尤其對於大學生而言至為重要（吳芝儀，2000；林清文，2000）。

記得在一次「生涯諮商」課中，我要求學生用想像的方式，在一張白紙上畫出自己的生涯像什麼，有人畫的是身在迷宮，有人畫的是逆水行舟，真是有著各式各樣的描繪。而其中有一位學生在他的畫中呈現了一個武士正準備騎馬出征的圖像，前方的征途是一條由窄漸寬的大道，而且路中有些石頭類的障礙，理想目標畫的是陽光燦爛的蒼翠山頂。當我問他身穿盔甲、左手拿盾牌、右手舉寶劍代表什麼意義時，他含混地回答是武士的必需裝備。經過一番討論後，我們得到了結論，以下加以引申並說明：

㈠資訊如盾牌：這是一個資訊的時代，你只要懂得方法就能找到你要的資訊，重點在於你要清楚要找的是什麼。打個比方來說，你為準備寫報告而上網找資料，如果知道要找什麼，只要輸入它的關鍵詞就能很快找到，以及做一些簡單的資料篩選。以生涯開展而言亦是如此，假設你要找工作，就必須先找到你有興趣的職場資訊，然後依自己符合的條件找出可以得到的資訊。

㈡知識如寶劍：即使找到適合的訊息，要使其成為有用的訊息則要靠知識。知識是訊息的高一層概念，因為它能組織及運用訊息。以上述找資料的例子而言，即使經過篩選，可能還是一堆散亂無章的資料。此時，需要將這些資料做一些整理，如剔除重複的資料、排列重要次序等，甚至可能根據現有的資料再追查更多或完整的資料。同理的，以生涯開展而言，當你上網找到一些合適的職場資訊，可以依其工作性質、內容等因素加以分類和比

較，而且可以查詢那些公司機構的相關資料，或打電話做進一步的瞭解。

㈢智慧如盔甲：當掌握了相關的知識後，如何做權衡和取捨就必須仰仗智慧。智慧是比知識更高一層的概念，因為它能擴充及判斷知識。再以上述找資料的例子來說，此時要在自己組織資料後的知識裡做判斷，決定引用哪些有用的知識寫在報告裡，並且根據所得的知識提出個人的觀點和見解。回到生涯開展而言，當你掌握一些有興趣或合適的應徵工作對象，開始要考慮如何擬定讓對方欣賞的履歷表，思量在面試時如何有最佳的應對，以及可能在數個工作機會中做抉擇。

㈣信仰如護心鏡：除了上述的裝備外，我們的討論中還發現遺漏了一個非常重要的東西：信仰，但這很難畫出來，他後來在武士的胸前畫上了護心鏡作為比喻。這裡所謂的「信仰」是廣義的，在生涯輔導和諮商中，稱之為「生涯信念」（金樹人，1998；洪鳳儀，2000），而在此則泛指靈性、宗教、精神、意義、信念等。為什麼信仰這麼重要呢？因為它是生命的存在，也是生活的目標。因此少了信仰，就算擁有資訊、知識、智慧的裝備，就只能像走廊上擺飾的武士空架，卻沒有內在的生命。

此時，你是否覺得上面的描述太抽象了？讓我舉個具體的例子，多年前在美國修讀「生涯諮商」的課裡，一位同學分享了他的生涯故事。他原是年薪很高且生活優渥的建築師，但是某天早晨醒來發現自己很不快樂，因為他無法再面對無生命的東西，像是鋼筋、水泥之類的建材，但是又不知道自己要什麼。這種鬱悶的心情延續了好幾個月，直到一天的深夜他在寫日記的時候，當他正寫著：「生活中有什麼事能讓我感到快樂？」忽然，有一個

微弱的聲音從自己內心深處輕輕地說：「你喜歡幫助別人……」時，他感到有一種電流通過全身的感動。第二天他開始尋找能幫助人的行業，花了三個月的工夫，他決定重回大學念諮商心理研究所。雖然在經濟上較拮据，但得到家裡妻小的支持，他變得很快樂。當時，全班同學都感動地為他鼓掌，但是最讓我終生受益的是他的建議：「在自己安靜的時刻，聆聽內心深處微弱的聲音。」

　　從上面的故事，你有什麼啟示嗎？不要忽視內心深處的微弱聲音，而且要讓它愈來愈大聲茁壯，成為你一生的信仰。

四　結　語

　　曾指導過的一位碩士生畢業後的第一個工作，不到三個月就辭職了，問他原因，回答的理由是老闆不好。換了第二個工作沒多久又不做了，換了另一個理由是同事不好。當他又辭第三個工作來找我時，我沒再問他原因，因為我告訴他的理由是：老師太好。

　　我輔導過一位個案，他在 3 年內換了十幾個工作，理由都是學不到東西。他最長的工作是半年，最短的工作是早上報到中午就溜了。試問，這樣能學到什麼？就以做得最長的工作而言，我想也很難獲得什麼經驗，而且這樣的工作紀錄很難獲得下一個工作的主管或老闆的青睞。

　　不知道你聽了這兩個例子，有什麼想法？也許你會想到外面的世界很恐怖，也許讓你更擔心走出校園在職場上適應的困難。

但我提這兩個例子的初衷不是在嚇人，而是希望你能思考：面對自己的全人生涯開展，讀完本章或本書就足夠嗎？上過全人生涯開展或生涯規劃之類的課程就足夠了嗎？甚至說，完成大學或研究所教育就足夠了嗎？我想沒有人不知道這個答案：「絕對不夠。」

　　此刻，你最好不要問：「那該怎麼辦？」我也沒有好的答案，因為答案不僅是因人而異，而且不能全靠老師，不是嗎？最後，老師能給的只有一句話：「學然後而知不足。」以共勉之。

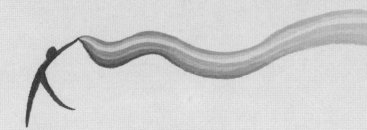

第三篇

身心靈

全人生涯開展課程素描

第十六章

課程素描[1]

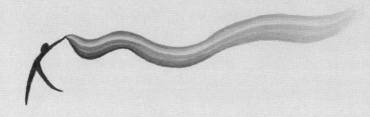

全人生涯開展

生活彩虹

原來，我們已經分別在生命的天空有了各自的色彩。2002 年春季開始，我們相約攜手串成彩虹，展臂陸續與二百零五位政大、北藝大及陽明的學生一起開展身心靈。

每個星期三早晨，「全人生涯開展」的課程由陽明出發，隨著學期轉到政大，再到北藝大，再到政大，再回陽明，希望循環不已。

一　我們的使命

我們是以「生活彩虹——全人生涯開展十大樂章」為基調（林一真，2000），以每一位師生對生涯的問答作音符，交響成組曲。所有的活動都緊扣著想達成的目標。

（一）為自己生命的當下及來去問問題，並提出回答的方法，展開探索行動

1. 每個學生都要帶著對本身生涯的一個好奇或困惑（「大哉問」或「小哉問」）來修這門課（也許是想決定自己該考研究所？還是就業？該不該轉系兼差？還是到了示愛告白或分手的關頭？）
2. 在學期初，學生先決定要用哪些方法（含訪問人、讀書、參觀、聽演講、實習、體驗、看電影、查索資料、尋找生涯貴人、冥想、禱告等）來回答自己的生涯問題。
3. 實際探索，一邊實作，一邊也視需要調整方法，回應本身的生涯課題並萃取出屬於自己生涯定義。

註　1.原文發表於 2004 年中原大學全人理念通識教育研討會。

（二）瞭解「生活彩虹」身心靈全人生涯開展的歷程及本質，反思本身對生涯發展的核心建構

　　這是一門生命的課，由同學構思和重塑本身的生涯信念，並瞭解林一真（2000）所提「生活彩虹」全人生涯開展理論，探究生涯的定義、本質、發展脈絡，以十大樂章次第展開對各生涯課題的思索。

（三）階段性標定生涯方向，並涵育生涯抉擇、安置、適應、進展和應變的智慧與勇氣

1. 由傾聽和重說三位老師的生命故事，學生回想自己由童年至今的生命故事，萃取生命腳本。
2. 由音樂、繪畫、心理測量及行動研究澄清自己的價值觀、興趣、能力及人生使命。
3. 由兩難問題的抉擇及行動研究作一個生涯抉擇。
4. 為自己爭取敲開一扇人生重要的門，預備履歷自傳參加口試。
5. 由聆聽演講思考在獲得一個生涯機會以後的適應、進展和轉折課題。

（四）互為諍友，反映生命的光與影，一起向前！

　　單色無法成彩虹，我們要向其他人汲取智慧的光熱。每三位學生形成「諍友三口組」，彼此以愛心說誠實話，互相針砭，對其他諍友的生涯課題行動計畫做評述，並且在諍友「芝麻開門」求職求愛的活動中擔任主試（像日本「搶救貧窮大作戰」的專家一樣嚴格，一樣出於「恨鐵不成鋼」的愛）。

二　「生活彩虹」對開展生涯的信念

　　本文作者之一曾提出「生活彩虹」理念，相繼為國內五百位以上的大專院校就業輔導和諮商人員進行研討，並為身心障礙兒童、家長及成人作生涯成長團體（林一真，2000）。本課程即是以「生活彩虹」為主軸設計。

（一）生涯是什麼？

1. 生涯是生計、是職業、是生活，更是生命。
2. 生涯是我們由小到老在各種環境和角色中善用能量活出生命意義的歷程，沒有領薪水，躺在床上的臨終病人也可以有生涯，一個人的「死」也是綻放力量的歷程。
3. 要謙虛面對生涯的不確定性，我們可以有大方向小計畫，積極應變。
4. 生命長河涓滴入流。大小正負經驗都匯進生涯，可以經淬鍊產生正向力量。

（二）生涯的十大樂章

　　一個生涯行動的可能依「生涯開展的十大樂章──生涯覺知、探索自我、探索世界、生涯抉擇、生涯規劃、生涯準備、生涯安置、生涯適應、生涯進展及生涯轉折」次序展開。但是個人有其獨特性，有人的生涯是順序發展而循環，有人的生涯則停滯（宛如摩西在曠野），等待開展。

（三）開展生涯必須正視「生命從何而來，往何處去」及「生命的議題」。有信仰的人的生涯觀及生涯力量來源與未信之時迴然不同。參與本課程的每個人都要對信仰有個態度或開始打問號。

三　我們的團隊

　　這門課動員了四群老師：

（一）核心老師

　　共有五位核心老師依序授課，其中打※的為三校主持老師。

※林一真　美國紐約州立大學教育心理與統計博士，國立陽明大學通識教育中心教授

※錢玉芬　國立政治大學新聞研究所博士，國立政治大學心理系助理教授

※吳慎慎　國立台灣師範大學社會教育學系博士，國立台北藝術大學共同學科副教授

　陳彰儀　美國田納西大學工業與組織心理學博士，國立政治大學心理系教授（現任國立政治大學心理系教授兼學務長）

※鍾思嘉　美國奧勒岡大學教育心理學博士，國立政治大學心理系教授

（二）特別講座

釋惠敏　東京大學文學博士，國立台北藝術大學共同學科教授
　　　　兼主任、學務長、教務長、代理校長，西蓮淨苑住持
　　　　（現任法鼓佛教研修學院校長）

羅曼菲　國立台灣大學哲學系，紐約大學舞蹈碩士，國立台北
　　　　藝術大學舞蹈系副教授兼主任、舞蹈研究所所長，雲
　　　　門舞集 2 創團藝總監，世界舞蹈聯盟亞太編舞家大會
　　　　主席

徐頌仁　國立台灣大學哲學系，西德科隆國立音樂學院學位，
　　　　國立台北藝術大學音樂系教授、國立台北藝術大學管
　　　　絃樂團指揮

朱宗慶　台灣藝術專科學校音樂科，奧地利國立維也納音樂學
　　　　院打擊樂演奏家文憑，國立台灣大學管理學院
　　　　EMBA，國立台北藝術大學音樂系教授兼系主任暨研
　　　　究所所長，國立中正文化中心主任暨改制行政法人首
　　　　任藝術總監，財團法人擊樂文教基金會暨朱宗慶打擊
　　　　樂團藝術總監（現任國立台北藝術大學校長）

陳湘琪　國立台北藝術大學戲劇學系，紐約大學教育劇場碩士，
　　　　演員（現任國立台北藝術大學劇場設計學系專任講師）

閻鴻亞　國立台北藝術大學戲劇學系，詩人、劇作家、導演
　　　　（現任國立台北藝術大學戲劇系兼任助理教授及專技
　　　　人員，《表演藝術雜誌》、《現代詩》主編，創立
　　　　「快活羊電影工作室」、「密獵者劇團」）

吳瑪悧　德國杜塞道夫藝術學院雕塑系碩士，藝術家，遠流出

版社藝術館叢書主編（現任國立高雄師範大學跨領域藝術研究所專任助理教授，國立台北藝術大學藝術行政與管理研究所兼任副教授）

辛意雲　中國文化大學哲學研究所碩士（現任國立台北藝術大學共同學科講師）

（三）感謝助教群慧心協助

陽　明：曾雪芳、何淑樺、吳青芳、許秀枝、汪潤華、蔡富傑、顏藝書及劉玉儀

政　大：張惠媜、梁淑慧、張丁升、許鳳君、陳怡秀、蔡志明、張雅玲、徐維秉

北藝大：吳美玲、黃宜雯、邱安琪、林吟姿、黃千慈

（四）少年英雌雄

其實，我們以每位學生為師，他們貢獻了年輕人對生涯的見解和熱切期待，激勵且更新了我們。

四　我們的方法

我們透過主題演講、說與聽生命故事、心理測量、「諍友三口組」活動、小團體輔導、音樂繪畫、訪問、行動研究、彩虹化妝會、電影、面談、海報及創意發表會等方式。課程進行中並繼續發放盧雲《活出有愛的生命》篇章。

表 16-1 是政大和北藝大 2003 年春季及 2003 年秋季班課程內

容，我們就把自己當作彼此的教材，這樣過了十八週。

表 16-1　「全人生涯開展」課程內容舉隅次數

次數	樂章	主題	主授者	課程進行
一	生涯覺知	預備	北藝大 吳慎慎 政 大 鍾思嘉	▶ 向學生簡介課程的目標、進行方式及作業，對有意願的學生施測「生活彩虹探索」量表，含人格類型、職業興趣、多元智能、個人需求與價值、生命、人際、工作。 ▶ 簽保密同意書。
一	生涯覺知	生活彩虹	陽 明 林一真	▶ 在林照程的「大提琴的獨白」音樂中，學生自由默想並交替在自己和他人畫紙上作畫，每人敘說自己的默想世界，對畫圖與自己的圖被畫彼此分享的感受、對生涯的聯想及好奇。老師以 Super 的話、陸游的詩、《潛水鐘與蝴蝶》引導討論生涯的定義和本質。 ▶ 以「生活彩虹」的理念簡介課程、作業及諍友分組。
三	生涯覺知	生涯開展的十大樂章	陽 明 林一真	▶ 老師以「生活彩虹」十大樂章說明生涯開展的軌跡，讓學生澄清在十大樂章中目前本身生涯發展主要課題的相對位置。 ▶ 老師以馬友友的「巴哈的靈感」，呈現生涯人物可以在高峰疊起後，跨界與人向前同行，有如巴哈一再運用簡單樂器直到產生超越原來音質的神韻，以激勵學生在深耕本身專業之外，用歡喜和勇氣與不同領域的人士交流合作。

表 16-1 「全人生涯開展」課程內容舉隅次數（續）

次數	樂章	主題		主授者	課程進行
四	生涯探索	生涯探索（一）——童年經驗對我生涯的影響		政 大 錢玉芬	▶ 老師述說自己的童年經驗，並想讓學生瞭解過去成長經驗對自己生涯決定的影響，並重新思考這些影響的正、負面意義。
五	生涯探索	生涯探索（二）——人生劇本大考驗		政 大 錢玉芬	▶ 運用兩份簡易測驗，測量學生的特質與心理的人生腳本，並探討如何調整生涯的方向與決定。
六	新境探索生涯抉擇	伊的生命故事（一）——善、美的生活實踐與生死規劃		北藝大 釋惠敏	▶ 來自文化古城台南，一襲迦裟的釋老師，配合 powerpoint 說他由學藥到研究梵文，由微觀無常對信仰的啟蒙、到主持教務和宗教行政、用功精彩而平和自在的生命轉折。
七	新境探索生涯抉擇	伊的生命故事（二）	羅曼菲從身體尋找生命最重要的東西	北藝大 羅曼菲	▶ 羅老師今天不跳舞，但所有的人都跟著她飛躍。舞鞋從劉鳳學老師腳前，一路躍跳到美國，到雲門，上國際舞台，回北藝大，進出醫院，帶雲門II走入百姓。老師用心用命與舞蹈、健康、愛情坦誠共生，瀟灑自由和感恩。
			天邊一朵雲	北藝大 陳湘琪	▶ 在久旱無雨的人世，被學姊戲笑的纖美女子，像以利亞看到「天邊一朵雲」祈得豐郁的靈雨，澆灌自己和紅塵。

表 16-1　「全人生涯開展」課程內容舉隅次數（續）

次數	樂章	主題		主授者	課程進行
八	新境探索生涯抉擇	伊的生命故事㈢	徐頌仁音樂與美學的世界	北藝大徐頌仁	▶ 是五線譜的哲學家，是時間的數學家，從代母親司琴的孩童，到指揮眾音成樂的魔棒，到認真傳薪的音樂教育人。
			朱宗慶的人生音樂	北藝大朱宗慶	▶ 目前是台北藝術大學校長的音樂家，留給學生一句發人深省的話：解決問題最容易的方法是放棄。以多年來在發展打擊音樂的堅持，才有今日開花結果的成就。
九	新境探索生涯抉擇	我的生命故事		政 大鍾思嘉北藝大吳慎慎	▶ 諍友以小組方式反思再以戲劇、有獎徵答、繪畫等方式重新表述前三位老師的生命故事。 ▶ 學生課外書寫「我的生命故事」。
十	生涯適應	生涯預備──職場EQ		政 大陳彰儀	▶ 以講演法的方式將「職能」的重要性傳遞給學生。 ▶ 提出提升EQ的方法，包括：自我肯定、更好的五大人格特質、培養好的「組織公民行為」、要跑馬拉松而非跑百米的人生（不求完美）、歸零（不以 100 分為標準）── 常存感恩的心、正向思考、身心靈平衡、同理心等。 ▶ 以 A 型人格測驗幫助學生瞭解自己求完美的傾向。

表 16-1 「全人生涯開展」課程內容舉隅次數（續）

次數	樂章	主題	主授者	課程進行
十一	生涯安置	芝麻開門	陽明 林一真	▶ 學生課外選定要爭取的一個生涯機會，預備履歷、自傳，事先交給諍友。 ▶ 諍友準備口試題目。 ▶ 學生輪流穿應徵時的服裝，接受面談。 ▶ 諍友發問以澄清主角是否真的適合敲這扇門或是否已準備好要敲這扇門。
十二	生涯進展（一）	在職場中展翅上騰	政大 鍾思嘉	▶ 統整、有信心的自我，才稱之為生涯。在生涯中積極地自我瞭解、參與投入、訂定計畫、觀察學習、創造個人和他人的福祉並且與人合作、重視外在環境的影響和壓力管理，進而在工作中自我適應、創造、提升。
十三	生涯進展（二）	在職場中展翅上騰	政大 陳彰儀	▶ 人的生涯規劃就像企業一樣，必須要能基業常青；因此一個人在做策略規劃時，需要有一個英文字「MOST」的概念。 1.M——Mission 使命 　以名人自許的使命幫助學生思考自己使命。 2.O——Objective 目標 　讓學生考慮自己的語文能力、溝通能力，是否已經達到應有的國際化水準？資訊能力是否已經跟全世界的資訊能力併軌？以作為目標決策的基礎。

表 16-1 「全人生涯開展」課程內容舉隅次數（續）

次數	樂章	主題	主授者	課程進行
				3.S——Strategy 策略 幫助學生瞭解自己屬於 Herrmann 四種個人風格特質中的哪一種。考慮自己的優勢和劣勢，考慮外在的機會跟威脅來擬定生涯的策略。 4.T——Tactics 戰術 以宏觀的心願、建立良好的人際網絡、時時彈性調整作為生涯的戰術。
十四	身心靈開展 (一)	生涯抉擇 ——人生棋盤	陽　明 林一真	▶ 每人成為一個棋子，就六至九個兩難的生命課題在人生棋盤上作抉擇，敘說並傾聽彼此的原因。 ▶ 配合生活彩虹探索的測量結果，再度澄清個人需求、生命價值、工作價值及休閒價值。 ▶ 學生澄清自己的抉擇風格。 ▶ 在默想中探討本身對最重視的事物是否已達成或將如何付諸行動實踐。
十五	身心靈開展 (二)	生涯安置 ——信仰與生涯	陽　明 林一真	▶ 老師由自己的生命故事談起在地及屬天的身世尋根，並比較有及無信仰時如何開展生涯。 ▶ 學生分享自己的信仰對生涯的影響。 ▶ 師生詠唱詩歌「活出生命的色彩」、「愛的真諦」及「彩虹下的約定」。

表 16-1 「全人生涯開展」課程內容舉隅次數（續）

次數	樂章	主題	主授者	課程進行
十六	生活彩虹──就要出發	10 年後的我──生涯化妝會	陽明 林一真 北藝大 吳慎慎 政大 鍾思嘉	▶ 每位師生以 10 年後的角色裝扮進入本班同學會。門票是一張海報或簡報檔，說明 10 年後自己的一天，可攜伴（配偶、孩子、寵物、老闆、同事、事業夥伴）參加。每人站在自己的海報或 powerpoint 前敘說 10 年來如何把自己開展成這樣，並接受 call in。 ▶ 每人貢獻及享受美食，歡慶生命，向本課師友道謝及告別。

五 我們的教與學效果評量

教學評習──每位學生的學期成績主要包含

1. 課程參與和貢獻──占學期總分 30 ％至 48 ％

   透過每堂上課回饋單及學期末的課程總評估，學生對教師作立即性和總結性的回饋。

2. 學習評量──「我的全人生涯開展」學習檔案，約占學期總分 70 ％

   每位學生將本身的生涯發展期許與行動、本學期上課回饋單、心得、活動紀錄、報告及作業都存放在一個透明活頁的夾子，以具有申請研究所或求職水準，學期分數的評估含以下要項

（詳見本章附錄）：

1 星星知我心（個人作業）

2 我的生活彩虹畫與話（個人作業）

3 我的全人生涯——開展行動研究（小組作業）

4 芝麻開門！（小組作業）

5 伊的生命故事（小組作業）

6 我的生涯信念（個人作業）

7 公主王子向前行——10年後的我：彩虹化妝會（個人作業）

8 就要出發——我的生涯開展回顧與前瞻（個人作業）

六　我們的收穫

（一）交到一群好朋友

　　這是一門人與人互動的課。我們是在「關係」中教與學的。在這課程中，老師們、講座及行政人員一起實質交流，在每學期上課前數月就開始聚會討論課程的理念和進行方式、分享美食、彼此打氣、檢討改進。學生們在支持中互相砥礪，甚至有學生在「10年後的我」生涯化妝會相約開店、組團。每位學生在回饋單上向老師陳訴心得。每次上課後，學生在回饋單上細膩真誠記錄每堂心得；老師則逐次逐張閱讀或回應學生心聲。下課後，多位學生主動贈送自製的音樂CD（紀念父親）、小耳環、卡片（回應本門課的內涵），為一般通識課所少見。

（二）見證學生生命的變化

許多學生由沉默到開口、由迷惘到開朗、由無所謂到認真。

（三）一再被學生的創意、潛能所激勵

這門課上，我們數度割愛，將老師講授的時間捨了，用來讓學生發表，例如在「生涯安置」單元中，不經本課堂教導，學生就具有當面談主試者的優秀表現。

附 錄

「全人生涯開展」的學習評量

一　參與和回饋

項目	主題	說明
1	上課參與和回饋	▶ 每個人的現身都是我們彼此學習的素材。每次上課積極參與分享並繳交回饋單者可得學期分數 1 分，如對所上主題提出好問題，可獲加 1 分。

二　作業

項目	主題		說明
1	星星知我心		▶ 我們都是一顆星，請先自我觀照，再請至少五位觀星者反映他們在我身上所看到的光與影，並寫心得。
2	我的生活彩虹畫與話（個人）		▶ 交我的生活彩虹畫，並說明「畫的內涵」、「將來希望要過的生活」、「當我的畫被人作畫時，我的想法及感受」及「生涯的定義」。
3	我的全人生涯——開展行動研究（小組）	我的生涯開展課題	▶ ⑴為自己的生涯發展問一個問題，並說明這問題的重要性。 ▶ ⑵提出我打算用什麼方法去回答這問題（含訪問人、讀書、參觀、聽演講、實習、體驗、看電影、查索資料、尋找生涯貴人、冥想、禱告等）。

項目	主題		說明
3	我的全人生涯——開展行動研究（小組）	我的生涯開展課題	▶ ⑶三人一組，互為諍友、真誠激勵。諍友接受主角的生涯發展課題。 ▶ ⑷諍友回饋，給一人獲得 5 分，回饋兩位諍友得 10 分。 ▶ ⑸參考諍友的回饋，將我的生涯開展課題作修正（新版本）；繳交新舊版本及兩份諍友回饋。
		解題行動及實踐心得	▶ 記錄實際執行生涯人物親訪之方法、日期、過程及心得，並經諍友簽名後交回。
4	芝麻開門！（小組）	擔任主角	▶ 選一扇門（求職、求學、求愛、求婚、移民、新醫療、換跑道或求道）。主角以書面描述自己所想爭取的生命機會並將自己的性情氣質形塑成一份獨特的履歷、自傳（自傳需包含童年經驗）及敲門信，交給諍友。
			▶ 當天主角穿戴披掛上陣口試，用所有方法凸顯自己的性情氣質，讓這扇門為自己開！
			▶ 主角整合諍友專家的回饋並寫心得，連同履歷表交上來。
		擔任諍友	▶ 諍友依主角的芝麻開門戰帖，對主角及其欲敲之門多加瞭解並作回饋。
			▶ 諍友擔任口試委員。在教室周圍選個安靜的角落，懇切陪伊談談這扇門可真適合為伊開？
			▶ 諍友提口試問題及並針對主角的表現、資料及儀容以書面回饋給主角。

項目	主題	說明
5	伊的生命故事 （小組）	▶ 三人一組，依分配從生命故事選擇北藝大三位藝術家／老師的其中一個生命故事。 ▶ 整合相關資料、上課心得並與小組成員討論，作成 5 至 6 分鐘之引言報告，在課堂上呈現，由此表現給分。
6	我的生涯信念 （個人）	▶ 是什麼力量支撐我們還可以往前，度過生命寬河？萃取自己的生涯信念。請參照工作單。
7	公主王子向前行── 10 年後的我：彩虹化妝會（個人）	▶ 2014 年 6 月 18 日是本班 10 年後的同學會。 ▶ 請選好自己擔任的角色，描述當時是什麼身分、親友圈、如何過平常的一天（使用的交通工具、吃的餐）、週末、年假、10 年中我為自己養成什麼樣的身材和健康、準備了什麼能力、調整了什麼性情、扭轉了什麼價值觀、滋養了什麼樣的性靈？ ▶ 我是如何辦到的？如何奮鬥或混日子才能有此結果？以逼真裝扮現身，以「10 年後的我」書面報告當門票，並於當天繳交。各組貢獻一道美食，自備容器，來歡慶生命、感恩及道別。
8	就要出發 ──我的生涯開展回顧與前瞻（個人）	▶ 回顧這學期對自己的體認並擬緊接的下一步行動，放入整本學習檔案，帶來彩虹化妝會分享。

附　　錄

年輕人的精彩

全人生涯開展

生活彩虹

在我的畫布上，你塗色

▶ 生活彩虹畫與話

哭臉與愛心　仙

　　我看見悲傷和愛。今天聽照程的音樂，平穩且簡單的旋律，讓我不禁又想起昨天下午在系館被學姊羞辱的場面，腦中一片空白，可是心情卻一直很沉重，開心不起來。做畫的時候我把自己畫進畫裡面，一張哭臉但身邊有很多不同顏色的愛心代表不同的人，在我悲傷無助時在我身邊陪伴我。每張傳來我手上的畫我都畫上一張哭臉，跟很多大大小小的愛心，除了這個我不曉得該畫些什麼。連上台分享都鼓不起勇氣，大家的畫似乎都滿輕鬆的，而我的卻好沉重。

　　一張哭臉和許多愛心，我想未來應該會常常發生。最近一直在思索著，我好像要出社會了，那我該為「出社會」這件事做哪些準備？昨天遇到那位不可理喻的學姊，也許就是大社會的縮小版，因為竟沒有一個人來救我。雖然身邊有很多愛，但更迫切需要的好像是正義，社會上的正義好像早已消失了。

　　我的畫裡，我想在很遠的地方加上一張笑臉，無論我的心情是喜或悲，他都默默陪著我。我的畫傳回來的時候，哭臉變成笑臉了，看到新的笑臉，心情有輕鬆一點，原來在我左邊兩位的陌生同學也希望我快樂。

天空與湖泊　儒

　　剛聽到這樣的音樂，心裡覺得很平靜，所以就拿起了藍色蠟筆畫下天空，留下雲朵的白色。在我的畫中，我想要感受到自由自在的感覺，這也是我想要的生活。

　　也許我現在的生活，或是未來的生活將會在實驗室當中度過，很多同學不想繼續下去，就是不喜歡這種關在實驗室的感覺。我覺得還好，因為那是一種挑戰，是另一片天空。但是，實際上，我還是喜歡悠閒自在的生活。因為我想我的畫會是一種理想，將不是我全部的生活，也許會是我的休閒，也許會是我休息充電的另一種生活。在這裡面，最難得的，就是屬於自己的時間，因此我現在也非常重視自己的時間，如果難得有了空閒的時間，出去走走體驗這種生活是必要的。我一開始是想畫天空的，可是當我拿到畫的時候，他反過來變成湖泊，還有許多黑色蠟筆所構圖的樹木、鯊魚以及一隻似鳥的動物，其實我覺得挺難過的。我的天空自在，被許多沉重的色彩所切割壓迫著。所以，我將這幅畫再補上天空，將樹木畫上綠葉，替鳥畫上紅色的羽毛，讓整幅畫增添色彩，讓沉重的線條有一點色彩。

斷崖　穎

　　上課時的我，應該是非常累的。因為前一天晚上帶了一群學弟妹們去 KTV 裡唱了一整晚，都沒睡覺，所以當我閉著眼睛，聽著音樂時，可以說是完全放鬆的。不知道為什麼，思緒裡竟然出現了一個我，在斷崖上眺望下面鄉村與海的畫面，於是我就畫了下來，後來經過了別人的添加，畫中出現了涼亭、雲、和鄉村間

連接的道路，看到了這些，讓我想到了之前跟家人高高興興、和和樂樂，一起去爬山的景象，對現在離家的我來說，這應該是我最珍貴的事了。因為我跟妹妹都上了大學，都在外地讀書，這種全家人聚集在一起出遊的景象，不知道要到何時才會再出現了，我希望我以後能有個很棒的工作，在工作之餘，我一定會盡量陪家人，帶他們到處去看看，工作固然重要，但我覺得家人更重要，希望在未來的生活裡，我們全家人還是可以這樣的和樂。

　　這幅畫從傳出去再傳回來，其實給我的感覺都差不多，而我最喜歡的就是斷崖上的那座涼亭，也因為這座涼亭，促使我想到全家團圓爬山的情景，也謝謝那個不熟悉的人幫我加了這麼完美的一筆！

變成最好　筑

　　在看別人的畫時，其實都有很多的驚奇。很多事情是我這種又感性又沒有想像力的人做不出來的。從大家的畫裡看出很多不同的思路，不同的感動。我想，與其說是聽音樂畫畫，不如說是音樂帶領我們畫出我們心裡所想。很喜歡這種過程，跟別人分享、畫作被破壞、再自己修補。這就是世界吧，不可能永遠如自己的願，但是我可以在現成的環境中讓他變成最好。又或許我們對自己的人生又規劃，但當中加入了別人的期望、社會的價值觀、和別人的眼光，這些破壞了我們的計畫成為別的樣子。但如何在自己計畫和外力介入之下，讓自己的畫成為自己想要的樣子，是人生要學習最大的功課吧。

▶ 星星知我心

芸

　　這趟觀星之旅，一共有六個我身邊不同的人一起參與，兩位現在的室友：嘉、民，一位陪了我大一整年的室友：怡，一起參加熱舞社的同學：芳，我的男朋友以及和我感情最好的妹妹。在他們用心觀星的同時，我自己也經歷了一場自我探索的歷程，透過他們的眼睛，我重新認識了別人記憶中的我，也重新發現了自我──一顆與眾不同、獨一無二的星星。

我的專長

　　我的英文是大家一致推崇的啦，很會讀書這個評語其實我也是從小聽到大了──但是我私底下並不喜歡這樣的稱讚，總覺得似乎大家容易把焦點放在這上面，而忽略了我還有其他的優點，總之就是不喜歡這樣的定位，所以我給自己的評語裡面，並沒有寫到這一項。我喜歡芳說的「投入自己喜歡的事物」，因為我的確就是這樣一個極端的人。怡覺得我是個善與人溝通的人，能提出適當的忠告，我很驚訝，因為我一直不曾發現自己有這樣的特質在。民說我很有責任感，課業、愛情、社團都處理的很好，但事實上她可能沒發現到有時候我也會被壓的喘不過氣來，想逃避責任，只是被逼的不得不負起責任罷了──I admit my imperfectness. 不過我喜歡給自己這麼一個 title──充滿創意的水瓶兒。

個性篇──我的恩賜 V.S.我缺乏⋯⋯

　　男朋友說我很可愛、單純、不做作，厂厂，原來這就是我吸引他的原因。怡覺得我很體貼、善解人意，可是我妹卻不這麼認為──其實我承認自己對外人的確比較好，對家裡人就比較容易惡形畢露囉^^"，這點要改進。嘉覺得我很大方、有自信，但我個人比較認同芳說的「缺乏承認自己很不錯的信心」，其實我覺得自己是個「人來瘋」，該放的時候我絕不扭捏，但矛盾的是其實我會故意去掩飾心中的膽怯，也就是私下的我常常會覺得自己沒有別人來的好，一種微微的自卑感。

我的存在

　　大家都會受我的影響，變成積極、認真、用功的乖大學生，我也發現因為我的存在，大家都有溫暖的感覺呢！原來我是個熱呼呼的水瓶兒呢^^。

我的星光是

　　民：很亮很亮的顏色，卻又不刺傷人家的眼睛
　　怡（想了很久）：持續散發的銀白色
　　我妹：漾著蜜桃色亮亮的小星星
　　我：透明──因為很容易被看透

我最適合當⋯⋯

　　怡：打扮的美美的主播──這是我以前跟她說過的呢！
　　有很多人覺得適合從事研究型的工作──嗯，我也比較喜歡

需要動腦筋的事物。妹妹說中了我小時候甚至是現在都還有的小小遺憾——我想當個語言家，因為我超愛英文的啦，不愧是相處了 10 多年的好妹妹啊。

還有

這是個很有意義的作業，我透過它，重新對自己有了新的詮釋，我相信我可以更閃亮，我也可以帶領著周圍的星星們，跟我一起閃閃發光！

靈體感應　丹

我的專長

靈體感應、表演。

我的恩賜，我性情中的最美好

慈悲、善心。

假如……我就會很滿足

我的小狗在我身邊，我和我愛的家人、朋友們能夠活的安詳。

因為我的存在，我身邊的人會……

因為我而發笑，感受到平凡的快樂。

我缺乏

將婦人之仁踢走的當機立斷，更強烈去實踐慈悲的行動力。

我的星光是……色

> 接近銀色的白。

我做適合從事

> 表演者、教師。

給認識兩個月的丹

妳的專長

> 菁　說故事，敘述的能力很強，對你說的故事感到印象深刻，常常帶給人身歷其境的效果。
>
> 億　表演、教書、研究。
>
> 瓊　表演、說話。
>
> 潔　描述和記憶、伸展筋骨、殺價、和人理論、畫畫。
>
> 經　唱廣告歌、表演。

妳的恩賜，性情中的最美好

> 菁　永遠保持勇敢堅忍的態度去面對生命。
>
> 億　努力不懈、不輕易放牛、願意相信人。
>
> 瓊　有愛心。
>
> 潔　善良、愛、柔軟的心、赤子之心。
>
> 經　以和待人。

假如……妳就會很滿足

> 菁　我想目前的你會很希望世界和平吧，如果世界和平的話，

你大概會滿滿足的。但是世界和平的目標太遙遠，我對你的認識是只要有一點點小小的幸福就很容易滿足的。

億　一切平靜，並且得到精神的和平。

瓊　心情好。

潔　唱歌跳舞、身體健康、愛的人都快樂平安、「美」的存在。

經　1.比 A CUP 還小；2.有 170 公分；3.睡醒後脊椎正常化。

因為妳的存在，妳身邊的人會……

菁　對於自己關心的人事物，付出的程度讓人感到尊敬。在你身邊的人會感到相當的幸福。

億　想要更努力點，不敢太偷懶。

瓊　跟著一起表演。

潔　獲得鼓勵、很有精神、被記住、見識到香精蠟燭和薰香的奧妙。

經　很開心。

妳缺乏

菁　好好照顧自己，太容易為別人著想了。

億　對一些事情用更自然的心對待。

瓊　安全感。

潔　放輕鬆、對外在事物的寬容（我是指某種反諷的幽默）。

經　忍耐力、黑色幽默。

妳的星光是……色

億 Orange。

瓊 淡黃。

潔 粉紅、紫、黃。

經 4分粉紅、2分淡藍、1分珍珠白、2分鵝黃、1分閃亮黑。

妳做適合從事

菁 目前你喜歡的表演，這就滿適合你的。只要你喜歡的東西，堅持下去就是最適合你的……

億 輔導人員、演員、研究人員。

瓊 輔導、傳教。

潔 繪本創作、照顧動物、傳道信念、跳舞。

經 動物醫院接待人員、採購。

不強勢 儒

「耐性」，缺乏自信，我覺得我不是個有魄力強勢的人，因此可能表現出沒有自信的樣子，在對於我熟悉的領域，我還是有自信的，但是對於沒有百分百把握的事情，我是不敢顯露自信的。在不同的環境當中的朋友，居然對我有相同的看法，想一想，我在實驗事實是如何表現的，我在社團裡面又是怎樣表現的，為什麼都給人沒有自信的感覺呢？這樣的沒自信是無關緊要呢？還是對自己不太好呢？這都是我該好好想一想的方向。

我並不知道我自己的專長是什麼，但是看到「洞察他人情緒」這樣的寫法時，其實我覺得並沒有這麼厲害，我只是會去關心周

圍的人，站在他們的立場想一想而已。其實我是個怕事的人，平常是不喜歡去問人家私事的人。但是當知道自己的朋友過得不好時，當個好的聆聽者，我想這是我可以做到的。

如果我能夠有時間到處去走走，拿個相機，去蒐集故事，去看看不同的世界，這樣的悠閒自在。

我覺得做這個作業很有意義，因為一般我們不會知道自己在別人的心中的評價如何，尤其是當年紀漸漸增長，更少人會聊到這麼深入的話題，這是一個很好的機會來瞭解自己。在這五份星星知我心中，我盡力挑五種不同相處方式的人來寫，發現雖然是五個不同的人寫，居然可已有這麼多共同點，其實我還挺驚訝的。真的很謝謝他們，感謝他們平時的陪伴以及讓我可以這樣瞭解自己。

救贖的願力　丹

小時候我最大的夢想是成為像「史懷哲」那樣的醫生，能到非洲用實際的行動去幫助那些困苦的人們；中學時代希望自己是獸醫，能夠為動物治病並且成立流浪動物之家；現在我擁有的夢想是成為一名像大野一熊先生（日本舞蹈家）一樣的舞者，他的一句話使我非常感動，以下便以引用回答這個夢發起的原因：「我希望觀眾看完我的表演之後，會想到能活著是一件多麼美好的事情。」

我想這些夢想一致性的脈絡在於「救贖的願力」，我希望自己能夠真正對於世界上的生命有所貢獻未曾實現的夢……目前來說，我應該是成為舞者或獸醫師吧！不過這兩種身分在目前止能選擇其一，我覺得自己會先朝舞者這個目標發展；除此之外我還想去西

藏、尼泊爾、印度、非洲⋯⋯等地，以表演者的身分前往也好，以純粹探索的身分前去也好，我深信自己能在這些地方，獲得更豐富的情感。

我所扮演的重要角色是：(1)父親（已過世）的女兒；(2)母親的女兒；(3)哥哥的妹妹；(4)阿公的孫女；(5)狗兒們的姊姊；(6)志同道合的好朋友；(7)心靈伴侶；(8)演員；(9)藝術大學的學生；(10)動物醫院的義工；(11)佛教徒。

我受賴聲川老師啟發影響極大，他也是我工作過最為敬業和尊重演員的導演。我最希望自己擁有賴老師工作時的超高EQ、超強耐心及超清楚的思緒；我也希望擁有老師私底下的幽默、願意給予的態度。最不像賴老師的地方是面對緊急狀況時我通常很急躁和慌亂，和老師的泰然處之相去甚遠。

我最得心應手的是「吸收知識」和「身體訓練」，其原因可能是因為目前自己所念的科系和前進的方向是自己真正所希望的，所以對於知識有無限的渴望；身體的訓練我想跟小時候學舞有關，由於太喜歡舞蹈，即使忙於升學也會不斷的伸展筋骨。

其實目前我不認為自己缺乏什麼是一種滿足的狀態。不過我希望自己能夠找到更好的方法去幫助自己的家人度過精神、情緒上的不滿和低落。

我發現自己很幸運，能夠擁有許多人的信任和愛；我也發現自己跟以前相比，變得比較達觀和誠實，即使在感覺低潮黑暗的時刻，也能看見和相信自己、相信光明的存在。

勇敢一點 穎

在我國小的時候，有一次代表班上跟其他三位同學參加四百

公尺接力比賽，而預賽時的強敵是我的好朋友。在比賽時，我和他都奮力的跑，結果一不小心我踩到他的後腳跟，造成了他的嚴重跌倒。當時我看到他跌倒嚇了一大跳，頓時停下來不知道該怎麼辦，後來才又驚覺我應該先跑完，但已經又輸了一個對手，在那比賽完之後……我忍不住大哭了起來。

　　還好那一次的比賽後，我們仍然進到了決賽，並獲得勝利，但是那一次的經驗讓我發覺我內心那份老實、不願意傷害別人的心，還有點懦弱，就是因為這樣，害我差一點害了班上其他的人，我不禁懷疑我是不是應該學會多變通一點，腦精靈活一點，勇敢一點。

　　我想我現在已經快要進入社會了，要在社會中生存，應該學會變通一點，太過於老實，可能會因此而受傷。但面對自己的親人、好朋友時，就應該拿出我最初老實、誠懇的心，真心相處、對待。這才會擁有更多的情感，有更多更多的朋友。面對事情也應該勇敢一點，接受挑戰，才能真正適應。

▶ 我的生涯開展課題及解題策略──諍友書面回饋

給子芳　璐

　　其實健忘是一件好事，而且健忘的人都會比較快樂呢，煩惱來得快去得快，當然快樂囉！其實我也是個健忘的傢伙；但是，對於我重視的事情我卻是一點也不馬虎的！以下是我給你的一些意見，一起加油吧！

　　＊每遇到一件需要處理的事就馬上記錄下來，至少你會比較有

印象，並將瑣碎待辦的事項以時間的緊迫性、時間性來分類……，多利用手機的記事簿和鬧鈴喔！

＊重要的是告訴好朋友可以請他提醒你（但是不要太依賴喔），增加點責任感，對健忘這件事其實有好處的。

＊自言自語，將容易忘記的事大聲念出來，例如，出門前必背口訣：手機、錢包、鑰匙。

＊小心藥物及烈酒，可能導致健忘喔！聽說多吃魚也是有效的……哈！

其實健忘不是什麼大問題。但是，我們卻常因為自己的小迷糊失去了很多，不論是時間或是學習的機會都是一種損失，有時甚至因此影響了他人的工作進度。所以，最重要的，還是要時時自我警惕，讓自己多點危機意識，不要讓自己悠閒過頭囉！

▶ 10 年後的我

10 年後的我　彥

樂康藥廠　研發主管及創價學會青年部長

呈現大綱

2015 年 12 月 28 日 一天的生活：

早上六點就起床，跟讀小一的兒子去打球；開 BMW 跑車送孩子去學校順便跟他聊天，然後自己去上班。在公司裡我是一個金錢不缺的藥廠主管，對於下屬也不會胡亂生氣。今天是週六，所以我中午就下班了。下班後我去家訪一些「創價學會」會友，他們遇到一些困難需要人幫助，我很快樂有能力幫助人。

到了下午，跟老婆、小孩回去台中老家，跟一個月沒見的父母和弟弟們聚一聚，打開了音響，跟他們一起唱歌，跟爸爸唱台語歌（雪中紅），唱完歌我們一起到山上釣魚，度過一晚。

十年奮戰

在 10 年前 12 月 28 日那天，我下定了決心，即使遭遇自己不喜歡的感覺都要堅持下去，將生活過得很認真。我每天早上不再賴床，6 點就起床了跑到學校山頂運動場打籃球，回來就讀一些課外書充實自己的心之財，然後去上課。上課的時候我都很專心上，跟同學相處的時候我也盡量不要只看到別人的缺點，不在乎別人怎麼說，活出自己。大學畢業前夕，我也發現我培養了不少能力，像是外語、體魄、處事哲學，也修正了不少自己的不良態度。

我如期考上留學考，並能夠有適合的條件出國充實 2 年。剛到美國期間，我非常不適應那裡的生活，但我試著每天跟外國同學打球建立起深厚的友誼，2 年後我畢業回台灣，當兵。

當兵後我就結婚了，並投入一家藥廠，從研究員做起，對於挫折也不會太難過，然後因為研究成果顯著，所以不斷晉升，10 年後當上了主管。

▶ 虹語錄──這門課是師生的唱和，對生命的謳歌

- 這一代的孩子都像被霜打過的草一般，害怕受傷，不信任自己和別人。──辛
- 我絕不先想自己能做什麼，也不先想自己不能做什麼。──雲
- 先能淋漓盡致的活著，再言死亡，為自己出征。──雲
- 每個知識的管道都是通往另一個世界的生命之門。──雲

- 每個挫折都是我的幸運，因為我有別人沒有的經驗。——嘉
- 待自己要像待自己的小孩一樣。——嘉
- 過得忙碌，但要活得自由。——芬
- 生命能有奇蹟，只要你肯。——雲
- 每個生命的破碎，都有獨特的美麗。——真
- Don't forget to live.——真
- 因為我知道我必須改變，所以我就改變了。——雲
- 熱情是每一季盛開的花朵，而深情是喬木，是走向永恆的，是能向著天的無限伸展的。——雲
- 盼自己能夠讓一生像喬木，並時時點綴各季的花朵。——婷
- 成功，應該是自己的樣子成長並發展，而非別人要我變成什麼樣子。——儀
- 每個出生的生命不就是要來這世界享受「生」之喜悅，而辛老師卻每天為了明天可能就死亡更加努力追求生命的真諦。——仙
- 漸漸覺得每個人和這世界的相處可以是一幅索然無味的畫，或是一首高潮迭起的交響曲……，每個人都是自己生命的藝術大師。藝術的本質就是用真心真意在作品中真切的表達自己，不為任何理由，盡其在我，結果交給上帝。——真
- 我必須改變。——雲
- 每個人都有他存在的價值。——儀

▶ 師生及諍友唱和

不代表我沒有肯定自己　立

今天上課陳老師說了許多重要的適應生涯方法、態度，讓我思考自己的行為性格。我算是 A 型性格特徵明顯的人，容易不耐煩、急性子，較有競爭心，希望高成就，求完美，堅持把事做好，也感覺時間不夠用，這種性格雖然讓我能把事情做得好，但也使我較為辛苦，放不開，而時間的緊湊更成為我最近的小煩惱。聽了這堂課後，我想我會讓自己有更多平衡的工作和睡眠時間，分配好自己可利用的時間，先求「固定時間」再求「固定品質」，讓自己能長跑人生的馬拉松。不過，我也有不同的感想，我覺得自己的「求完美」雖然不是很好，但並不代表我「沒有自我肯定的信心」。我想可能不是所有求完美的人都是因為缺乏自信，以我自己而言，我覺得我的「完美」並非要盡善盡美，而是一種對自己，對工作的責任心，以及快樂、滿足前的努力過程。

傷痕累累，依然向前

這是我的旅程。對著燭火我雙手合十虔心祈求。願上天寬容我過於年輕的生命，在行走期間賦予我責任與信心，私毫不猶豫地跨越難題，同時跨越自己的無知和盲目，在踽踽而行中學習謙卑，儘管傷痕累累，依然奮勇向前。

full of

Life is so big, full of blue but also full of beauty. ──丹

不能再普通下去　曜

　　我對於自己的退化（積極度）以及安於現狀的不安。

　　由於想做個普通人，不做藝術家了，所以我過著不像普通藝大學生的生活。但最近想回頭了，發現自己的退化。但由於我挺善於做個普通人，所以也挺滿意現在的狀況。我是否要回去，那種令我心煩的生活，也總不能一直這樣普通下去吧！雖然我沒有個很強烈的衝刺動力，但是就先做再說吧……

不靠羨慕　儒

　　可是我不會預期自己的失敗，也許會因為要求高而感到壓力大，但是我依然有自我調適的方法。我想這應該還好吧！「但願我不是我」腳本的指數是「5」，聽過老師的分析之後，我想可能是因為常「被比較」吧！身高、成績……等，因此我會「羨慕」別人，努力才可以成就未來的我，並不是靠羨慕即可。

跋：裸奔之約

對完美主義的我，

出書也是一種裸奔。

平常與同學說的悄悄話公諸於世，多可怕！

因此就更敬佩我研究室隔壁的隔壁的曉風老師，

她可以把腦海最細緻的思絮萃煉成千古鋼絲，

織成有愛有味有力的哲言。

2005 年夏天最驚嚇的威脅，乃是 8 月 31 日 23 點 59 分 59 秒如不交出《生活彩虹》書稿的兩章就要裸奔。

這個毒招是我自己祭出來的。我的這群彩虹朋友應當是「益友」，沒錯吧？但大家（不含我喔！）說要合寫這門課的手冊，而且你一言我一語戲笑「到時候誰會寫不出來呀！」「嗯，說要出書，已經幾年了？」「寫不出來要怎麼罰呀？」當眾目（尤其是思嘉笑瞇瞇的眼睛）飄向我時，如芒在背，我竟被激起往常在逆境苦中勵志（或做樂）的堅定，挑挑眉說：

「到時候，沒交的就裸奔！」

「哇喔……」

「真的？！」

「真的！」

這下子所有的益友都醒了，精神百倍。路線都被歸劃好了：由政大跑到北藝大，一章一趟，兩章兩趟。而且揚言媒體伺候。

回到研究室，同事沒敢明講，其實很憂心。有人建議由我同事玉儀及惠君代跑，年輕美眉出馬，總比我這抱歉的德行不會造成「眼傷」。也有人預備妥協，說：「由她們左右開道，老人家再尾隨」。同事的家人無條件願意讓我們加班，以免9月1日有尷尬的新聞見報。

其實也不全然是壞，許多演講和吃飯的邀請人聽到這個「毒約」，先以為是開玩笑，後來知道我的益友正嘻嘻嘻在等著，都同情地說：「好吧，妳去寫。」其中還有意猶未盡的吩咐：「不過，萬一要裸奔，要先告訴我在哪裡。」

但是日子還得過，我原來定的普心備課、作訓練，提研究計畫和考太極拳的行程還是要照走。最大的挑戰是在夾縫中一提起筆來，十來個這樣那樣的問號齊湧而上，包含：

1. 我不想把它寫成教科書哩！譬如，不想寫完整的生涯理論和如何求職面談。

2. 許多上課引用的故事不寫出來就枯澀，寫出來又很長，若出版還得重新去徵求相關的人同意。譬如：已爭得允許大量用盧雲《活出有愛的生命》。

3. 我和彩虹「益友」的文風很不一樣。大夥兒每章彼此訂約八千字，我負責章節一定會遠遠超過，有些則是只有活動綱要，因為許多時候我上的課是提供骨架，讓學生用血肉去進行共築。

4. 寫「身心靈全人開展」這章是用「生活彩虹十大樂章」為架構寫的，前後本是呼應，卻又不可重覆，要談道而非單向傳

道，分寸拿捏頗不易。

5. 有時我落筆寫「我們的看法」，是否還要問大家的共識，還是應就寫「我」？

6. 除了我們五位上課，很想放入其他客座老師和學生的故事（因為我們真的就是這樣彼此激盪的）。

7. 這門課的特色是每個人帶生命故事來相會，是否要放大家的簡介？

8. 章節的內容與名稱或會有調整。

幸好我有勇氣打電話給慎慎及彰儀，央她們先聽我的疑難雜症（多年來，我似已養成只能在台上說話，下台在角落傾聽人心聲，在會議上很少說什麼偉大的卓見或侃侃討論）。她們一再打氣。

「用妳的風格寫。」慎慎說。

「先有再好，不要完美，寫兩行也是寫」。

兩人答應在開會前幫我過目，大概不知要看的是數萬言書。

有如產前陣痛，那是一種特別的暈眩。我只知道我有任務，我必須要沉著，push！我叫自己坐在書前，放著《神的恩詔，神在黃昏》。心思一卡住就停筆翻讀。並全面昭告能為我禱告的所有親友為我禱告。

8 月 30 日，彰儀還打個電話來叮嚀玉儀：

「有圓的西瓜，有橢圓的西瓜，也有正方形的。正方形的還比較貴，叫一真別耽心，就寫吧。」

其實同一天凌晨，我已作了一個與裸奔有關的夢。夢中我面對兩排整齊端坐在大學生座椅的白衣人及另兩位坐在沙發上的熟人，看似沉著地主持一個會議，但是我背面自腰間以下約有三公分的衣衫是鬆露的，耀揮在我背後與我面朝同一方向，悄悄地在這兒那兒

扶起鬆垮的衣服。

　　醒來後我當著孩子向耀揮致謝，他說：「家裡的事妳別操心，放心去寫妳的東西。」

　　8 月 31 日泰利颱風來襲，玉儀在下午 1 點 18 分把我們前二章的初稿依約以 e-mail 傳進我們的信箱。「是第一個交的喔！」玉儀「很榮耀」地說著。玉儀和惠君都鬆了一口氣，她們不用上街陪跑。

　　但是我知道，其實真正的裸奔不在路上，而在這裡。寫報告、記隨想還 OK。出書？！文章千古事！！想到自己寫的東西白紙黑字要一再一再地被任何人在任何時候觀看，這才是最大的驚嚇。這才是為什麼以前我的「健康心理學」書在三校之後還硬要搶回來，一放 10 多年，寧可賠款，不肯問世。

　　這樣說來，笑著在「裸奔之約」旗幟下叫陣，逼出這些文字的生活彩虹夥伴，一定是益友。應是沒錯了？！

一真

2005/9/2

于陽明大學圖書館

P.S.到 8 月 31 日午夜前交卷者為彰儀（下午 11 點 05 分）及一真。其他好
　　友，快把跑步鞋準備好吧！

參考書目

中文部分

大學生逐夢計畫——20 個夢想必修學分。 http://www.jtf.org.tw/psyche/credit/p02.htm/。

中谷彰宏作、簡琪婷譯（1999）。**二十歲不可不做 50 件事**。台北：經典。

伊蓮‧柯雪曼博士著、梁秀鴻譯（2001）。**愛上警察‧警察家庭心理手冊**。台北：張老師。

朱灼文（2005）。大陸留學：台生還得停看聽。**天下雜誌**，329，52-53。

朱湘吉編著（2001）。**生涯規劃與發展**。台北：空大。

江文雄（1999）。**活出快樂人生：教師生涯規劃100招**。台北：師大。

江博文（1999）。**一隻打領帶的變色龍：40 個教你在職場中左右逢源的 Tips**。台北：亞細亞。

行政院青年輔導委員會（1996a）。**青輔會協助企業運用高級人力資源之措施**。台北：行政院青輔會。

行政院青年輔導委員會（1996b）。**就業面面觀**。台北：行政院青輔會。

行政院青年輔導委員會（1996c）。**碩士以上人才就業輔導手冊**。台北：行政院青輔會。

行政院青年輔導委員會（1998）。**全方位的職業生涯規劃**。台北：行政院青輔會。

佐橋慶女編、吳憶帆譯（1999）。**銀髮族的生涯規畫：209 位老人的真情告**。台北：志文。

余秋雨（1995）。**山居筆記**。台北：爾雅。

吳芝儀（2000a）。**生涯輔導與諮商**。嘉義：濤石。

吳芝儀（2000b）。**生涯探索與規劃：我的生涯手冊**。台北：濤石。

吳芝儀（2000c）。**生涯輔導與諮商：理論與實務**。台北：濤石。

吳芝儀、蔡瓊玉（2001）。**高職學生：生涯規劃**。台北：濤石。

吳昭怡（2005）。林俊慧：有故事，產品就會動人心。**天下雜誌，329**，119-120。

吳淑玲（2000）。**讓中年 High 到最高點：新中年的生涯規劃**。台北：台視。

吳靜吉（1994）。**追求人際關係的成長：35 種組織中人際關係訓練法**。台北：遠流。

呂鴻德（2002）。豐富生命滿行囊。**宇宙光雜誌**，8 月號。

李金龍（2000）。**黃金十年**。台北：元清。

李家同（1995）。**讓高牆倒下吧**。台北：聯經。

李順長（2005）。逆境中的祝福。**中信月刊**，522（44），36。

李鴻志（2005）。對你，什麼是值得的？**中信月刊**，522（44），14-16。

沙克強編著（2000）。**專業生涯規劃與管理**。台北：瑞霖。

沈惠芳（2001）。**做計畫向前走**。台北：泛亞。

周夢湘（2000）。**圓夢‧尋夢：生涯規劃、求職物語**。台北：國家。

尚‧多明尼‧鮑比著、邱瑞鑾譯（1997）。**潛水鐘與蝴蝶**。台北：大塊。

林一真（1992）。**醫學院新生定向輔導具體措施細部規劃研究**。台

北：教育部訓委會。

林一真（1993）。**我國公共職業訓練機構學員輔導具體措施規劃報告**。台北：行政院勞委會職業訓練局。

林一真（1993）。國小兒童敵意、A型人格和身心適應。**輔導學報，1，** 25-57。

林一真（1994）。**教育部輔導工作六年計劃研究報告——規劃大學生涯輔導具體措施**。台北：教育部訓委會。

林一真（1995）。中國人敵意量表之編製初步報告。**測驗年刊，42，** 309-329。

林一真（2000）。**生活彩虹——生涯團體輔導工作坊手冊**。台北：青輔會。

林一真、鍾思嘉、陳彰儀、錢玉芬、吳慎慎（2004）。**全人生涯開展課程素描**。中原大學 2004 全人理念與通識教育研討會。

林一真主編、黃素菲文編（1995）。**生涯彩虹**。教育部委託陽明醫學院製作。

林一真譯（1992）。史創——心海導航的舵手。**輔導學的先驅——西方篇**。中國輔導學會主編。台北：師大書苑。

林宏熾（2000）。**身心障礙者生涯規劃與轉銜教育**。台北：五南。

柯永河（1993）。**心理治療與衛生——我在晤談椅上四十年（上）（下）**。台北：張老師。

林宗鴻譯（1997）。**人格心理學**。台北：揚智。

林幸台（1987）。**生計輔導的理論與實施**。台北：五南。

林幸台、林恭煌、許永昌編著（2001）。**生涯規劃**。台北：三民。

林清文（2000）。**大學生生涯發展與規畫手冊**。台北：心理。

林清文、鐘群珍、林馥嘩編著（2001）。**生涯規劃**。台北：大中國。

林照真（2005）。太多的媒體，太少的記者……。**天下雜誌，329，**
　　170-171。

林綺雲等編著（2001）。**生涯規劃：打開生涯的百寶箱**。台北：華杏。

林懷民（1991）。**擦肩而過**。台北：遠流。

金明瑋（2001）。對生命生氣。**宇宙光雜誌，**90 年 6 月號，www.
　　cosmiccare.org/Touch/Color_orange54.asp。

金樹人（1993）。**大學生涯發展輔導手冊**。台北：行政院青年輔導委
　　員會。

金樹人（1998）。**生涯諮商與輔導**。台北：東華。

金樹人、劉焜輝（1988）。**生計諮商之理論與實施方法**。台北：行政
　　院青年輔導委員會。

帕德絲等著、黃漢耀、黃明正譯（1993）。**情緒管理手冊**。台北：月
　　旦。

施君蘭（2005）。傳產第二代彎腰學藝。**天下雜誌，**329，140-144。

春山茂雄（1996）。**腦內革命**。台北：創意力。

查理‧華生著、余欲弟譯（2001）。**聰明是一種選擇：如何因應工作
　　中的陷阱和挫敗**。台北：經典傳訊。

洪鳳儀（2000）。**生涯規劃**。台北：揚智。

派蒂‧迪克生著、顏斯華譯（1997）。**粉領新貴**。台北：希代。

奚樂（1996）。**女性職場實戰手冊**。台北：新女性。

徐曼瑩、林綺雲、秦慧珍、李玉嬋（1997）。**生涯規劃**。台北：華杏。

納森尼爾‧布雷登著、洪瑞璘譯（1999）。**工作自尊心：開創事業版
　　圖新祕訣**。台北：時報。

國司義彥著、王蘊潔譯（1999）。**出路沒問題：不景氣中就業十大守
　　則**。台北：探索。

張忠樸（2002）。**人生的不標準答案**。台北：天下文化。

梅可望、黃堅厚、彭駕騂（1999）。**老人生涯規劃手冊**。台北：中華民國幸福家庭促進協會。

莊素玉（2005）。京都現地採訪 PHP 研究所社長江口克彥：經營者的理想。**天下雜誌，329**，56-60。

許川海（2000）。**為你的生涯規劃定位**。台北：維德。

陳伯璋（1987）。**課程研究與教育革新**。台北：師大書苑。

湯姆·彼得斯著、劉軏之譯（2000）。**自創品牌五十招**。台北：時報。

陽明醫學院學生輔導中心（1996）。**生涯探索小團體諮商報告**。台北：行政院青輔會。

黃素菲（1991）。**組織中人際關係訓練：自我·人際工作／15 個企業人力資源教案設計**。台北：遠流。

感動──大提琴的獨白（聚藝文化）。

楊智為（2000）。**要做就做最好的：新一代工作的成功理念**。台北：水晶。

溫世仁（2000）。**前途**。台北：大塊。

溫蒂·赫胥等著、林欣穎譯（1999）。**別再說了！現在就為你的人生做好規劃：建立成功的生涯規劃**。台北：種籽。

葛拉伯著、楊美齡譯（1999）。**YA!我找到工作了**。台北：天下遠見。

蓋爾·布蘭克著、施清真譯（2000）。**女人·活出妳的夢想**。台北：天下遠見。

劉淑慧（2000）。人生哲學──從華人先哲的論述來看生涯觀。**輔導季刊，36**（2），1-11。

劉焜輝、金樹人（1989）。**生計諮商的理論與實施**。台北：行政院青輔會。

歐用生（2004）。誰能不在乎課程理論？──教師課程理論的覺醒。
　　教育資料研究集刊，28，373-387。

潘燊昌（2000）。**膽大包天。**台北：天下文化。

潘燊昌（2002）。**聽老闆的，就錯了。**台北：天下文化。

蔡稔惠（2000）。**全方位生涯角色探索與規劃表。**台北：揚智。

鄭金謀編著（2000）。**全方位生涯規劃：建構多角化的人生藍圖。**台
　　北：文京。

鄭麗玉（1993）。**認知心理學：理論與應用。**台北：五南。

盧雲（Nouwen, Henri Jozef Machiel）著、新加坡長老會真理堂譯
　　（1999）。**活出有愛的生命──俗世中的靈性生活**（*Life in the
　　Beloved-Spiritual Living in a Secular world*）。台北：基道。

賴建國（2005）。屬靈大師兄。**中信月刊，522（44），**11-13。

戴西‧魏德蔓著、譚家瑜譯（2004）。**記得你是誰──哈佛的最後一
　　堂課。**台北：天下文化。

謝佳男（2001）。**運動之路的起伏與調適：八位體育保送生的經驗。**
　　台北：國立台灣師範大學特殊教育研究所碩士論文。

藍麗娟（2005）。借鏡：Nokia長勝祕技──從跑車關門聲找靈感。
　　天下雜誌，329，130-132。

藍麗娟（2005）。謝榮雅：玩弄多元材質，給商品生命力。**天下雜
　　誌，329，**118-119。

蘇淑華（2001）。**團隊成員與其夥伴之A/B類行為、能力差異知覺對
　　團隊工作表現、合作滿意及情緒的影響。**國立政治大學心理學系
　　碩士論文。

蔣勳（2000）。**情不自禁。**台北：聯合文學。

英文部分

Angel, D. & Harney, E. (1997). *No one is unemployable*. CA: Worknet Training Services.

Beck, U. (1986). *Risk society: Towards a new modernity* (Mark Ritter, Trans., 1992). Thousand Oaks, CA: Sage.

Benhabib, S. (1995). The debate over women and moral theory re-visited. In J. Meehan (Ed.), *Feminists read habermas: Gendering the subject of discourse* (pp. 181-204). New York: Rouledge.

Boyatzis, R. E. (1982). *The competent manager: A model for effective performance*. CA: John Wiley & Sons.

Bruner, J. (1986). *Actural minds, possible worlds*. Cambridge: Harvard University.

Bruner, J. (2002). *Making stories: Law, literature, life*. NY: Farrar, Straus and Giroux.

Campbell, C. & Ungar, M. (2004a). Constructing a life that works: Part 1, Blending postmodern family therapy and career counseling. *The Career Development Quarterly, 53*, 16-27.

Campbell, C. & Ungar, M. (2004b). Constructing a life that works: Part 2, An approach to practice. *The Career Development Quarterly, 53*, 28-40. Canada: University of Victoria.

Cascio, W. F. & Aguinis, H. (2005). *Applied psychology in human resource management*. Upper Saddle, NJ: Prentice Hall.

Clandinin, D. J. & Connelly, F. M. (2000). *Narrative inquiry: Experience and story in qualitative research*. San Francisco: Jossey-Bass.

Clark, C. M. (2001). Off the beaten path: Some creative approaches to adult learning. In S. Merriam (Ed.), The new update adult learning theory. *New Directions for Adult and Continuing Education, 89*, Winter 2001. San Francisco: Jossey-Bass.

Clark, David & Emmett Peter (1999). *Making wise decisions at the end of life.* 蘇妍姿譯（2002）。**怎麼辦？家人正面臨死亡**。台北：宇宙光。

Cochran, L. (1997). *Career counseling: A narrative approach.* Thousand Oaks, CA: Sage.

Coles, R. (1989). *The call of stories.* 吳慧貞譯（2001）。**故事的呼喚**。台北：遠流。

Collins, J. & Porras, J. I. (1994). *Built to last.* 真如譯（2001）。**基業長青：百年企業的成功習性**。台北：智庫。

Doll, W. E. (1993). *A postmodern perspective on curriculum.* 王紅宇譯（1999）。**後現代課程觀**。台北：桂冠。

Dominicé, P. F. (2000). *Learning from our lives: Using educational biographies with adults.* San Francisco: Jossey-Bass.

Figler, H. & Bolles, R. N. (1999). *The career counselor's handbook.* CA: Ten Speed Press.

Frankl, Viktor E. (1984). *Man's search for meaning* (3rd). New York: Touchstone.

Gergen, K. J. (1991). *The saturated self: Dilemmas of identity in contemporary life.* New York: Basic Book.

Gergen, K. J. (2001). Psychological science in a postmodern context. *American Psychologist, 56*(9), 803-813.

Giddens, A. (1991). *Modernity and self-identity: Self and society in the late modern age*. California: Stanford University Press.

Herr, Edwin L., & Cramer, Stanley H. (1998). *Career guidance and counseling through the life span : Systematic approaches*.余鑑譯（1999）。**終生之生涯輔導與諮商**（上、下冊）。台北：國立編譯館。

Herrmann, N. (1996). *The whole brain bussiness book.* 宋偉航譯（2002）。**全腦優勢**。台北：美商麥格羅・希爾。

Holland, J. L. (1970). *The self-directed search for education and vocational planning, Palo Alto*, CA: Counseling Psychologists Press.

Holland, J. L., Powell, A. B., & Fritzsche, B. A. (1994). *The self-directed search professional user's guide*. Odessa, FL: Psy-chological.

Holland, J. L., Fritzsche, B. A., & Powell, A. B. (1994). *The self-directed search: Technical manual*. Florida: Psycholica Assess-ment Resources.

Jackson, P. W.(1995). On the Place of Narrative in Teaching. In H. McEwan and K. Egan(eds.). *Narrative in teaching, learning, and research*, 3-23. New York: Teachers College Press.

Jackson, L., and Caffarella, R. S. (eds.)(1994). Experiential learning: A new approach. *New Directions for Adult and Continuing Edu-cation*, 67. San Francisco : Jossey-Bass.

John, W., Rowe, M. D., & Robert, L. Kahn (1999). 張嘉倩譯（1990）。**活力久久**。台北：天下遠見。

Kerby, A. P. (1991). *Narrative and the self*. Bloomington: Indiana University Press.

Landy, F. J. & Conte, J. M. (2004). *Work in the 21st century:An introduction to industrial and organizational psychology*. New York: McGraw-Hill.

Linde, C. (1993). *Life stories: The creation of coherence*. Oxford: Oxford University Press.

Maanen, J. V. & Schein, E. H. (1977). Career development. In J. R. Hackman & J. L. Shuttle (ed.), *Improving life at work*. Santa Monica, Calif: Goodyear Pub.

McCleland, D. C. (1973). Testing for competence rather than for intelligence. *American Psychlogist, 28*(1), 1-14.

Muchinsky, P. M. (2006). *Psychology applied to work*(8th ed.). Belmont, CA: Thomson Wadswoorth.

Neuhauser, P. C. (1993). *Corporate legends and lore: The power of storytelling as a management tool*. New York: McGraw-Hill.

Parsons F. (1909). *Choosing a Vacation*. Boston: Houghton Mifflin Co.

Paulo Coelho(1995). *El Alguimista (The alchemist: A fable about following your dream)*.周惠玲譯（2001）。**牧羊少年奇幻之旅**。台北：時報。

Peavy, R. V. (1993). Constructivist counseling: A prospectus. *Guidance and Counseling, 9*, 3-12.

Peavy, R. V. (1996). *Constructivist counseling: A participant guide*. Victoria, BC, Canada: University of Victoria.

Peavy, R. V. (2001). *Under construction*. Toronto: Career Life/Skills Resources.

Pinar, W. (Ed.) (1975). *Curriculum theorizing: The reconceptualists*. Berkely: McCutchan.

Polkinghorne, D. E. (1988). *Narrative knowing and human sciences*. Albany: SUNY Press.

Polkinghorne, D. E. (1996). Narrative Knowing and the Study of Lives. In J. E. Birren, et al. (Eds.), *Aging and biography: Explorations in adult development* (pp. 77-99). New York: Springer Publishing.

Rossiter, M. D. (1992). NEWACE social action theatre: Education for change. *Continuing Higher Education Review, 56*(3), 168-172.

Sarbin, T. R. (1993). The narrative as the root metaphor for contextualism. In S. C. Hayes, C. J. Hayes, H. W. Reese, & T. R. Sarbin (Eds.), *Varieties of scientific contextualism*. Reno, NV: Context Press.

Savickas, M. L. (1993). Career counseling in the postmodern era. *Journal of Cognitive Psychotherapy: An International Quarterly, 7*, 205-215.

Schön, D. (1987). *Educating the reflective practitioner*. San Francisco: Jossey-Bass.

Strong, E. K. (1995) *Vocational interests 18 years after college*. Minneapolis, MN: University of Minnesota Press.

Weir, A. (1995). *Sacrificial logics: Feminist theory and the crutique of identity*. New York: Routledge.

國家圖書館出版品預行編目資料

生活彩虹——全人生涯開展／林一真等著. --初版. --
臺北市：心理, 2007. 10
面；　公分. --（輔導諮商系列；21068）
參考書目：面

ISBN 978-986-191-051-2（平裝）

1.生涯教育　2.生涯規劃

528.4　　　　　　　　　　　　　　96014948

輔導諮商系列 21068

生活彩虹——全人生涯開展

作　　者：林一真、鍾思嘉、吳慎慎、錢玉芬、陳彰儀

執行編輯：李　晶

總 編 輯：林敬堯

發 行 人：洪有義

出 版 者：心理出版社股份有限公司

地　　址：231 新北市新店區光明街 288 號 7 樓

電　　話：(02) 29150566

傳　　真：(02) 29152928

郵撥帳號：19293172　心理出版社股份有限公司

網　　址：http://www.psy.com.tw

電子信箱：psychoco@ms15.hinet.net

駐美代表：Lisa Wu（lisawu99@optonline.net）

排 版 者：辰皓國際出版製作有限公司

印 刷 者：辰皓國際出版製作有限公司

初版一刷：2007 年 10 月

初版三刷：2017 年　8 月

I S B N：978-986-191-051-2

定　　價：新台幣 450 元